Geländemodellierung

landscapingSMART
3D-Maschinensteuerung
Regenwassermanagement

Geländemodellierung

landscapingSMART
3D-Maschinensteuerung
Regenwassermanagement

Peter Petschek

Mit einem Vorwort von Peter Walker

2., erweiterte und überarbeitete Ausgabe

Herausgegeben von
HSR Hochschule für Technik Rapperswil
Studiengang Landschaftsarchitektur

Birkhäuser
Basel

Die Fotos zu Beginn jedes Kapitels gehören zur Bilderserie «caminos» von André Lehner, Fotograf, Zürich. Die Straßenlandschaften stammen aus der Schweiz, Südamerika und Kap Verde.

Lektorat, Redaktion und Projektkoordination: Véronique Hilfiker Durand, Basel
Layout, Covergestaltung und Satz: Manuel Aurelio Ramírez Pérez, Campanillas / Málaga
Umschlagsfoto: André Lehner, Zürich
Korrektorat: Sabine Rochlitz, Riehen
Satzkorrektur: Véronique Hilfiker Durand, Manuel Aurelio Ramírez Pérez

Bibliografische Information der Deutschen Nationalbibliothek
Die Deutsche Nationalbibliothek verzeichnet diese Publikation in der Deutschen Nationalbibliografie; detaillierte bibliografische Daten sind im Internet über http://dnb.d-nb.de abrufbar.

Dieses Buch ist ebenfalls als enhanced E-Book (e-Pub 3.0) erhältlich, ISBN 978-3-03821-665-0.

Die Erstausgabe ist 2008 unter dem Titel *Geländemodellierung für Landschaftsarchitekten und Architekten*, ISBN 978-3-7643-8501-9, erschienen.

Dieses Buch ist auch in englischer Sprache erschienen:
Grading. landscapingSMART, 3D Machine Control Systems, Stormwater Management (ISBN 978-3-03821-508-0).

© 2014 Birkhäuser Verlag GmbH, Basel
Postfach 44, 4009 Basel, Schweiz
Ein Unternehmen von De Gruyter

Gedruckt auf säurefreiem Papier, hergestellt aus chlorfrei gebleichtem Zellstoff. TCF ∞

ISBN 978-3-03821-509-7

Printed in Germany

9 8 7 6 5 4 3 2 1   www.birkhauser.com

 **HSR**
HOCHSCHULE FÜR TECHNIK
RAPPERSWIL

FHO Fachhochschule Ostschweiz

 ilf INSTITUT FÜR
LANDSCHAFT UND FREIRAUM

Der Autor bedankt sich bei folgenden Personen und Institutionen
für die finanzielle und fachliche Unterstützung

Sponsoren:

HSR Hochschule für Technik Rapperswil

Studiengang Landschaftsarchitektur

ILF Institut für Landschaft und Freiraum

Grün Stadt Zürich

A. Tschümperlin AG

REHAU

Fachliche Unterstützung:

Prof. Sadik Artunc

Prof. Hannes Böhi

Michael Fluß

Peter Geitz

Ulrike Nohlen

Thomas Putscher

Marco Riva

Toni Sacchetti

Christian Tack

Projektmanagement, Lektorat:

Véronique Hilfiker Durand

Besuchen Sie die <u>Videovortragsreihe</u>
der HSR, Studiengang Landschaftsarchitektur.

Inhalt

Vorwort von Peter Walker

Es ist mir eine große Freude, die Einleitung zu *Geländemodellierung. landscaping SMART, 3D-Maschinensteuerung, Regenwassermanagement* schreiben zu dürfen. Denn die Bedeutung der Geländemodellierung ist für unseren Berufsstand nicht zu unterschätzen.

In meinem ersten Auftrag der öffentlichen Hand, als junger Landschaftsarchitekt 1960, bestimmte die Geländemodellierung nicht nur den Entwurf, sondern gab dem autofreien Campus einen menschlichen Maßstab. Foothill College in Los Altos Hills, in der Nähe von Palo Alto und der Stanford University gelegen, war eine der ersten Ausbildungsstätten der Nachkriegszeit, die im Rahmen des ehrgeizigen Masterplans zur Entwicklung des Hochschulwesens des Staates Kalifornien gebaut wurde. Ursprünglich gab es auf dem Gelände nur zwei kleine, aber steile Hügel mit einem schönen Eichen- und Mammutbaum-Bestand. Diese alten Bäume wollten wir auch erhalten. Der vorgeschlagene Gebäudekomplex war aber zu groß, um ihn nur auf einem der beiden Hügel unterzubringen. Daher teilte das Planerteam das Raumprogramm auf. Der Studienkomplex wurde auf dem nördlichen und die Sportanlagen auf dem südlichen Hügel vorgesehen. Eine Holzbrücke diente als Verbindung. Leider war auf beiden Erhöhungen immer noch zu wenig ebene Fläche für die Gebäude vorhanden. Wir entschieden uns deshalb, die Kuppen der Hügel abzuflachen. Mit einer ästhetisch ansprechenden Geländemodellierung, geschwungenen Wegen und wellenförmigen Rasenflächen entstand, ohne Verlust der wertvollen Bäume, eine attraktive, mit Preisen bedachte Campus-Landschaftsarchitektur.

Während Tausenden von Jahren wurden Erdbewegungen manuell ausgeführt. Gebäude und Straßen, Bauernhäuser und Felder passte man der Neigung einer Landschaft an. Das natürliche Gelände wurde kaum modifiziert. Erdbewegungen waren so teuer, dass nur Könige und Kaiser sich solche Vorhaben leisten konnten. Die berühmten Kaiserlichen Gärten außerhalb von Peking sind hierfür ein Beispiel.

Die Technisierung im frühen 20. Jahrhundert brachte mit der Entwicklung von Baumaschinen eine erste Kostenreduktion bei Erdbewegungen im Straßen- und Tagebau mit sich. Nach dem Zweiten Weltkrieg kam es zu einem weiteren Innovationsschub mit noch größeren Maschinen. Sie führten zu weiteren Kosten- und Zeiteinsparungen.

Mit dem US-amerikanischen Bauboom in den späten 40er-Jahren des letzten Jahrhunderts entstanden immer mehr Straßen und neue Vororte. Es war mittlerweile billiger, Gelände zu verschieben, als Gebäudegrundrisse und Fundamente der natürlichen Oberflächenform der Landschaft anzupassen.

Peter Walker während seines
Vortrags am 17. November 2005
am Studiengang Landschaftsarchitektur der HSR Hochschule
für Technik Rapperswil.

Die über Jahrhunderte bewährten alten Bautechniken, die sich mit dem Umgang von Fundamenten, Verdichtung, Entwässerung und Wasserrückhaltung befasst hatten, verloren mit den großen Erdverschiebungen an Bedeutung. Die neuen Bautechniken waren die Domäne von Ingenieuren und Bauunternehmern. Nur eine kleine Gruppe von Landschaftsarchitekten und Landschaftsbauern erkannte das ästhetische Potenzial der Modellierung der Erde. Entwurf, Darstellung und Berechnung waren im Übrigen ingenieurtechnisch orientiert. «Entwurf» bedeutete in diesem Zusammenhang Erd-massenausgleich. Oft bestand eine «Visualisierung» der geplanten Erdmodellierung nur aus einer Reihe von Querschnitten mit Ab- und Auftrag. Die Bodenanalyse war auf die Untersuchung der Durchlässigkeit und des Verdichtungsgrades begrenzt. Gelegentlich trug man den Oberboden ab, damit man ihn später wieder einbauen konnte, aber meist wurde dies gemacht, um die Erde zu entfernen, die sich nur schwer oder gar nicht verdichten ließ und somit als Baugrund ungeeignet war.

Im Gegensatz dazu arbeiten Landschaftsarchitekten seit dem späten 18. Jahrhundert mit Plänen, die auf Höhenlinien basieren. Sie ermöglichen dem geübten Betrachter einen Blick auf das zu formende Terrain, welches nicht nur zur Landnutzung, sondern auch als dreidimensionale Gestalt mit ästhetischen Qualitäten ausgebildet werden soll. So bauen Landschaftsarchitekten auch Modelle zur dreidimensionalen Visualisierung.

In den 1970er-Jahren rückten Umweltbelange wie Wassernutzung, Wasserrückhalt und der Schutz von Feuchtgebieten in das Bewusstsein der Öffentlichkeit. Themen wie Erosion und Lebensraumverkleinerung führten damals zu negativen Reaktionen gegenüber Geländemodellierungen. In den Jahren darauf ermöglichte das wachsende Wissen über Böden, Hydrologie, Ingenieurbiologie den Landschaftsarchitekten die Entwicklung von Gelände- und Bepflanzungskonzepten auf allen Maßstabsebenen.

Dieses neue Umweltbewusstsein bewirkte auch die Reparatur von Landschaftsschäden, die aus den zerstörerischen Arbeiten im Tagebau resultierten und einen großen Teil der Erdbewegungen im 20. Jahrhundert charakterisieren.

Geländemodellierung und
Vegetation.

Der Raumbedarf für Parkplätze hat in den letzten 50 Jahren stark zugenommen. Wenn man die Zufahrtsstraßen hinzuzählt, ergeben sich daraus fast 50 Prozent der zu entwerfenden Flächennutzung. Parkplätze benötigen grundsätzlich ebene Flächen. Dazu sind eine Geländemodellierung und Entwässerungsplanung notwendig. Zusammen mit den heutigen Forderungen nach nachhaltigem Regenwassermanagement und dem sorgsamen Umgang mit Fläche, kommt dem Thema Parkplatz eine sehr große Bedeutung zu. Es macht daher Sinn, beides gemeinsam zu betrachten.

Während des Baubooms der US-amerikanischen Nachkriegszeit spielten Erdarbeiten eine Hauptrolle bei der Veränderung von Landschaft, zum Guten wie zum Schlechten. Millionen von Bäumen wurden gefällt und zahllose Kubikmeter Oberboden gingen verloren. Vielerorts wurden Entwässerung und Grundwassererneuerung außer Acht gelassen, was Überschwemmungen und Erdrutsche verursachte. Positiv ist zu erwähnen, dass später auf ehemaligen Tagebauflächen mittels Geländemodellierungen elegante Parks, Erholungsgebiete und rekultivierte Landschaften entstanden. Der Unterschied zwischen diesen Gegensätzen liegt in dem Wissen, der Vision und den Fertigkeiten derer, die unsere Umwelt gestalten. *Geländemodellierung* ist ein wichtiges Werkzeug für alle, die sich profundes Wissen zum Thema aneignen wollen.

Frühjahr 2014

Einführung

Die Geländemodellierung spielt in der Landschaftsarchitektur eine der Hauptrollen. Obwohl das berufliche Aufgabenspektrum sehr weit ist und Terraingestaltung nicht Teil aller Projekte ist, handelt es sich bei dem vom Landschaftsarchitekten zu gestaltenden Gegenstand immer um einen Ausschnitt der Erdoberfläche.

Grundsätzlich bildet das Zusammenwirken von Gestaltung und Ökologie mit technisch-wirtschaftlichem Denken das Fundament guter Landschaftsarchitektur. Für die Geländemodellierung gilt dieser Grundsatz ebenfalls.

Die Geländemodellierung zählt neben der Vegetation zu den wichtigsten Gestaltungselementen, mit denen Landschaftsarchitekten arbeiten. Architektonische Ordnungsprinzipien wie Hierarchie, Symmetrie und Asymmetrie oder Rhythmus und Wiederholungen lassen sich auch auf die Terrainmodellierung anwenden. Ein künstlich geschaffener Hügel im Englischen Garten in München übt auf die Besucher eine große Anziehungskraft aus: Der Spaziergänger will wissen, was von dort oben aus noch sichtbar ist. Die Terrassen der italienischen Renaissancegärten, durch Ebenen, Böschungen und Mauern definiert, bilden geometrisch strenge, übersichtliche Räume, die meistens die Aussichten auf die umgebende Landschaft als einen Teil der Gestaltung verstehen. Dagegen überrascht die poetische Miniaturlandschaft des Katsura Rikyu-Gartens in Kyoto den Besucher mit immer neuen Blickpunkten auf den in der Anlage befindlichen See und das Gebäude. Nach einigen Schritten im Garten wird die Blickachse plötzlich mit einer Bodenwelle unterbrochen und gleichzeitig durch eine neue Szene abgelöst. Für die Rauminszenierung mittels Geländemodellierung ist die Wegeführung ein ideales Instrument. Die englischen Landschaftsgärtner des 18. Jahrhunderts waren Meister der effektvollen Erschließung mittels Terrainmanipulation. Wenn ein Weg den Blick in die Ferne störte, brachten sie ihn durch eine leichte Absenkung zum Verschwinden. Weidetiere hielten sie durch ein Ha-Ha von Plätzen und Wegen ab. Die mit einfachsten Werkzeugen erstellten Gräben ermöglichten zaunlose Sichtachsen in eine Landschaft mit Kühen und Schafen als passende Staffage.

Der Monopterus ist ein bekannter Aussichtshügel und Anziehungspunkt im Englischen Garten, München. Friedrich Ludwig von Sckell, der Begründer des Landschaftsgartens in Deutschland, entwarf den Park zu Beginn des 19. Jahrhunderts.

Der Boden ist das grundlegende Material für den Naturhaushalt und der Baustoff für Geländegestaltungen. Auf der Baustelle geht man mit dem Boden manchmal recht nachlässig um. Gründe dafür sind wohl die hierzulande häufig auftretenden Regenfälle und langen Kälteperioden sowie der auf dem Bau allgegenwärtige Dreck. Erklärt man den Bauarbeitern im trocknen und warmen Vorlesungssaal, dass es sich um ein für den Naturhaushalt lebenswichtiges Material handelt, erntet man auch von den Praktikern Zustimmung. Verwittertes Gesteinsmaterial, durchsetzt mit abgestorbener und umgewandelter organischer Substanz, bildet zusammen mit Luft und Wasser das Produkt Boden. Rund tausend Jahre dauert es, bis ein paar Zentimeter Oberboden entstehen. Boden ist nicht vermehrbar und darf daher nicht vergeudet werden. Normen und Richtlinien regeln mittlerweile in vielen Ländern den Bodenschutz auf der Baustelle.

Boden ist neben Licht und Wasser bekanntlich die Grundvoraussetzung für pflanzliches Leben. Die bedeutende Rolle der Vegetation im ökologischen System sollte eigentlich allen Lesern klar sein. Hier nur eine paar Stichpunkte:

— Pflanzen sind Sauerstoffproduzenten,
— Pflanzen dienen als Nahrungsgrundlage,
— Pflanzen schützen den Boden,
— Pflanzen tragen zur Luftbefeuchtung bei.

Im Kontext der Geländemodellierung muss darauf hingewiesen werden, dass mit einer sensiblen Modellierung Wälder, Bäume und schützenswerte Vegetationseinheiten bewahrt werden. Auch für ökologisch orientierte Planer stellt die Geländemodellierung ein wichtiges Instrument dar.

Katsura Rikyu wurde zwischen 1620 und 1645 gebaut. Es handelt sich um den ersten begehbaren Garten der Edo-Periode und einen Klassiker der japanischen Gartenkunst.

Wiederholungen in Form von Geländemodellierungen. Marina Linear Park in San Diego, USA von Martha Schwartz Partner.

Ein Ha-Ha vor der Heaton Hall im Heaton Park, Manchester. Die Geländemodellierung ermöglicht den Blick in die Ferne.

Ein Bodenprofil liefert Aussagen zu wichtigen Bodenparametern.

«Wasser weg vom Bau» ist ein alter technischer Grundsatz. Er ist nur mit einer funktionierenden Geländemodellierung durchzusetzen. Schon die Römer der Antike bauten ihre Straßen auf Erddämmen, die sie einen Meter höher als das gewachsene Terrain schütteten. Darauf wurde dann erst der Oberbau gesetzt. Ob das Wort «Highway» daher stammt? Technisches Wissen über Belagaufbauten, Gefälleausbildungen, Geotechnik, horizontale und vertikale Straßenführung und Regenwassermanagement ist die Basis einer guten Terraingestaltung.

Ökonomische Überlegungen führen leider oft auch zu negativen Veränderungen des Orts- und Landschaftsbildes. Bei Gärten beispielsweise, die auf Wunsch der Kunden bis fast zur Grundstücksgrenze ebenerdig verlaufen sollen, sichern begrünte Betonböschungselemente den steilen Hang. Diese hässlichen Böschungssituationen, welche häufig in Neubaugebieten zu sehen sind, tragen zur Austauschbarkeit von Orten bei. Straßen, die ganze Hügel und Berge durchschneiden, nur weil sie damit eine schnellere Führung ermöglichen, verursachen kleinmaßstäblich negative Auswirkungen auf das Landschaftsbild.

Die Aufgabe einer engagierten, verantwortungsvollen Landschaftsarchitektur ist die Suche nach sinnvollen Varianten unter Berücksichtigung von Gestaltung, Ökologie, Technik und Ökonomie. Dazu sind Kenntnisse der Geländemodellierung unabdingbare Voraussetzung.

Geländemodellierung ist
nur durch intensives Üben
erlernbar.

«Die Höhenlinie ist die einzige exakte Darstellungsmöglichkeit freier, naturhafter
Formung des Geländes im Grundriss; eignen Sie sich also dieses Instrument an!» (Loidl
1990, S. 34). Hans Loidl, Landschaftsarchitekt und Professor, formulierte diesen Satz in
seinem Skriptum zur Objektplanung. Die Aussage stimmt, aber wo und wie erlerne ich
diese Kenntnisse am besten?

In den USA gehört *Grading* (Geländemodellierung) zu den Kernkursen eines jeden
akkreditierten Hochschulprogramms. Studierende an den meisten Europäischen Ausbildungsstätten lernen die Geländemodellierung als Teil der Vermessung. Die Wichtigkeit der Vermittlung von Kenntnissen zur messtechnischen Höhen- und Lageaufnahme
ist unbestritten. Sie bildet eine wesentliche Grundlage für jede Terrainmodellierung,
besonders seit dem Einzug der digitalen Geländemodellierung und einfach nutzbarer
Tachymeter mit Schnittstellen zu CAD-Programmen. Trotzdem liegen die Stärken der
Landschaftsarchitekten auf dem Gebiet der Gestaltung von Gelände. Sie müssen in der
Lage sein, mit Höhenlinien zu entwerfen, schnell Alternativen zu entwickeln und Varianten bezüglich Gestaltung, Ökologie, Ökonomie und Technik zu prüfen. Das kann
man nur durch intensives Arbeiten mit Höhenlinien in einem eigenständigen Gelände-
modellierungskurs erlernen.

Geschichte der Geländemodellierung

Entwicklungen in der Plandarstellung

Die Entwicklung von Höhenlinienplänen ist eng mit der Kartografie verbunden, da die Übertragung von Geländeformen auf Landkarten zu einem wichtigen Betätigungsfeld des Kartografen zählt. Vor allem Seekarten besaßen früher höchste strategische Bedeutung und wurden unter größter Geheimhaltung verwaltet und nachgeführt. Im Zeitalter von Google Earth™-Kartenservice und GPS Mobile-Geräten kann man sich nur noch schwer vorstellen, was ein Leben ohne Geoinformationen bedeutete.

Die ersten Formen von Reliefdarstellungen sind profilorientierte Wiedergaben der Wirklichkeit. Der berühmte Schweizer Kartograf Eduard Imhof (1895–1986) bezeichnete die Bergsymbole als Maulwurfshügel (vgl. Imhof 1965). An dieser Geländepräsentation hielt man, zwar verfeinert, aber immer in Profilform, über Jahrhunderte fest. Karten ähnelten damals zweidimensionalen Bildern mit Städten, Burgen, Klöstern, Wäldern und Bergen.

Eine Innovation der Renaissancekunst ist die Entdeckung der Perspektive. Sie führte zu realistischeren Geländeformen. Die Karten der Toskana, die Leonardo da Vinci zwischen 1502 und 1503 zeichnete, sind gute Beispiele für die neue Technik. Einzelne charakteristische Hügel und die für die Region typischen Türme der oft verfeindeten Familien sind gut identifizierbar. Diese Blätter gelten als frühe Zeugnisse der perspektivischen Landschaftsdarstellung.

Der Übergang zur Karte in isometrischer Darstellung fand im 17. Jahrhundert statt. Das Militär verlangte für den Einsatz neuer Waffentechniken übersichtlichere Terrainmodelle. Kavalier- oder Militärperspektiven ersetzten endgültig die Profilansicht. Ein «Kavalier» ist ein hochgelegener Wall einer Festungsbaute. Von dort ist das Gelände in Halbperspektive überblickbar. Zu den bekanntesten Darstellungen dieser Epoche zählen die Städtebilder von Matthäus Merian (1593–1650). In seinen Kupferstichen und Radierungen kommt die Beleuchtung immer schräg von links. Der damit verbundene Schattenwurf ermöglicht eine sehr gute räumliche Wirkung.

Ende des 18. Jahrhunderts verdrängte die Vogelperspektive die Kavalierperspektive. Der Standpunkt des Betrachters rückt höher.

Im 19. Jahrhundert folgt die Draufsicht. Man setzt verschiedene Schraffen- und Schummerungstypen für die Topografie ein, die das Lesen und Verstehen erheblich erleichtern. Böschungsschraffen sind in die Richtung des stärksten Gefälles gezeichnete Linien. Bei intensiver bewegten Reliefformen verwenden die Kartografen Schattenschraffen. Die Dufourkarte (1844–1864) des eidgenössischen Generalstabschefs

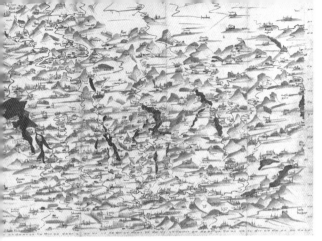

Konrad Türsts Karte der Eidge-
nossenschaft von 1495/97. Sie
ist die älteste Karte der Schweiz.
Auch Türst verwendete damals
noch die Maulwurfshügeltech-
nik für die Bergdarstellung.

Leonardo da Vinci: Codex
Madrid. Mehrere Blätter der bis
1965 verschollenen Bände I und
II befassen sich mit Landkarten
der Toskana.

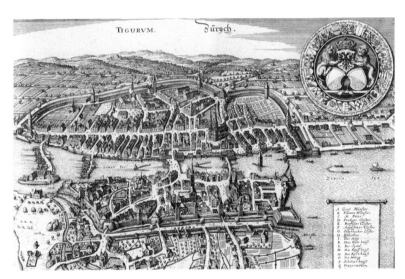

Kavalierperspektive Zürichs
von Matthäus Merian, Topo-
graphia Helvetiae, Rhaetiae et
Valesiae, 1654.

Rechte Seite: Dufourkarte (1844 –
1864), Ausschnitt Matterhorn.

Guillaume-Henri Dufour im Maßstab 1:100 000 ist ein vorbildliches Beispiel für eine
plastische Geländedarstellung. Schummerungen werden heute in Kombination mit
Höhenlinien auf topografischen Karten für die Geländewiedergabe verwendet. In den
meisten Karten kommt die Beleuchtung von Nordwesten, da damit die Reliefform am
besten erkennbar ist.

Parallel zu den sehr effektvollen Reliefpräsentationstechniken gewinnt die Höhenli-
nie als Darstellungsform im 19. Jahrhundert langsam an Bedeutung. Die Ermittlung von
Höhenzahlen (Koten), und damit die Erstellung von Höhenlinien, war erst durch die
Einführung eines internationalen Metersystems und gesicherter Nullflächen möglich. Bei
Höhenlinien handelt es sich um Linien, die Punkte gleicher Höhe oberhalb einer Be-
zugsfläche (Meeresspiegel) verbinden. Ihre Aufgabe ist die Abbildung des Reliefs einer
Landschaft. Ihr Vorteil liegt in der Vermittlung quantitativer Informationen über das Ge-
lände. Weitere Bezeichnungen sind: Höhenschichtlinien, Schichtlinien, Höhenkurven,

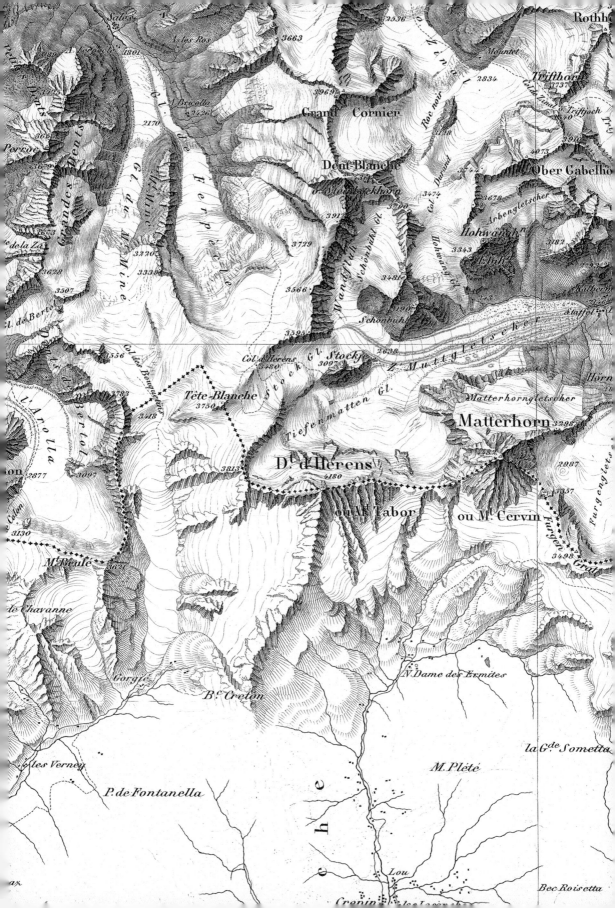

Der höchste Punkt der Schweiz (4634 m ü. M.) wurde zu Ehren des Generals und Kartografen Guillaume-Henri Dufour Dufourspitze benannt. Bei der Spitze handelt es sich um den dunkleren, kleinen Felshang in der Mitte.

Niveaulinien oder Isohypsen. Linien unter einem Nullhorizont bezeichnet man als Tiefenkurven, Tiefenlinien oder Isobathen.

Die früheste Verwendung von Höhenlinien stammt vom holländischen Vermesser Nicolaas Cruquius: 1730 zeichnete er eine Karte des Flusses Merwede. Mittels Tiefenlotungen maß er die Untiefen des Gewässers und dokumentierte sie in Form von Höhenlinien. Heutzutage gibt es die Linien nicht nur auf Seekarten, sondern auch im Freizeitbereich (Wanderkarten).

Höhenlinien gelten als die kartografische Darstellungsform von Gelände. Da sie einen grafischen Eindruck von Form, Neigung und Erhebung des Geländes vermitteln, verwenden Landschaftsarchitekten sie zur Darstellung von geplanten Erdbewegungen. Mit den Veränderungen der Computertechnologie entwickelten sich neue Arbeits- und Präsentationstechniken in der Kartografie und in der Planung.

Eine der ersten Forschungsarbeiten zu digitalen Höhenmodellen führten C. L. Miller und R. A. Laflamme im Photogrammetrie-Labor des Civil Engineering Department am Massachusetts Institut of Technology M.I.T. in den späten 1950er-Jahren durch (Miller, Laflamme 1958). In den 1960er- und 1970er-Jahren war die Leistung von teuren Mainframe-Computern, VAX, McDonald Douglas- und Intergraph-Rechnern für die Erstellung von Geländemodellen notwendig. Nur Universitäten und große Firmen konnten sich diese Technologien leisten.

Das westliche Blatt
«De Boven-Merwede» von
Nicolaas Cruquius, 1730.

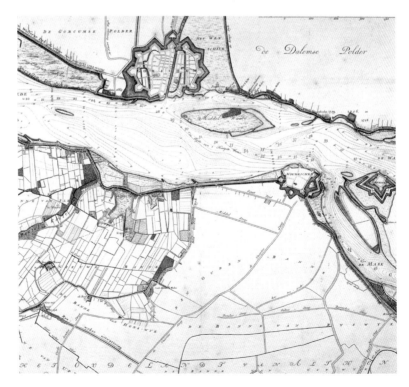

Das östliche Blatt
«De Boven-Merwede».
Beide Kupferstiche zählen
zu den frühsten Höhenlinienplänen.

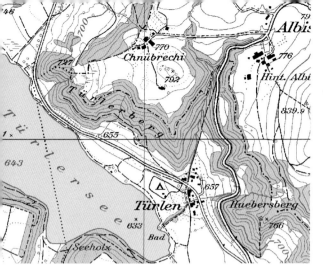

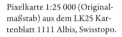

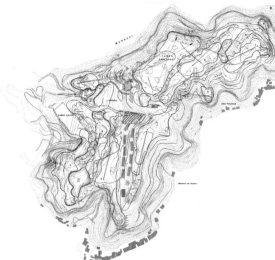

Pixelkarte 1:25 000 (Original-
maßstab) aus dem LK25 Kar-
tenblatt 1111 Albis, Swisstopo.

Höhenlinienplan (Handzeich-
nung) des Golfplatzarchitekten
Peter Harradine.

Die kommerzielle Einführung von Personal Computern zu Beginn der 1980er-Jahre
verursachte die IT (Information Technology) Revolution und führte dazu, dass auch
mittlere und kleine Firmen Computertechnologie erwerben konnten. Ein Programm
der ersten Stunde auf PC-Basis für technische Zeichnungen war AutoCAD (Version 1.0
– 1982). Aufbauend auf AutoCAD programmierte Mitte der 1980er-Jahre der Mathematiker und Software-Entwickler Kevin Lynch das Programm AutoMap. Es konnte Polylinien automatisch aus x-, y-, z-Punkten interpolieren und war wahrscheinlich die erste
PC-Terrain-Software.

Dieses Programm weckte 1986 das Interesse von David Arnold, David Paine und
Terry Bennet des kleinen, 1985 gegründeten Ingenieurbüros mit dem Namen DCA. Sie
wollten sich mithilfe der Informationstechnologie eine Nische erarbeiten und starteten
mit zwei IBM-PCs, einem Calcomp 1098-Plotter und zwei Kopien der AutoCAD Version 1.5. Da das CAD-Programm nicht für Arbeiten im Bauwesen angelegt war, entwickelte DCA Vermessungsroutinen und Symbolbibliotheken, die es bald an andere lokale
Firmen verkaufen konnte.

Gemeinsam mit einer von Lynch freigegebenen Version von AutoMap brachten sie
1987 die DCA Engineering Software auf den Markt. 1989 kaufte DCA Engineering
Software die Lizenzrechte an AutoMap und war in den 1990er-Jahren unter dem Namen
Softdesk als Softwareproduzent im Straßen- und Tiefbau bekannt. 1997 kaufte Auto-
desk die Firma und gemeinsam entwickelte man das heute weltweit am meisten genutzte
Tiefbau- und Geländemodellierungsprogramm Civil 3D.

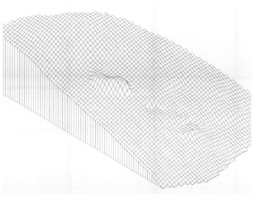

CAD-Arbeitsplatz in einem
Landschaftsarchitekturbüro
1988 mit PC (16 Mhz, 8 MB
RAM, MS-Dos Betriebssystem,
AutoCAD Version 9), Digitali-
siertisch und Stifteplotter.

DCA-Geländemodell des Au-
tors von einem Golfplatz, 1991.

Ausgewählte Projekte

Soll das Terrain als Gestaltungsmittel eingesetzt werden, dann lohnt sich ein kurzer Blick
in die Geschichte. Die Auswahl der in diesem Kapitel beschriebenen Projekte erhebt keinen Anspruch auf Vollständigkeit. Auswahlkriterium waren die besondere Geländeform
und das Vorhandensein von Informationen zum Bau.

Die Geländemodellierung ist natürlich viel älter als die Landschaftsarchitektur.
Runde oder ovale Arenen, oft stufenartig in das Gelände gelegt, dienten in der Antike
als Aufführungsstätten von Wettkämpfen und Theaterstücken. Aber nicht nur die alten
Griechen und Römer nutzten die Terraingestaltung für Freizeitanlagen.

Adobe-Siedlung im Südwesten
der USA.

Die Pueblo Grande Ballarena

Die Hohokam waren Indianer, die bis zum 16. Jahrhundert in Arizona und im Norden
Mexikos vom Mais-, Bohnen-, Tabak- und Baumwollanbau lebten. Pueblo Grande ist
eine Ausgrabungsstätte dieser Kultur und liegt am Stadtrand von Phoenix in Arizona,
USA. Zusammen mit dem angegliederten Museum dokumentiert der archäologische
Park das Leben des ausgestorbenen Stammes.

Aus Sicht der Geländemodellierung ist der «Fußballplatz» in Pueblo Grande sehr
spannend. Laut Museumsdokumentation gibt es in jeder Hohokam-Siedlung mehrere dieser Plätze. Anlagen für Ballspiele finden sich zwar auch in anderen Ausgrabungsstätten in
Mittel- und Nordamerika, allerdings spielte dort die Terrainmodellierung keine Rolle. Die
«Arena» der Hohokam ist länglich oval (25 bis 35 Meter), etwa 15 Meter breit und leicht
in den Boden versenkt. Das Erdmaterial des Aushubs ist seitlich zu einem bis zu drei Meter
hohen Damm angeböscht und fasst den vertieften Platz ein. Wie in modernen Sportarenen
diente er als Sitzgelegenheit für die Zuschauer. Die größte ausgegrabene Hohokam-Arena,
außerhalb von Phoenix gelegen, besitzt Erdwälle mit einem Zuschauerfassungsvermögen
von rund 500 Personen. Die Spielfläche der Ballarena ist durch Kalkstabilisierung glatt und
wannenartig ausgebildet. An beiden Enden des Platzes befinden sich kleine Öffnungen, die
als Tore gedacht sind. Ähnlich wie beim Fußball versuchten die Spieler den Ball in das geg-
nerische Tor zu befördern. Steinmarkierungen im Boden vor den Toren und in der Mitte
des Platzes deuten auf Spielzonen hin. Leider ist vom Spiel nicht mehr überliefert, da die
Indianer es nicht mehr praktizierten, als die spanischen Eroberer Mitte des 16. Jahrhunderts in Arizona ankamen (Andrews, Bostwick 2000, S. 26). Wer zufällig einmal auf dem
Flughafen von Phoenix landet und sich für Terraingestaltung interessiert, sollte unbedingt
das in der Nähe gelegene Pueblo Grande besuchen!

Erdarena für Ballspiele der
Hohokam-Indianer in Arizona.

Ein Stein in der Mitte als
Spielfeldmarkierung, das Tor im
Hintergrund.

Der Belag ist wannenartig an
den Seiten nach oben gezogen
und glatt.

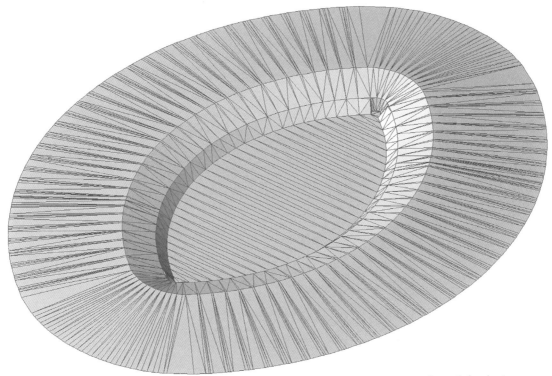

Isometrie der schattierten
Dreiecksvermaschung.

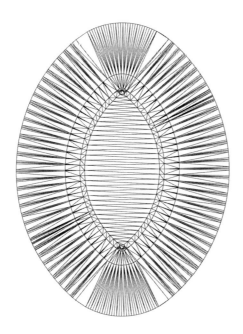

Plan (Dreiecksvermaschung)
der Ballarena von Pueblo Grande. Die innere Fläche besitzt
eine Länge von 30 und eine
Breite von 15 Metern.

Der Treppenaufgang zur Landpyramide.

Blick von der Landpyramide auf
die Seepyramide.

Die Pyramiden des Branitzer Landschaftsparks

Hermann Fürst von Pückler-Muskau (1785–1871) war Gartenkünstler, vielgereister Schriftsteller, exzentrischer Lebemann und Gourmet. «Sehr regelmäßig ist mein Tag von 24 Stunden in vier Theile getheilt, ein Viertel ist den Anlagen, ein anderes dem Schreiben und Lesen, die zwei übrigen Schlaf und Essen gewidmet» (Lauer 1996, S. 28). Begeistert von den englischen Landschaftsgärten schuf Fürst Pückler in Deutschland zwei bedeutende Gartenanlagen des 19. Jahrhunderts. Das Hauptwerk bildet der Garten des Familienguts Muskau. In *Andeutungen über Landschaftsgärtnerei* legt er seine Gestaltungsgrundsätze dar. Aufgrund seines aufwendigen Lebensstils und seiner Unermüdlichkeit, den Garten zu perfektionieren, musste Pückler allerdings den Wohnsitz Muskau hoch verschuldet aufgeben.

1845 siedelte er in das kleinere Erbgut Branitz bei Cottbus um, das sich etwa zwölf Kilometer entfernt von Muskau befindet. Dort schuf er, von ständigen Geldsorgen geplagt, sein zweites großes Gartenwerk. Ab 1846 bis zu seinem Tod legte er den Branitzer Landschaftspark in mehreren Etappen an. Die Geländemodellierung spielte in diesem Park eine dominante Rolle.

Der Branitzer Park weist zwei Erdpyramiden auf: eine See- und eine Landpyramide. Die Seepyramide, 1856/57 erbaut, sollte als seine Grabstätte dienen. «Man öffne mir den Weg zum Tumulus» waren seine letzten Worte (Lauer 1996, S. 9). Die Landpyramide dagegen war für seine Frau vorgesehen und wurde 1863 fertiggestellt. Auf deren Spitze ließ Pückler folgenden Spruch anbringen: «Gräber sind die Bergspitzen einer fernen neuen Welt». Die Pückler-Pyramiden lehnen sich in Funktion und Proportion eng an die altägyptischen Grabbauten an. Für das Motiv der Wasserpyramide könnte die Pyramide bei

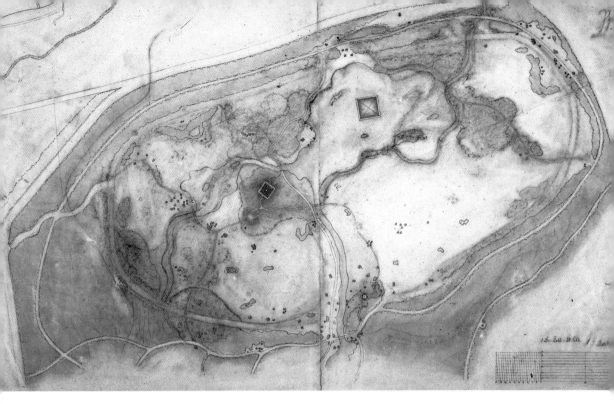

Bleistift-Originalplan von
1866/1867 des Branitzer Parks
mit den beiden Pyramiden
(Ausschnitt).

Giseh Vorbild gewesen sein, die bei gestiegenem Nil mit dem Boot zu erreichen war. Bei
der Landpyramide lehnte sich Pückler an die ägyptische Meidum-Pyramide an, die aus
Trümmerschutt herausragt (Tietze 1999, S. 36).

Er hatte selber auf seinen Orientreisen die Cheops-Pyramide bestiegen. «Um aber
doch auch hier ein Unikum zu stiften, was im übrigen Europa kaum mehr zu finden sein
möchte, bin ich auf die Idee gekommen, zu meinem Grabhügel einen antiken Tumulus
zu errichten, eine viereckige Pyramide, aus Erde ausgeführt.» (Lauer 1996, S. 9)

1854 begann Pückler mit der Planung der Pyramiden. «Hierüber ist nicht allzu viel
zu sagen. Das Hauptsächlichste möchte sein, dass man sie sich soviel als möglich erspa-
ren muss. Die natürlichen Unebenheiten des Terrains sind in der Regel malerischer als
sie die Kunst mit vieler Mühe hervorbringt. Künstliche Hügel aber machen meistens nur
wenig Effekt. Sind sie indessen nötig, um eine Aussicht von ihrem Gipfel zu erlangen,
einer Pflanzung größere Höhe zu geben, oder die Erde eines ausgekarrten Sees loszuwer-
den.» (Pückler-Muskau 1988, S. 137)

Zu Diskussionen mit seinem Obergärtner führte der Neigungswinkel der Seepyramide. Pückler wollte eine Böschungsneigung von 45 Grad (1:1) haben. Der Vertrag zum Bau der Pyramide fixierte letztendlich mit einer Höhe von 12,80 Metern und
einer Basisbreite von 32 Metern eine Neigung von 39 Grad (1:1.25). Zur Orientierung:
im Straßenbau sind heutzutage Böschungen mit einem Neigungswinkel von 33,7 Grad
(2:3) üblich. Zudem enthielt der Vertrag Informationen zum technischen Aufbau der
Pyramide: «So sollte das Feststampfen des Bodens mit einer Ramme alle vier Fuß und

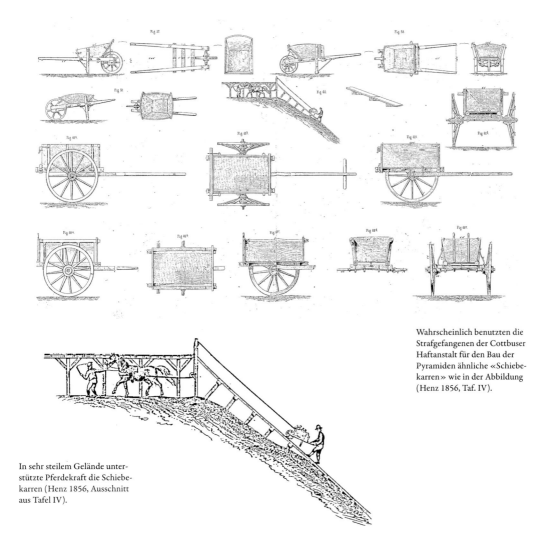

Wahrscheinlich benutzten die
Strafgefangenen der Cottbuser
Haftanstalt für den Bau der
Pyramiden ähnliche «Schiebe-
karren» wie in der Abbildung
(Henz 1856, Taf. IV).

In sehr steilem Gelände unter-
stützte Pferdekraft die Schiebe-
karren (Henz 1856, Ausschnitt
aus Tafel IV).

das Verschütten des Sandbodens nur im Innern der Pyramide geschehen. Die Außen-
seiten sollten mit einer drei Fuß starken Schicht schweren Bodens plattiert werden»
(Neumann 1999, S. 10). Für den Bau der Pyramide waren sechs Monate geplant. Die
Erdarbeiten wurden aus Kostengründen mit der Unterstützung von Strafgefangenen
der Cottbuser Haftanstalt und mit Schubkarren bewältigt. «Für die aufwändigen Erdarbeiten im Park waren in der Regel 50 – 60 Gefängnisinsassen, bisweilen bis zu 120
eingesetzt.» (Schäfer 1999, S. 137)

Als Gartenkünstler und Gourmet durfte natürlich das leibliche Wohl nicht zu kurz
kommen: «Ich bringe täglich mehrere Stunden auf der Pyramide zu mit einem Humpen
Bier neben mir, denn wir haben sehr durstiges Wetter ... du weisst, wie sehr ich das lie-
be.» (Kohlschmidt 1999, S. 194)

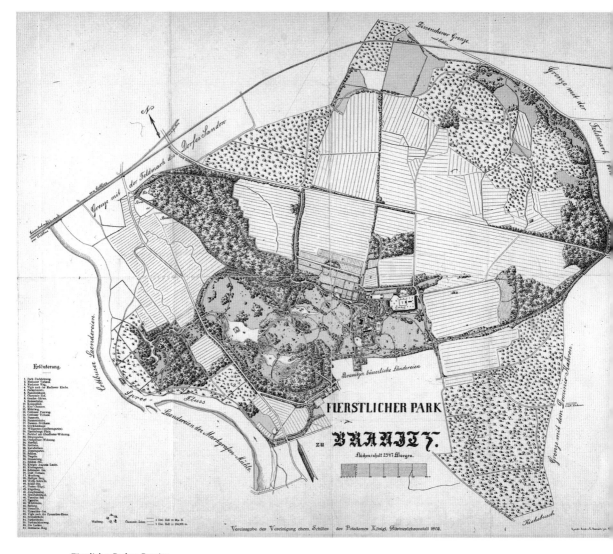

«Fürstlicher Park zu Branitz»,
Parkplan von 1903. Vereinsgabe
der Vereinigung ehemaliger
Schüler der Potsdamer Königli-
chen Gärtneranstalt.

Die Pyramiden von Branitz sind nur ein Beispiel für die zahlreichen Terrainge-
staltungen der damaligen Zeit. Allein eine Beschreibung von Geländegestaltungen
englischer Landschaftsparks könnte Bände füllen. Trotzdem sucht die Geländemodellierung des Exzentrikers Pückler seinesgleichen. Auf so einen Spleen muss man erst
mal kommen: In einer Zeit ohne Bulldozer und Bagger, Grabespyramiden für sich
und seine Gattin bauen zu lassen und damit auch noch einen haushohen Berg von
Schulden anzuhäufen.

Rechte Seite oben: «Der
Tumulus», Tableau Schloss
Branitz und Umgebung, 1857.
Stahlstich von Poppel und
Kurz nach einer Zeichnung von
Gottheil.

Rechte Seite unten: «Die Park-
anlagen in Branitz», Tableau
Schloss Branitz und Umgebung,
1863. Stahlstich von Poppel und
Kurz nach einer Zeichnung von
Gottheil.

Der Tumulus.

Der Rosenberg.   Der Kiosk.   **Die Parkanlagen in Branitz.**   Das Schwanenhäuschen.   Die Treppenfichten.
Das Schloß von der Parkseite.
Der Tumulus.

Die Seepyramide im Vordergrund, die Landpyramide im
Hintergrund.

Blick auf die Seepyramide vom
Park aus.

«Gräber sind die Bergspitzen
einer fernen neuen Welt»,
Spruch auf dem Geländer der
Landpyramide.

Bei Kindern waren die Rasenpyramiden im «Garten des
Poeten» sehr populär. Viele
erwachsene Besucher indes
verstanden den abstrakten
Gartenraum nicht.

Der «Garten des Poeten» auf der G 59 in Zürich

Die Oberfläche der Schweiz ist zu zwei Dritteln mit Bergen bedeckt. An klaren Tagen
verschlägt einem das Alpenpanorama immer wieder den Atem. Geländemodellierung
ist hierzulande natürlich eine besondere Herausforderung, da man die großen Vorbilder
der Natur, außer bei Nebel, meist vor Augen hat. Ernst Cramer (1898–1985), einer der
bedeutendsten Schweizer Landschaftsarchitekten des 20. Jahrhunderts, wurde für die
erste Schweizer Gartenbau-Ausstellung G 59 angefragt, einen «Garten des Poeten»
anzulegen. Kein leichtes Unterfangen, inmitten eines bunten Blütenmeers einen kon-
templativen Ort zu schaffen; die G 59 wurde nämlich bezeichnenderweise «Blumen-
Landi» genannt.

  Der temporäre Ausstellungsgarten befand sich am rechten Ufer des Zürichsees, auf
der heutigen Blatterwiese. Die etwa 2500 Quadratmeter große Anlage bestand aus vier
Rasenpyramiden, einem Rasenkegel sowie einem flachen Wasserbecken, in welchem sich
die Erdkörper spiegelten. Die Höhen der Pyramiden beliefen sich auf zwei, zwei Meter
80, drei und vier Meter. Der asymmetrisch gestufte Kegel war drei Meter hoch und wies
einen Durchmesser von etwa elf Metern auf. Interessant ist, dass viele Besucher die Pyramiden etwa doppelt so hoch schätzten. Grund dafür war sicher auch die perspektivische
Wirkung der schrägen Seitenflächen (vgl. Weilacher 2001, S. 108).

  «Der Garten war nicht so sehr Garten, sondern eher eine begehbare Skulptur aus
abstrakten, vom Ort unabhängigen und für das Baumaterial Erde ungewöhnlich scharf-
kantigen Formen» (Kassler 1964, S. 56). In einer Publikation des Museum of Modern
Art, New York, 1964 mit dem Titel *Modern Gardens and the Landscape* wird das Projekt, mit den in einer Wasserfläche sich spiegelnden abstrakten Rasenpyramiden, neben
Arbeiten von Burle Marx und anderen bekannten Landschaftsarchitekten, Architekten
und Künstlern veröffentlicht und gelangt damit zu weltweiter Bekanntheit.

  Da keine Ausführungspläne im Nachlass vorhanden sind und nach Angaben von
Fritz Dové, Landschaftsarchitekt und langjähriger Mitarbeiter Cramers, wahrscheinlich
gar nie welche erstellt wurden, lassen sich bautechnische Details nur über Fotos erahnen.

Der «Garten des Poeten» kurz
vor der Fertigstellung.

Fritz Dové schreibt: «Vermutlich dienten die publizierten Pläne auch als Ausführungspläne. Mit einer Eintragung der Pyramidenspitzen-Höhen waren sie für die Rohplanie
brauchbar und die endgültige Form wurde vom Ausmaß des vorhandenen Materials und
von den Senkungen im Aufschüttungsbereich beeinflusst» (Fritz Dové, E-Mail vom
9. 8. 2007). Dové meint weiterhin, dass Ernst Cramer sich ohnehin auf der Baustelle
wohler fühlte als am Zeichentisch und oft wichtige gestalterische Entscheidungen an Ort
und Stelle traf. Realisiert wurde der Garten von Cramers eigenem Ausführungsbetrieb.

Auf den Erdkörpern herumtollende Kinder führten zu einer schnellen Erosion und
dem Verlust der präzisen, geometrischen Form (vgl. Weilacher 2001, S. 115). Zur Verhinderung von Trittschäden und zur Bildung einer stabilen Grasnarbe hätte der Rasen in
der ersten Saison eigentlich nicht betreten werden dürfen. Da es sich um einen temporä-
ren Garten handelte und er in kürzester Zeit gebaut werden musste, konnte darauf keine
Rücksicht genommen werden.

Trotz dieser baulichen Mängel muss festgehalten werden, dass Cramer bei seinen
Projekten viel Wert auf eine fachgerechte Geländemodellierung legte. In einem Interview des Landschaftsarchitekten Stefan Rotzler mit dem Landschaftsarchitekten H. J.
Barth, der fünf Jahre für Cramer gearbeitet hat, bemerkt dieser folgendes: «Pflanzen
und auch das Planieren der Erde war keine stumpfsinnige Arbeit wie in anderen Firmen,
sondern es gab eine spezielle Har monielehre dafür. Eine Böschung z. B. musste nach
unten zunehmend flacher auslaufen, sodass es einen ganz flachen Böschungsfuß gab und
die Oberkante ziemlich stark betont wurde. Es war also ein ganz spezifisches Motiv, auf
das Ernst Cramer peinlichst genau geachtet hat» (Tonbandabschrift, anthos 2/87, S. 5).
Am Ende der Gartenbau-Ausstellung im Herbst 1959 wurde leider auch die wegwei-
sende Geländemodellierung von Ernst Cramer wieder eingeebnet.

Bis zu 45° steile Böschungsneigung erschwerte die Bearbeitung der Erdpyramiden.

Die Böschungsoberkanten waren nicht weiter stabilisiert.

Auf eine präzise Geländemodellierung legte Cramer in seinem Ausführungsbetrieb großen Wert.

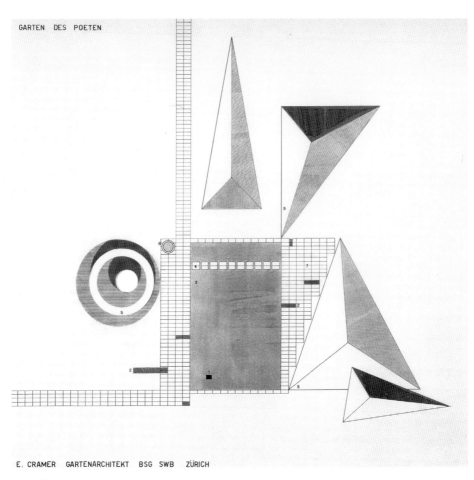

GARTEN DES POETEN

E. CRAMER GARTENARCHITEKT BSG SWB ZÜRICH

Entwurfplan in Tusche und farbiger Klebefolie auf Transparent des «Garten des Poeten» von Ernst Cramer, Zürich.

Spiegelung der Geländemodellierung im Wasserbecken des Gartens.

Der Aussichtshügel des Parks
aus Schutt des Zweiten Welt-
kriegs und des Aushubs der
Olympiabauten modelliert das
Gelände.

Der Olympiapark München

Neben ästhetischen und nutzungsorientierten Aspekten kann eine Geländemodellierung auch eine politische Idee transportieren. Der Olympiapark in München ist dafür
ein gutes Beispiel. «Der Olympiapark München 1972 ist in seiner Zielsetzung Kontrast
gegen Geist und Architektur der Olympiaanlagen, die in Berlin für die Olympischen
Spiele 1936 in der Ära Hitler geschaffen wurden. Er sollte ein anderes Deutschland re-
präsentieren, ein tolerantes, freiheitliches Land» (Grzimek 1973, S. 14). Das Motto des
ersten großen internationalen Sportanlasses im westlichen Nachkriegsdeutschland lau-
tete «Heitere Spiele», und zehn Tage lang versinnbildlichte auch die spielerisch modellierte Parkanlage diese Idee. Danach überschattete ein Terroranschlag die Veranstaltung.

Das Gelände Oberwiesenfeld im Norden der Münchner Kernstadt gelegen, entspricht mit seinen 280 Hektar (2,5 x 1,5 Kilometer) der Fläche der Innenstadt Mün-
chens. Es diente früher als Exerzier- und Sportflugplatz und während und nach dem
Zweiten Weltkrieg als Schutthalde zerstörter Häuser. Die Fläche war, abgesehen von
einem etwa 60 Meter hohen Trümmerberg, völlig kahl und eben. Der Bau der Sportanlagen bedurfte großer Erdbewegungen, so dass das flache Gelände sich für eine Modellierung geradezu anbot.

Planung und Bau des Olympiaparks dauerten von Mai 1968 bis August 1972, wobei
die Architekten Behnisch & Partner für den Gesamtentwurf verantwortlich zeichneten.
Der Entwurf, die Ausführungsplanung und die künstlerische Oberleitung im Bereich
Landschaftsarchitektur lagen bei Günther Grzimek (1915–1996); die Dachlandschaft
entstand in Zusammenarbeit mit Frei Otto und Leonardt + Andrä. Kennzeichnend ist
die Verschränkung von Landschaft und Architektur: Einmal ist es die Landschaft, die
sich gleichsam über die Architektur stülpt und ein anderes Mal wird die Landschaft von
der Architektur regelrecht durchdrungen.

Die Zeltarchitektur der Architekten und Ingenieure Behnisch & Partner, Frei Otto, Leonardt + Andrä; Landschaftsarchitektur: Günther Grzimek.

In verschiedenen Veröffentlichungen hat Günther Grzimek die «olympischen Park-Ideen» erläutert. Dabei wies er unter anderem auf die Ästhetik des Selbstverständlichen hin:

Der Park ist ein «Ort des alltäglichen Gebrauchs. Berg und See, Baum und Hain, Wiese und Sumpf, Ufer und Trampelwege, Stein und Kies sind dabei Bauelemente einer Landschaft, die naturhaft und zugleich strapazierfähig wie ein guter Gebrauchsgegenstand sein soll» (Grzimek 1984, S. 71). Ein «Benutzerpark» und eine «Gebrauchslandschaft» wurden angestrebt; der Park folgt den Schritten der Menschen und nicht umgekehrt. Er sollte zur spontanen Nutzung anregen, das Besitzergreifen des Rasens war ausdrücklich erwünscht. Ein differenziertes Wegsystem von Haupt- und Nebenwegen wurde entwickelt, das sowohl den Anforderungen an Großveranstaltungen wie auch der alltäglichen Freizeitnutzung genügte.

Ein zweiter wichtiger Punkt war die Revitalisierung der aufklärerischen Freiheitsmetapher, die auch den englischen Landschaftsgarten prägte. Es wurden Symmetrie, Hierarchie sowie steinerne Monumentalität vermieden. Darüber hinaus sollten möglichst wenig Verbote den Park bestimmen: «Den Benutzern erlaubt der Olympiapark eine weitgehend freie Entscheidung über ihr Verhalten.» (Grzimek 1984, S. 70)

Die Terraingestaltung war das Hauptmotiv des Parks. Sie schuf die Verbindung zwischen Landschaft und Architektur. Dazu einige Zitate von Grzimek, der auch als Professor für Landschaftsarchitektur an der Technischen Universität München lehrte:

«Die Reliefenergie resultiert aus dem Verhältnis und der Anordnung horizontaler und vertikaler Führungslinien in einer Landschaft. Sie wächst mit der Vielfalt der Oberflächenmodellierung, dem Reichtum der topographischen Elemente, als da sind Fläche, Gipfel, Hang und Mulde usw.» (Grzimek 1972, S. 11)

Geländemodellierung, Detail
der «Gebrauchslandschaft».

Das «Besitzergreifen» des
Hügels zur Eröffnung des Olympiaparks.

«Für das Oberwiesenfeld wurde als Leitvorstellung ein durchgehend dialektisches Neben- und Gegeneinander signifikanter topographischer Grundelemente entwickelt, deren formale Polarität der inhaltlichen von ‹Privatheit› und ‹Kommunikation› entspricht.» (Grzimek 1972, S. 12)

«Ein wesentlicher Faktor für die geringen Baukosten war außer den elementaren und billigen Materialien (Kies, Steine, Rasen, Wiese, Bäume, Büsche) das Programm. Große Flächen der Hügellandschaft – so die steilen Bergflanken – wurden als Blütenwiesen auf magerem Boden ausgebildet. Die Bodenplastik wurde ausschließlich mit Maschinen erarbeitet. Der kieshaltige Boden erwies sich dabei als hochbelastbar für den Gebrauch.» (Grzimek 1984, S. 70)

«Der Mensch geht nicht streng geradeaus, er taumelt – ohne es zu merken. Und pendelt gern in der dritten Dimension – aber nur ein bis drei Grad in Abweichung von der Ebene. Wenn er auf einen Berg steigt, dann entweder in einem Einschnitt – oder auf einem lang gezogenen Buckel. Man kann Trampelpfade also voraussehen. Nichts ist zufällig.» (Grzimek 1993, S. 32)

«Auf dem Rasen gehen die Menschen anders als auf einem gestalteten Weg. Es gibt keine Führungslinien, also gehen sie nach ihrem Gefühl und nach den Höhenlinien – wenn sie ihnen angeboten werden.» (Grzimek 1993, S. 33)

ZENTRUM
OLYMPIAPARK

MITTLERER RING

PARKPLATZ

AUFWÄRM
HALLE

RADRENNBAHN

SPORTHALLE

EISSPORTHALLE

STADION

SCHWIMMHALLE

SEE

BERG

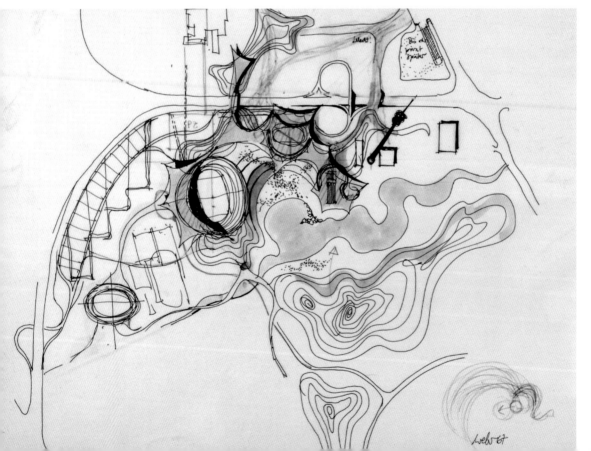

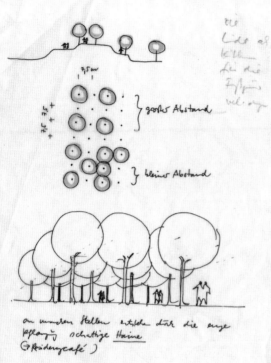

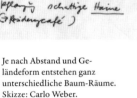

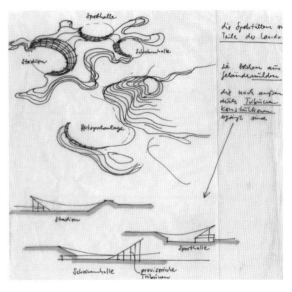

Je nach Abstand und Ge-
ländeform entstehen ganz
unterschiedliche Baum-Räume.
Skizze: Carlo Weber.

Die Sportstätten sind als
Geländemulden ausgebildet und
werden von Tribünenkonstruk-
tionen ergänzt. Skizze: Carlo
Weber.

Linke Seite oben: Übersichts-
plan des Olympiageländes von
Behnisch & Partner, Stuttgart.

Linke Seite unten: Lageplan im
Maßstab 1:2000 von Behnisch
& Partner, Stuttgart. Skizze:
Carlo Weber.

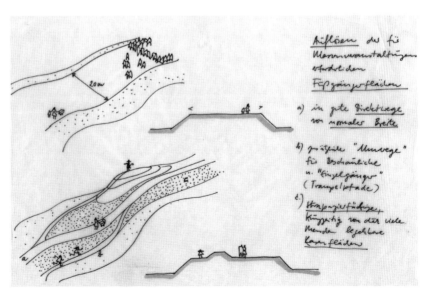

Eine vielfältige, nutzungso-
rientierte Wegführung vom
Trampelpfad bis hin zu Wegen
für Massenveranstaltungen.
Skizze: Carlo Weber.

Blick auf die Baustelle vom Aussichtshügel.

Blick vom Fernsehturm auf die Baustelle am oberen Ende des Sees.

Geländemodellierung während der Bearbeitung im Vorder- und Mittelgrund, Terraingestaltung nach der Fertigstellung im Hintergrund.

Aussichtshügel, Irchelpark,
Zürich.

Der Irchelpark Zürich

Der Irchelpark ist mit rund 32 Hektaren eine der größten innerstädtischen Parkanlagen der Schweiz der letzten 50 Jahre (Bauzeit 1980–1986). Das zugrunde liegende Konzept besteht darin, dass eine rohe, naturnahe Parkgestalt – was dem damaligen Zeitgeist entsprach – dem kubischen Architekturkomplex der neuen Universität als Kontrast gegenübersteht. Im preisgekrönten Wettbewerbsprojekt von ASP Landschaftsarchitekten und Architekt E. Neuenschwander überspannt dazu auch eine 30 Meter breite «Grüne Brücke» den Einschnitt der zerschneidenden Ausfallstraße, so dass die beiden Parkteile zu einem durchgehenden Parkerlebnis verbunden werden konnten.

Topografisch interessant ist das Relief. 400 000 Kubikmeter Bauaushub wurden als Belvedere sowie am unteren Arealrand zu Hügelketten gegen den Straßenlärm aufgeschüttet. Dies ergab einen starken Reliefkontrast von konvex zu konkav, zwischen Aussichtsberg oben und Geländeschüssel unten. Damit konnte alles anfallende Erdmaterial, auch aus Umweltschutzgründen, an Ort und Stelle verarbeitet werden.

Im ehemaligen Landwirtschaftsgebiet waren alle Bäche eingedolt. Diese wurden nun renaturiert und um die Gebäude herum, mit dem Drainage- und Dachwasser der Gebäude, in den See und in die Teiche der Geländemulden geleitet. Die mit Ufergehölzen bestockten Bäche ergaben eine Art Ummantelung des Campus mit Grünvolumen.

In den Randzonen wurden die Lärmschutzwälle aufgeforstet, was deren Wirkung verstärkte und nun die Anlage räumlich schloss. Die damit erzeugte visuelle Abschottung zur städtischen Umgebung erzeugt eine Art arkadische Stimmung.

Architektonische Gelände-
modellierung im Bereich der
Universitätsneubauten.

Feucht- und Trockenstandorte, Blumenwiesen, einheimische Gehölze, die Verwendung von Naturstein, Holz, wasserdurchlässige Beläge und Dachbegrünungen waren
Programm, was den Wünschen der naturwissenschaftlichen Fakultäten sehr entgegen-
kam. Diese sogenannte naturnahe Gestaltung wurde zu Beginn von den Fachkollegen
aber auch kritisiert und der Beliebigkeit bezichtigt. Dabei ist der Gestaltungswille in der
Umsetzung sehr präsent und in Gebäudenähe auch geometrisch und damit offensicht-
lich. Ferner war die Kunst im öffentlichen Raum ein wichtiger Aspekt: zehn interessante
Beiträge bereichern das Parkgeschehen markant.

Die ganze Anlage war von Anfang an auf Veränderung angelegt, die sich im Lauf der
Zeit durchaus zu einer gewissen Eigendynamik entwickeln sollte. Dies in Bezug auf die
Sukzessionen der Pflanzen- und Tierwelt, wie auch bezüglich der Benutzerspuren durch
die Besucher.

Der Irchelpark wurde von der Bevölkerung von Anfang an in Besitz genommen
und hat sich zu einem ökologisch äußerst artenreichen Topos entwickelt. Er ist ein sehr
beliebter und viel besuchter Aufenthalts- und Freizeitort der Stadt Zürich geworden,
welcher wichtige Anliegen der Landschaftsarchitektur der 80er-Jahre widerspiegelt und
damit bis heute in- und ausländische Fachleute überzeugt.

Höhenlinienplan des konvexen
Aussichtshügels, Irchelpark,
Zürich.

Skizze der Gesamtsituation:
Aussichtshügel und Universitätsneubauten.

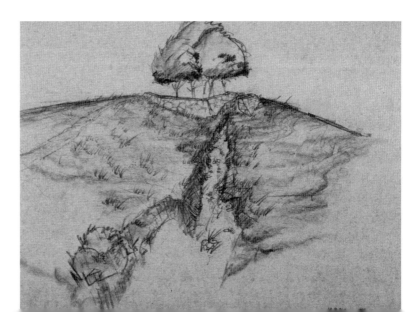

Detailskizze Aussichtshügel,
Irchelpark, Zürich.

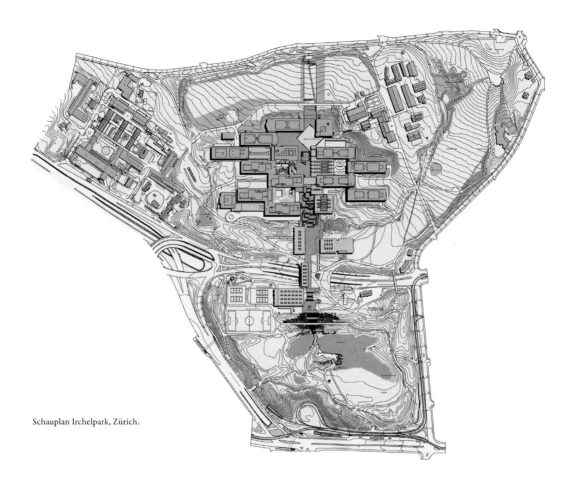

Schauplan Irchelpark, Zürich.

Konkaven-Geländeschüssel
mit der Treppenanlage und
dem See.

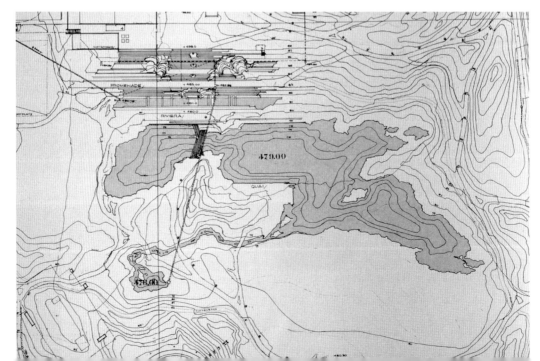

Geländemodellierung im
Bereich der Universitätsneubauten.

Detail Geländemodellierung:
Sitzmöglichkeiten.

Die Schottische Nationalga-
lerie, mit der Landform im
Eingangsbereich, liegt auf einer
Erhöhung mit dem Namen
«The Mound» am Rand der
Stadtmitte von Edinburgh.

Die Landform vor der Schottischen Nationalgalerie in Edinburgh

Charles Jencks ist Architekturtheoretiker und gilt als einer der Väter der architektonischen Postmoderne. Seit einigen Jahren beschäftigt er sich auch praktisch mit der
Landschaftsarchitektur. In seinen kunstvoll modellierten Landschaften kombiniert er
zwei Prinzipien. Das eine stammt aus der chinesischen Gartenkunst und ist das sogenannte Prinzip der «geborgten Landschaft», also Garten als miniaturisierte Landschaft.
Dieses Prinzip steht im Zusammenhang mit der prägenden Hügel- und Seenlandschaft
Schottlands. Das zweite Prinzip ist dasjenige der Wellen. Die Welle ist für Jencks das
Grundmuster allen Lebens und Metapher des gesamten Universums. In einem Interview
nannte Jencks seine Gestaltungen «Contour Gardening». Er bezog sich damit auf die
harten Kanten der modellierten Erdkörper-Böschungen, die besonders im Abendlicht
die markanten Geländeformen nachzeichnen (vgl. Jencks, 2005).

Eine sehr eindrückliche von Jencks gestaltete Landform befindet sich vor der Na-
tionalgalerie für moderne Kunst in Edinburgh. Das Schottische Landschaftsarchitekturbüro Ian White Associates war für die Planung und Bauleitung des 350 000 Pfund
teuren Projektes verantwortlich. Planungs- und Bauphase dauerten je ein Jahr, die Fertigstellung erfolgte 2002. John Farquhar, der für das Projekt verantwortliche Landschaftsarchitekt von Ian White Associates, schreibt dazu folgendes: «Die geplante Landform

Detailaufnahme der Landform.

sollte für Besucher zugänglich sein. Daher waren Sicherheit und Belastbarkeit wichtige Konstruktionskriterien. Auf der Basis einer detaillierten Baugrundanalyse entstand die Werkplanung als Voraussetzung für die Bauarbeiten. Die Ausschreibungsunterlagen, aus einem Satz Ausführungspläne und einem Leistungsverzeichnis bestehend, gingen an ausgewählte Tiefbauunternehmen. Die Landform bedeckt ungefähr 3000 Quadratmeter. Sie beinhaltet 3500 Kubikmeter Auffüllmaterial. Der höchsten Punkt ist sieben Meter hoch. Ein Pumpensystem sorgt für die Umwälzung von 1 500 000 Litern Wasser in drei flachen Becken. Das integrierte Bewässerungssystem bewässert den Rasen in Trockenperioden.

Der tiefgründige Oberboden vor dem Museum wurde auf Bodenmieten für die spätere Wiederverwendung gelagert. Wegen des Mangels an geeignetem lokalem Bodenmaterial für die Formung der Hügel entschied man sich für ölschieferhaltiges Erdbaumaterial. Es handelt sich dabei um ein Abfallprodukt der Ölschiefer-Industrie im Westen von Edinburgh. Das Material besitzt eine hohe Dichte, bedingt durch das ölige Ausgangsgestein, eine gute Kohäsion und wurde in Schichten von 300 Millimetern aufgebracht und verdichtet.

Eine Reihe von Querprofilen definiert den Böschungsverlauf. Über ein Raster wurde die genaue Lage der nierenförmigen Teiche bestimmt. Zusammen mit dem Künstler entschied man sich für eine Böschungsneigung der Landform von maximal 45 Grad. Die präzise Randausbildung der Böschung und Bermen erfolgte manuell.

Das profilierte Gelände wurde, nach Abnahme, mit einer 200 Millimeter starken Bodenmischung bedeckt. Diese bestand zu 60 Prozent aus lokalem Oberboden, 30 Prozent

Detailaufnahme der Landform.

Rechte Seite: Höhen- und Absteckplan, Landschaftsarchitekturbüro Ian White Associates.

Seite 54: Querschnitte, Landschaftsarchitekturbüro Ian
White Associates.

Seite 55: Konstruktionsdetail,
Landschaftsarchitekturbüro Ian
White Associates.

Das Betreten der Landform ist
normalerweise nicht nur den
Schwänen erlaubt.

grobkörnigem Sand und 10 Prozent Kies. Zu dieser Mischung wurden 3,5 Kilogramm
pro Kubikmeter polypropylene Kunststoffgitter (Advanced Turf, Netlon Ltd.) hinzuge-
fügt, um eine Armierung des Oberbodens zu erreichen. Allerdings musste beim maschi-
nellen Einbau auf das Nicht-Herauslösen der Gitterelemente geachtet werden. Vor der
Bedeckung mit Rollrasen fand wieder eine Abnahme der Geländemodellierung statt.

Der Rollrasen besteht aus trockenheitsverträglichem Schwingelgras. Große Rollen
davon wurden auf den Böschungsoberkanten positioniert und vertikal abgerollt. Alle
600 Millimeter sichern verwitterbare 150 Millimeter lange Holzbodenanker die Rollen.
Die Fugen wurden mit sandigem Boden ausgefüllt.

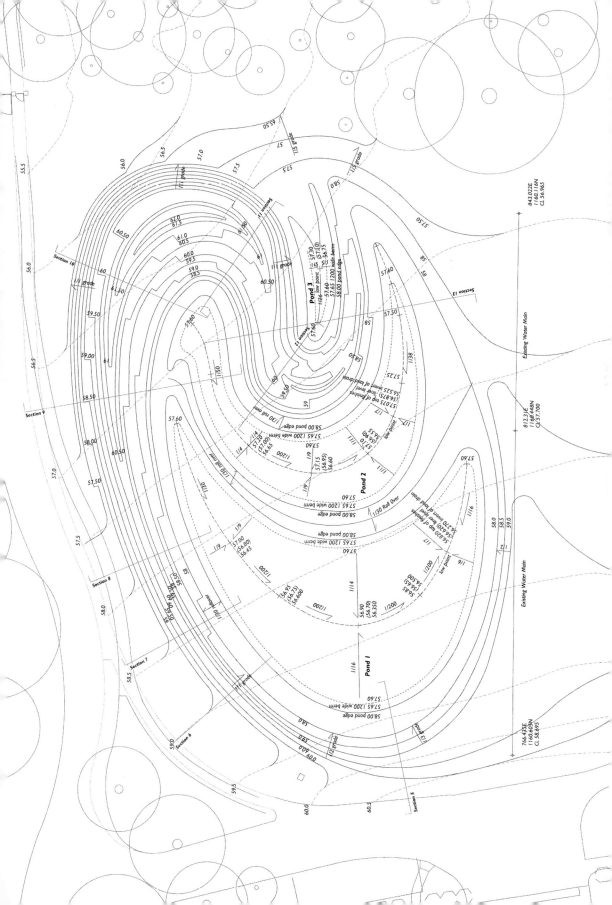

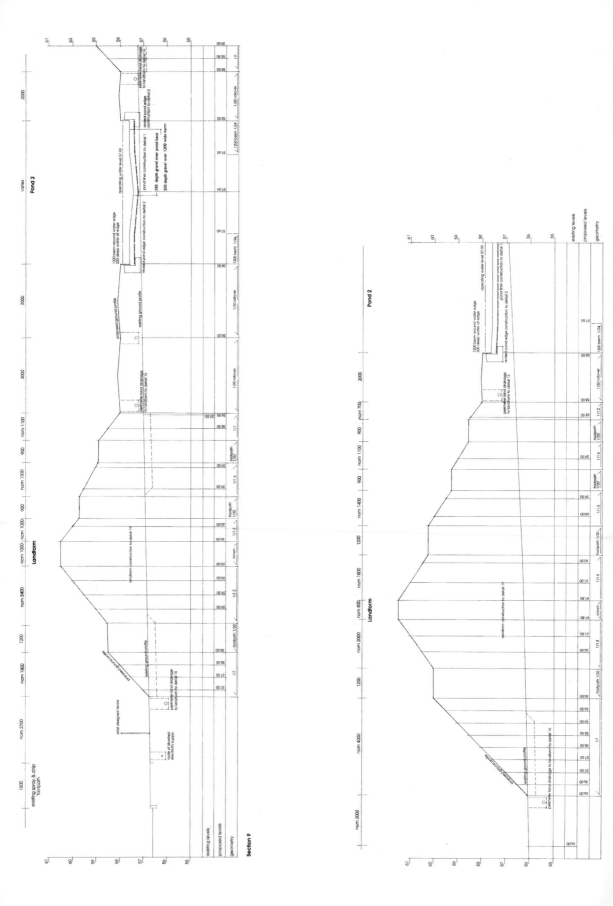

Section 9

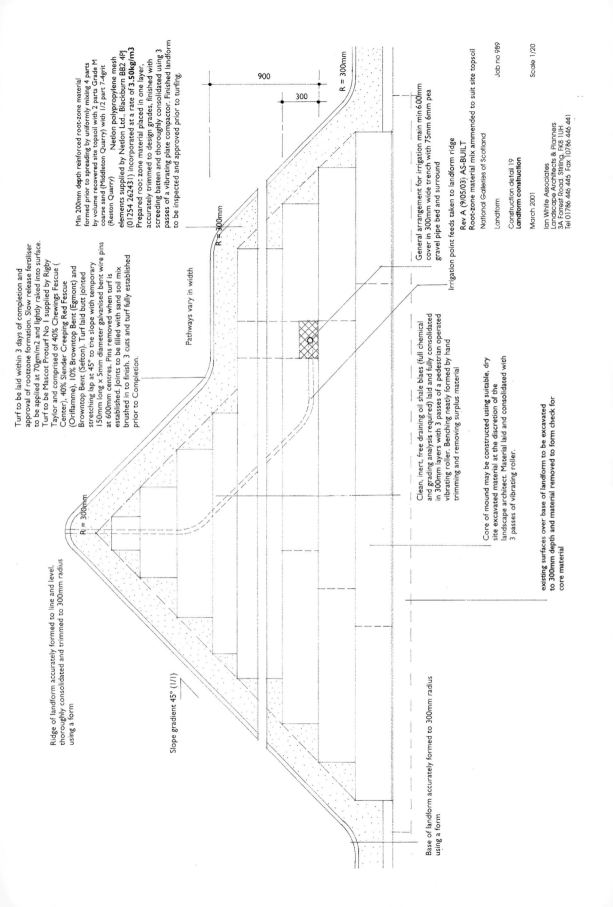

Turf to be laid within 3 days of completion and approval of rootzone formation. Slow release fertiliser to be applied at 70gm/m2 and lightly raked into surface. Turf to be Mascot Proturf No 1 supplied by Rigby Taylor and comprised of 40% Chewings Fescue (Center), 40% Slender Creeping Red Fescue (Oriflamme), 10% Browntop Bent (Egmont) and Browntop Bent (Sefton). Turf laid butt jointed stretching lap at 45° to the slope with temporary 150mm long x 5mm diameter galvanised bent wire pins at 600mm centres. Pins removed when turf is established. Joints to be filled with sand soil mix brushed in to finish. 3 cuts and turf fully established prior to Completion.

Ridge of landform accurately formed to line and level, thoroughly consolidated and trimmed to 300mm radius using a form

R = 300mm

Slope gradient 45° (1/1)

Base of landform accurately formed to 300mm radius using a form

Pathways vary in width

R = 300mm

R = 300mm

900

300

R = 300mm

Min 200mm depth reinforced root-zone material formed prior to spreading by uniformly mixing 4 parts by volume recovered site topsoil with 2 parts Grade M coarse sand (Middleton Quarry) with 1/2 part 7-4grit (Reston Quarry)   Netlon polypropylene mesh elements supplied by Netlon Ltd., Blackburn BB2 4PJ (01254 26243I) incorporated at a rate of **3.50kg/m3** Prepared root zone material placed in one layer, accurately trimmed to design grades, finished with screeding batten and thoroughly consolidated using 3 passes of a vibrating plate compactor. Finished landform to be inspected and approved prior to turfing.

General arrangement for irrigation main min 600mm cover in 300mm wide trench with 75mm 6mm pea gravel pipe bed and surround

Irrigation point feeds taken to landform ridge

Rev A (9/05/03) AS-BUILT
Root-zone material mix ammended to suit site topsoil

National Galleries of Scotland

Clean, inert, free draining oil shale blaes (full chemical and grading analysis required) laid and fully consolidated in 300mm layers with 3 passes of a pedestrian operated vibrating roller. Benching neatly formed by hand trimming and removing surplus material

Core of mound may be constructed using suitable, dry site excavated material at the discretion of the landscape architect. Material laid and consolidated with 3 passes of vibrating roller.

existing surfaces over base of landform to be excavated to 300mm depth and material removed to form check for core material

Landform   Job no 989

Construction detail 19
Landform construction

March 2001   Scale 1/20

Ian White Associates
Landscape Architects & Planners
3A Forrest Road, Stirling, FK8 1UH
Tel 01786 446 445 Fax 01786 446 441

Landform Baustellenbild mit
Schalung der Beckeneinfassung.

Das Betreten der Landform ist während der Öffnungszeiten des Museums möglich. Aus Gründen der Sicherheit ist der Zugang bei längeren Regenperioden eingeschränkt, da die Böschungen dann nass und rutschig sind.

Luftkissenmäher, an Seilen fixiert und von der Böschungsoberkante aus bedient, sind wegen der Neigung der Hänge für den Rasenschnitt notwendig. Die integrierte Bewässerung an den Rändern sorgt für das Rasenwachstum. Als Kunstinstallation hat die Landform keine vordefinierte Lebensdauer, aber Beckenbauteile und Wasserpumpen müssen in Zukunft ausgewechselt werden.» (John Farquhar, Ian White Associates, *E-Mail, 4.9.2007*)

Landform Baustellenbild während der Geländemodellierung.

Landform Baustellenbild mit der Rollrasenverlegung.

Geländeformen

Geländeformen bezeichnen in der Geografie unterschiedliche Ausbildungen der Erdoberfläche. Sie lassen sich grob in die drei Kategorien: Voll-, Hohl- und Flachformen einteilen. Bei Vollformen fallen die Hänge von einem flächigen, linearen oder punktuellen Bereich auf das umgebende Terrain ab. Ein Beispiel hierfür ist eine Bergkuppe. Die Hänge von Hohlformen laufen, vom umgebenden Terrain betrachtet, auf eine Fläche, eine Linie oder einen Punkt zu. Geländemulden sind typische Hohlformen. Kleine Verebnungen können die Böschungen beider Oberflächentypen unterbrechen. Der Begriff Flachform fasst Geländeausbildungen zusammen, bei denen nur geringe Gefälle vorkommen.

Die drei Raumkoordinaten x, y, z definieren die oben beschriebenen Geländeformen. Zur Darstellung dieser dreidimensionalen Information in der zweidimensionalen Ebene bedarf es einer grafischen Kodierung. In topografischen Karten werden Isohypsen (Höhenlinien) verwendet. Der Name leitet sich vom griechischen «isos» (gleich) und «hypsos» (Höhe) ab. Die Linien schneiden das Gelände horizontal und beziehen sich auf den Meeresspiegel. Ein regelmäßiges Intervall, die «Äquidistanz», trennt sie voneinander. Für den ungeübten Kartenleser stellen die Höhenlinien oft nur ein Gewirr aus Strichen dar. Mit etwas Übung und Routine erschließt dieses Muster dem Betrachter den großen Informationsgehalt einer Karte.

Nach ersten Erfahrungen mit der Höhenlinieninterpretation, entwickelt sich die Landschaft automatisch vor dem geistigen Auge. Als Nächstes gilt es, die vorgefundenen Formen verbal zu formulieren. Darin besteht jedoch ein weiteres Problem: Nicht nur im alltäglichen Sprachgebrauch werden die Bezeichnungen für die unterschiedlichen Geländeformen ausgesprochen ungenau verwendet. Eine wesentliche Ursache für die Begriffsvielfalt dürfte in der Tatsache bestehen, dass sich bezüglich der Ansprache von Geländeformen bisher kein allgemein anerkanntes Standardwerk etablieren konnte.

Einen Schritt in diese Richtung macht Georg Schulz mit seinem *Lexikon zur Bestimmung der Geländeformen in Karten*. Im Gegensatz zu anderer Literatur beschränkt er sich auf Geländeformen und bietet 300 lexikalisch geordnete Definitionen mit detaillierten Neigungs-, Höhen- und Größenangaben sowie einen Interpretationsschlüssel zur korrekten Formenansprache in Höhenlinienbildern.

Die folgenden Geländeformen sind einerseits im mitteleuropäischen Raum besonders häufig anzutreffen und eignen sich andererseits didaktisch zum Erlernen der Interpretation von Höhenlinien. Ein Höhenlinienplan wird dem entsprechenden dreidimensionalen Geländemodell gegenübergestellt. Die kurzen Erläuterungen zu den einzelnen Formen sowie die verwendeten digitalen Geländemodelle orientieren sich am Buch von Georg Schulz. Eine erschöpfende Darstellung des umfangreichen Bestandes an Geländeformen kann an dieser Stelle nicht geleistet werden. Hierzu sei ausdrücklich auf das oben genannte Werk verwiesen.

Drumlinlandschaft bei
Menzingen im Kanton Zug
(Vollformen).

Vulkan in Süditalien (Hohlform).

Sporn in einem Garten der
Bundesgartenschau München,
2005.

Die Linthebene bei Weesen
(Flachform).

Dellenform in einem japanischen Garten.

Kegelform in einem Hotelgar-
ten in Guatemala.

Stetiger Hang

Beim stetigen Hang ist die Hangneigung auf ganzer Länge mehr oder weniger gleichmäßig. In topografischen Karten entspricht der stetige Hang einer Folge paralleler Höhenlinien in regelmäßigem Abstand.

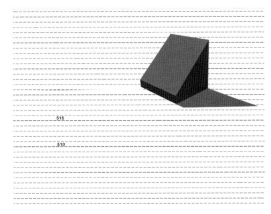

Konkaver Hang

Ein Hang wird als konkav bezeichnet, wenn er eine negative, zum Erdmittelpunkt gerichtete Wölbung besitzt. Diese Grundform zeigt sich in Karten als charakteristisches Muster von zunächst weiter voneinander entfernten und mit zunehmender Höhe immer enger beieinander liegenden Höhenlinien.

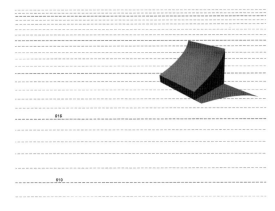

Konvexer Hang

Als Umkehrform zum konkaven Hang ist die Wölbung des konvexen Hanges positiv. Auf der Karte ist diese Hangform durch einen mit zunehmender Höhe immer größer werdenden Abstand der Höhenlinien erkennbar.

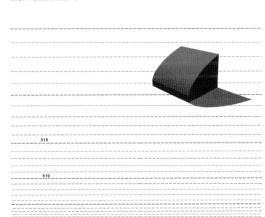

Terrasse

Als Terrasse wird eine Verflachung bezeichnet, an der die gleichmäßige Neigung eines Hanges unterbrochen wird. Die Terrasse setzt sich aus der Terrassenfläche, der oberhalb gelegenen Terrassenlehne und dem unterhalb angrenzenden Terrassenhang zusammen. Ist ein Hang von mehreren aufeinander folgenden Terrassen durchzogen, wird er als terrassiert bezeichnet.

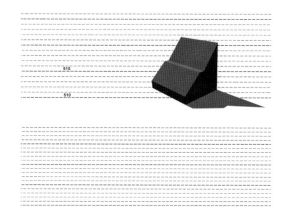

Pfanne

Eine Pfanne ist eine überaus flache, runde Hohlform mit ringsum sehr langsam ansteigenden Hängen. Ihre Flächenausdehnung entspricht dabei einem Vielfachen der Höhendifferenz.

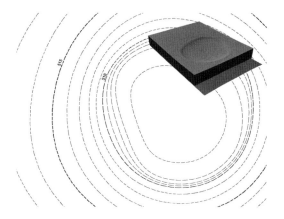

Kuppe

Kuppen sind in der Draufsicht rundliche, im Profil glockenförmig gewölbte Erhebungen. Die Hänge einer Kuppe sind konvex und grenzen radial an den abgeflachten Gipfelbereich.

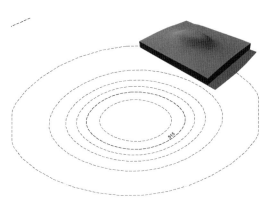

KEGEL

Kegel sind in der Draufsicht fast kreisrunde, im Profil von gestreckten bis konkaven, steilen Hängen umgebene, zur Höhe zentrisch zugespitzte Formen unterschiedlicher Größe.

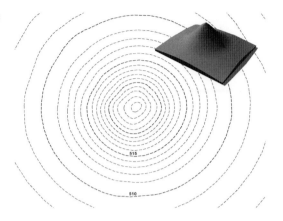

DRUMLIN

Als Drumlin wird ein elliptisch gestreckter Hügel mit einem Breite-Länge-Verhältnis von etwa 1:4 in glazial überformten Gebieten bezeichnet, wobei die Hügellängsachse in Stoßrichtung des Eises liegt. Die Geländeform erinnert an Tropfen.

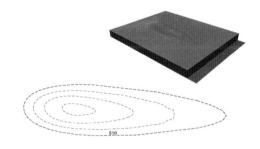

MULDE

Die Mulde ist eine rundliche Hohlform mit sanft ansteigenden Böschungen. Die flachen und meist konkaven Hänge umgeben zu allen Seiten den ebenen Muldenboden.

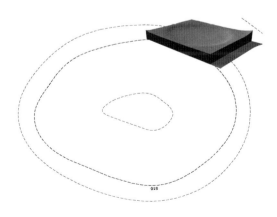

SCHICHTSTUFE

Der Begriff Schichtstufe
bezeichnet eine steile, durch
Erosion unterschiedlicher
Gesteinsschichten entstandene
Geländestufe. Am höchsten
Punkt der lang gestreckten
Stufe schließt sich eine flach
abfallende Landterrasse an,
deren Neigung den zugrunde
liegenden geologischen Schicht-
paketen entspricht.

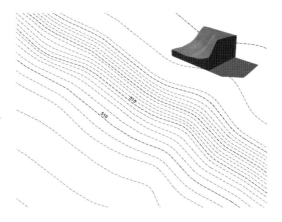

RÜCKEN

Ein Rücken ist wie der Kamm,
ein lang gestreckter Höhenbereich, der nach zwei Seiten
hin dachförmig fallend ist. Im
Gegensatz zum Bergkamm
bilden die Hänge des Bergrückens im Querprofil jedoch eine
konvexe Form. Im Längsprofil
sind die Höhenunterschiede
im Höhenbereich erheblich
geringer als die Höhendifferenz
der Hangbereiche.

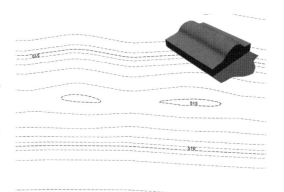

KAMM

Als Kamm wird ein lang gestreckter Höhenzug bezeichnet,
der von seiner Firstlinie aus
beidseitig dachartig abfällt.
Das Längsprofil weist geringere
Höhenunterschiede auf als das
Querprofil. Ist der Kammbe-
reich bereits stark angegriffen,
so zeigen sich Kuppen mit
konvex gerundeter Form. Im
Gegensatz zum Rücken ist
die Kammlinie im Querprofil
geradlinig bis leicht konkav zum
höchsten Punkt hin zugespitzt.

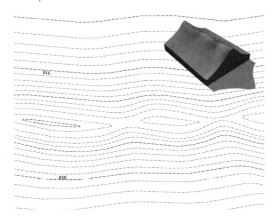

GRAT

Der Grat besitzt eine scharf ausgebildete Firstlinie mit zu den
Seiten sehr steil abfallenden,
im Querprofil meist konkaven
Hängen. Auch hier sind die Re-
liefunterschiede im Längsprofil
erheblich geringer als die der
Querprofile.

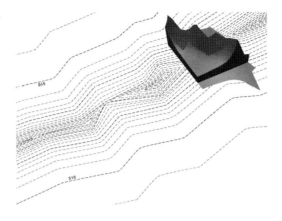

SATTEL

Als Sattel wird ein Einschnitt
im Höhenbereich eines
Bergrückens bezeichnet. Im
Längsprofil erscheint dieser als
muldenförmige Vertiefung in
der Firstlinie.

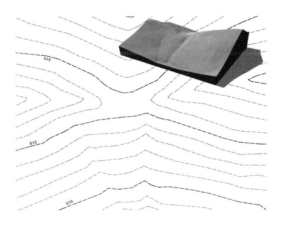

SPORN

Ein Sporn ist ein länglicher,
schmaler Vorsprung aus einer
größeren Vollform.

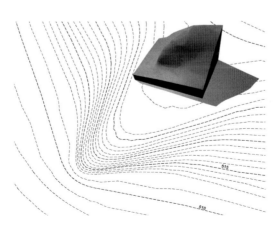

DELLE

Die Delle ist eine am Anfang eines Tales gelegene, flache und breite Vertiefung. Das Querprofil ist muldenförmig, im Grundriss ist die Delle jedoch nicht komplett von ansteigenden Böschungen umgeben. Unebenheiten auf dem Dellenboden sind charakteristisch.

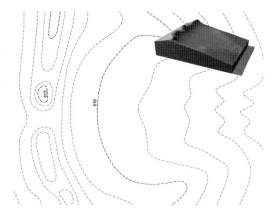

MULDENTAL

Das Muldental ist eine Talform mit muldenähnlichem Querprofil, das heißt mit konkaven Hängen, Talgrund und eventuell leicht konvexem Oberhang. Im Längsprofil weist die lang gestreckte Hohlform ein gleich gerichtetes Gefälle auf.

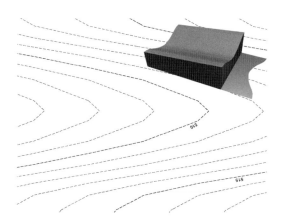

KERBTAL

Als Kerbtal wird eine lang gestreckte Hohlform mit steilen V- oder kerbförmigen Talhängen bezeichnet (Querprofil). Die Talsohle ist weitgehend mit dem Gewässerbett identisch. Das Längsgefälle ist gleich gerichtet.

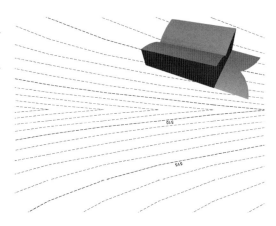

KLAMM

Die Klamm ist eine für Gebirgs-
regionen typische Steilschlucht
mit sehr steilen bis teilweise
sogar überhängenden Wänden
im Querprofil. Auch hier wird
der Talboden vollständig vom
Fluss eingenommen.

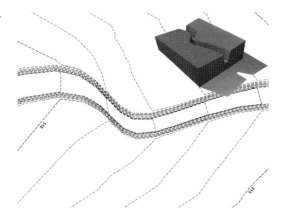

TROGTAL

Das Trogtal ist ein durch
glaziale Erosion überformtes
Tal, mit einem im unteren Teil
U-förmigen, im oberen Teil
V-förmigen Querschnitt.

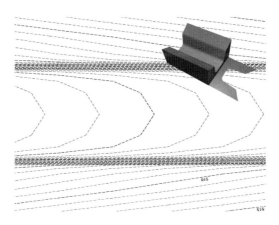

SOHLENTAL

Das Sohlental ist eine lang
gestreckte Hohlform. Das
Querprofil kennzeichnet eine
breite, ebene Talaue, die das
mäandrierende Flussbett beher-
bergt. Die angrenzenden Hänge
sind konvex.

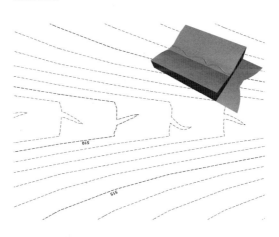

Einmaleins der Geländemodellierung

«Übung macht den Meister» ist ein Satz, der zwar häufig verwendet wird, gerade in der Geländemodellierung aber hat er seine ganz besondere Berechtigung. Auf den folgenden Seiten lernen Sie das Handwerkszeug kennen. Das Gelernte sollten Sie in den Übungen im Anhang unbedingt wiederholen.

Kleine und große Maßstäbe

Häufig tauchen bei Besprechungen von Bau- und Planungsprojekten die Begriffe «großer Maßstab» und «kleiner Maßstab» auf. Ist Ihnen schon aufgefallen, dass viele Fachleute die Maßstabsbezeichnung im kartografischen Sinne nicht korrekt verwenden? Achten Sie einmal darauf. Pläne gehören zum Handwerkszeug eines Planers. Die Kartografie, in der Maßstäbe erstmalig ihren Einsatz fanden, zu einer Zeit, als noch niemand an Flächennutzungs- oder Detailpläne dachte, liefert die korrekte Definition für große und kleine Maßstäbe. So sollte sie auch in der Planung textlich und verbal benutzt werden und lautet:

Der Maßstab beschreibt das Verhältnis zwischen dem Abstand zweier Punkte auf einer Karte (Plan) und dem tatsächlichen Abstand in der Natur. Zum Beispiel sagt das Verhältnis 1:100 aus, dass eine Einheit auf dem Plan 100 Einheiten derselben Größe in der Natur entspricht. Je größer der Maßstab ist, desto mehr nähert sich der Maßstab der natürlichen Größe an. Pläne mit kleinem Maßstab (großer Maßstabszahl) stellen größere Teile eines Projektes dar. Sie sind allerdings weniger detailliert als Pläne mit großem Maßstab. Ein Plan 1:10 besitzt einen größeren Maßstab als ein Plan 1:100.

Einfach ausgedrückt lautet die Regel:

> großer Maßstab = kleine Fläche
> kleiner Maßstab = große Fläche.

Übliche Maßstäbe für Ausführungspläne sind:

> 1:1 – 1:5 – 1:10 – 1:20 – 1:50 – 1:100.

Übliche Maßstäbe für Geländemodellierungen sind:

> 1:100 – 1:200 – 1:500 – 1:1000.

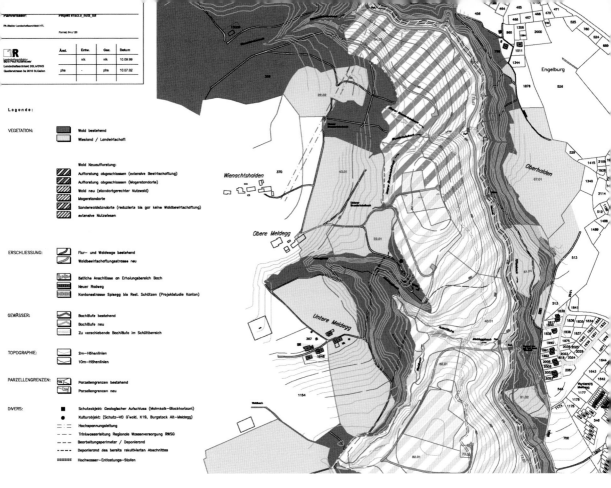

Nutzungskonzept M 1: 5000 –
ein kleiner Maßstab (Maßstab
bezieht sich auf die Originalgröße des Plans).

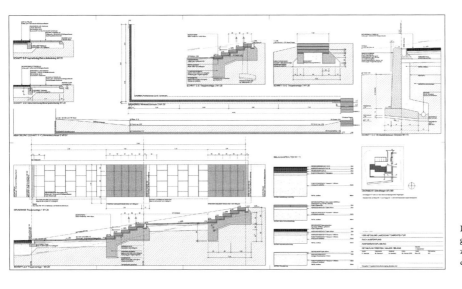

Detailplan M 1:10/20/50 – ein
großer Maßstab (Maßstab bezieht sich auf die Originalgröße
des Plans).

Gefälle in Prozent, Verhältniszahl und Böschungswinkel.

Gefälle

Was ist der Unterschied zwischen Steigung, Gefälle, Verhältniszahl und Böschungswinkel? Grob betrachtet eigentlich keiner. Es sind nur unterschiedliche Methoden der Definition einer Neigung. Im weiteren Verlauf wird etwas Ordnung in die Begrifflichkeiten
gebracht.

Gefälle in Prozent

Mathematiker sprechen von der Steigung und verwenden dafür den Buchstaben m. Im
kartesischen Koordinatensystem mit der horizontalen x-Achse (Abszissenachse) und der
vertikalen y-Achse (Ordinatenachse) definieren die Koordinaten die zwei Punkte P1
und P2 wie folgt:

$$P1 = (x1,y1) \; P2 = (x2,y2)$$

Die Steigung der Geraden, die von Punkt P1 zu Punkt P2 verläuft, lässt sich mit der
folgenden Formel berechnen:

$$m = \frac{y1 - y2}{x1 - x2} = \frac{\text{Ordinatendifferenz}}{\text{Abszissendifferenz}}$$

Wasser muss über ein Gefälle von Plätzen, Wegen und Baukonstruktionen abfließen,
daher sprechen Landschaftsarchitekten immer vom Gefälle. Wie bei der Steigung ist das
Gefälle g das Verhältnis zwischen der Höhendifferenz Δh zweier Punkte und dem horizontalen Abstand (Länge) Δl der beiden Punkte. Multipliziert man den Wert g mit 100
erhält man das Gefälle in Prozent.

$$g = \Delta h : \Delta l$$
$$g = g * 100 \, \%$$

Häufig benötigt man für Berechnungen die beiden Umformungen:

$$\Delta l = \Delta h : g$$
$$\Delta h = g * \Delta l$$

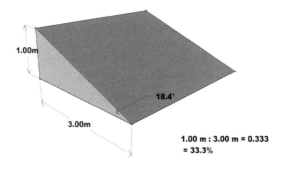

Ein Rechenbeispiel für Gefälle in Prozent.

1.00 m : 3.00 m = 0.333
= 33.3%

Verhältniszahl

Die Hangneigung kann auch mit einer Verhältniszahl bezeichnet werden. Die Höhendifferenz steht immer vorne, der horizontale Abstand hinten. Häufige Verhältniszahlen sind: 1:1, 1:2, 1:3, 2:3

1 : 1	= 100 %		1 : 8,3	= 12 %
1 : 1,5	= 66,6 %		1 : 10	= 10 %
1 : 2	= 50 %		1 : 12,5	= 8 %
1 : 2,5	= 40 %		1 : 16,7	= 6 %
1 : 3	= 33,3 %		1 : 20	= 5 %
1 : 4	= 25 %		1 : 5	= 4 %
1 : 5	= 20 %		1 : 33,3	= 3 %
1 : 6	= 16,7 %		1 : 50	= 2 %
1: 6,6	= 15 %		1:100	= 1 %

Verhältniszahlen und deren Gefälle in Prozent.

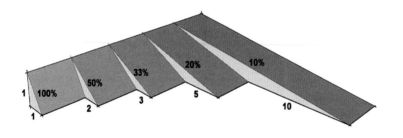

Verhältniszahl und dazugehöriges Gefälleprozent.

Neigungswinkel

Aus der Steigung einer Geraden lässt sich der zugehörige Neigungswinkel (Steigungswinkel) bezogen auf die x-Achse berechnen. Im Tiefbau wird dieser Winkel als Böschungswinkel bezeichnet und mittels Böschungslehren für die Modellierung von Dämmen, Straßenböschungen, Baugruben und Leitungsgräben eingesetzt.
Der Neigungswinkel für die wichtigsten Steigungsverhältnisse:

1 : 3	= 18,4°
1 : 2	= 26,6°
1 : 1,5	= 33,7°
2 : 3	= 33,7°
1 : 1	= 45,0°

Verhältniszahl und Neigungswinkel.

Trichtergefälle.

Pultdachgefälle.

Umgekehrtes Dachgefälle mit
Längsneigung.

Umgekehrtes Dachgefälle ohne
Längsneigung.

Gefälleausbildung

Drei Gefälleausbildungen sind bei der Platzentwässerung möglich:

— Trichtergefälle,
— Pultdachgefälle,
— umgekehrtes Dachgefälle mit/ohne Längsneigung.

Bei den Gefällevarianten Walmdach, umgekehrter Trichter und Dach handelt es sich um Sonderformen, die auf Plätzen nicht so häufig anzutreffen sind.
(Abbildungen siehe nächste Seite)

Bei Straßen und Wegen spricht man von Profilarten:
(Abbildungen siehe nächste Seite)

— gewölbtes Profil,
— Dachprofil,
— Einseitneigung.

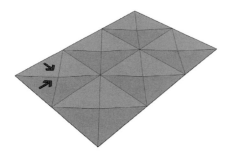

Platzfläche mit mehreren
Trichtern.

Walmdachgefälle.

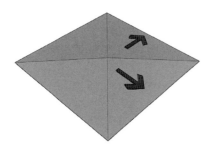

Umgekehrtes Trichtergefälle.

Dachgefälle ohne Längsneigung.

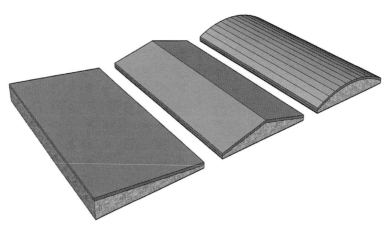

Straßenprofile: Einseitneigung,
Dachprofil, gewölbtes Profil.

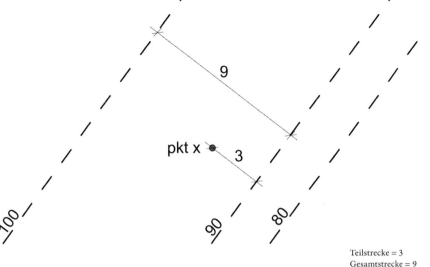

Teilstrecke = 3
Gesamtstrecke = 9
Gesamthöhe = 10
gesucht: Teilhöhe = x
3 : 9 = x : 10 oder x = 3,33
Höhe des Punktes = 93,33 m

Interpolation

Die Interpolation bedeutet, dass die Teilhöhe zur Gesamthöhe der Teilstrecke zur Gesamtstrecke entspricht, oder – noch einfacher ausgedrückt – dem Teil zum Ganzen. Früher war die manuelle Interpolation die Methode zur Erstellung von Höhenlinienplänen. Man steckte vor Ort ein gleichmäßiges Raster ab und ermittelte dazu die Höhen. Nach der Übertragung des Rasters und der dazugehörigen Höhen auf einen maßstäblichen Plan kam die Interpolation der Höhenlinienpunkte zum Einsatz. Anschließend wurden die Punkte identischer Höhe durch Höhenlinien verbunden. Fertig war der Höhenlinienplan. Digitale Methoden ersetzen heute dieses aufwendige Verfahren.

Statt der Gefälleberechnung ist die Interpolation eine elegante Methode, um Höhenpunkte zwischen zwei Höhenlinien zu berechnen. Im Beispiel oben ist die Höhe des Punktes x gesucht.

Über die Formel Teilstrecke : Gesamtstrecke entspricht Teilhöhe : Gesamthöhe ist die Höhe des Punktes schnell gefunden.

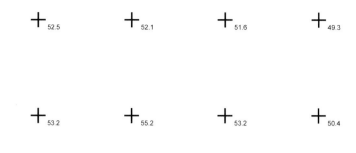

Raster und Höhenpunkte einer
Geländeaufnahme.

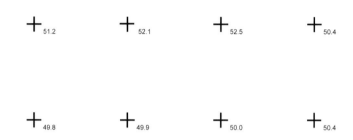

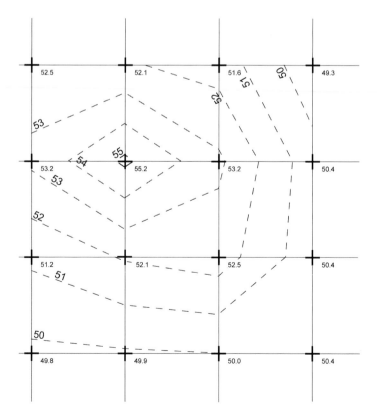

Höhenlinienplan auf der Basis
der Interpolation von Höhen
entlang der Rasterlinien.

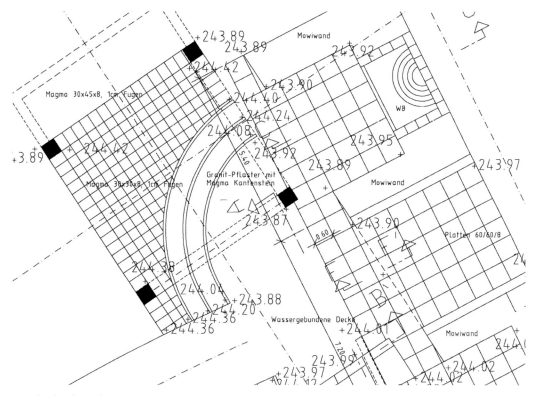

Es wird nach Höhenpunkten, nicht nach Höhenlinien gebaut. Allerdings können Pläne mit Höhenpunkten schnell unübersichtlich werden. Daher sind Pläne mit Höhenlinien und Höhenpunkten zur Kontrolle der Höhenabwicklung notwendig.

Höhenpunkte

Mit Höhenlinien kommt man auf der Baustelle nicht weit; es wird nach Höhenpunkten gebaut. Bei Wegen und Plätzen sollten sie an Kreuzungen, Einmündungen, Gebäuden, Scheitel- und Tiefpunkten stehen. Ein + oder ein x links neben der Zahl markiert die genaue Lage des Höhenpunktes. In Schnitten, Ansichten und Profilen sind dagegen gleichseitige Dreiecke üblich. Je nach notwendiger Präzision haben Höhenpunktzahlen entweder zwei oder drei Dezimalstellen hinter dem Komma und normalerweise einen Bezug zu einer Meereshöhe. Der Amsterdamer Pegel ist für Deutschland die Referenz: seit Ende der 1990er-Jahre gebraucht man den Begriff Normalhöhennull (NHN). In Österreich bezieht sich die Höhe auf den mittleren Pegelstand der Adria bei Triest und besitzt die Abkürzung m ü. Adria. Die Schweiz und das Fürstentum Liechtenstein benutzen Meter über Meer (m ü. M.). Die Höhe leitet sich vom Meeresspiegel bei Marseille ab. Bei kleineren Bauprojekten kann auch ein lokaler Punkt (etwa ein Kanaldeckel, Hauseingang und so weiter) als Bezugshöhe zum Einsatz kommen. Alle anderen Höhen im Projekt stehen im Bezug zu dieser Höhe. Damit keine negativen Höhen im Projekt vorkommen, empfiehlt die Fachliteratur die Verwendung von runden, höheren Werten wie zum Beispiel H = 100 (vgl. Lehr 2003). Vorsicht ist bei Gebäudeeingängen geboten: dort gibt es Höhen für den Fertigfußboden oder Rohfußboden. Die Geografen verwenden statt des Begriffs Höhenpunkt die Bezeichnung Kote.

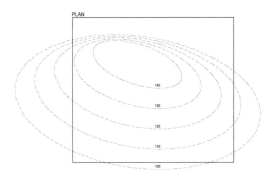

PLAN

140

130

120

110

100

Höhenlinien sind immer
geschlossene Objekte. Das
Schließen muss nicht auf dem
Plan geschehen.

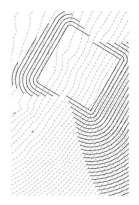

Die geplanten Höhenlinien
zeichnet man mit durchgezo-
genen Linien und stärkerem
Strich, die vorhandenen
sind immer gestrichelt. Die
Modellierung bedeutet Ab- und
Auftrag.

Höhenlinien

Die Höhenlinie ist die beste Methode, dreidimensionale Landformen in der zweiten Dimension auf einer Karte oder einem Plan darzustellen. Auch für Änderungen im Terrain
lassen sich Höhenlinien sehr gut einsetzen. Angenommen, Sie sollen einen Golfplatz
planen. Nur mit Höhenpunkten könnte man sich den geplanten Platz überhaupt nicht
vorstellen, mit Höhenlinien hingegen entsteht ein räumlicher Eindruck der Planung.
Für Landschaftsarchitekten sind die Höhenlinien das Arbeitsmittel, um Räume zu visu-
alisieren und zu manipulieren.

Eine Höhenlinie verbindet alle Punkte mit gleicher Höhe. Die Höhe der Punkte
bezieht sich auf eine Referenzebene. Bei Karten und Plänen ist das in der Regel der Meeresspiegel. Man verwendet auch den Begriff Isohypsen oder Höhenschichtlinien. Isobathen dagegen sind Tiefenlinien in Gewässern. Wasserlinien von Pfützen, Teichen und
Seen sind sichtbare Höhenlinien in der Landschaft. Höhenlinien beziehen sich auf einen
Maßstab und werden in regelmäßigen Äquidistanzen (Intervallen) auf topografischen
Karten und Plänen dargestellt. Zur besseren Lesbarkeit kann zwischen Haupt- und Ne-
benhöhenlinien unterschieden werden. Die Haupthöhenlinien besitzen eine größere
Linienstärke.

Höhenlinien sind immer beschriftet. Der Fuß der Höhenlinienzahl steht auf oder
zwischen der Höhenlinie. Der Fuß zeigt nach unten. Ist das Intervall bekannt (ein Meter, fünf Meter, zehn Meter) und nur eine Höhe auf dem Plan angegeben, kann damit
eindeutig definiert werden, in welche Richtung das Gelände ansteigt. Vorhandene Höhenlinien sind immer gestrichelt, geplante Höhenlinien mit durchgezogener Linie gezeichnet. In der Entwurfs- und Ausführungsplanung muss das vorhandene und geplante
Terrain auftauchen und damit auch beide Linientypen.

Der rechtwinklige Abstand zwischen zwei Höhenlinien ist die kürzeste Distanz.
Diese Strecke besitzt auch das größte Gefälle. Wasser sucht sich immer den schnellsten
und steilsten Weg nach unten. Es läuft also rechtwinklig zu den Höhenlinien.

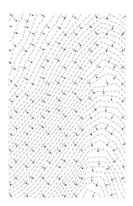

Die Pfeile zeigen den Wasserab-
lauf an. Das Wasser läuft immer
im rechten Winkel zu den
Höhenlinien ab.

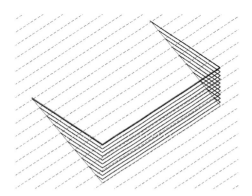

Bei Stützmauern laufen die
geplanten Höhenlinien an der
Wandfläche entlang.

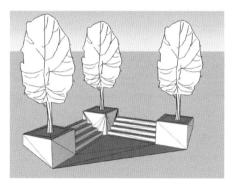

Schattiertes Modell einer Treppenanlage.

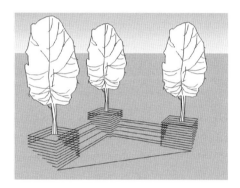

Auch bei Treppenanlagen
laufen die Höhenlinien im
gleichmäßigen Abstand entlang
der Stufen.

Höhenlinien sind kontinuierliche Linien und stellen eine geschlossene Form dar, entweder innerhalb oder außerhalb des Plans. Daher kann eine einzelne Höhenlinie nicht zwischen geschlossenen Höhenlinien liegen. Will man Hoch- oder Tiefpunkte mit Höhenlinien zeichnen, sind diese entweder geschlossen oder laufen parallel. Irgendwann müssen sich diese Linien aber wieder schließen, das kann auch außerhalb des Plans geschehen. Höhenlinien teilen sich auch nie. Ein Kreuzen von Höhenlinien mit verschiedenen Höhen kommt nur bei Überhängen vor.

Höhenpunkte werden zusätzlich zu Höhenlinien benutzt, um Höhenänderungen zwischen den Höhenlinien anzugeben. Sind keine Höhenpunkte vorhanden, dann geht man von einem einheitlichen, kontinuierlichen Gefälle zwischen den Höhenlinien aus. Die Nulllinie verbindet im Höhenlinienplan alle Punkte, an denen sich bestehende und geplante Höhen treffen.

Höhenlinien teilen sich nie in
zwei Linien.

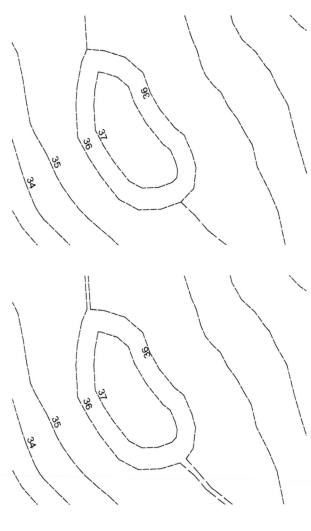

Statt sich zu teilen laufen sie
parallel, auch wenn der Abstand
noch so klein ist.

Höhenlinien kreuzen sich nur
bei der Darstellung von vorhan-
denem und geplantem Terrain
oder bei Überhängen.

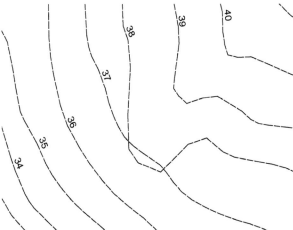

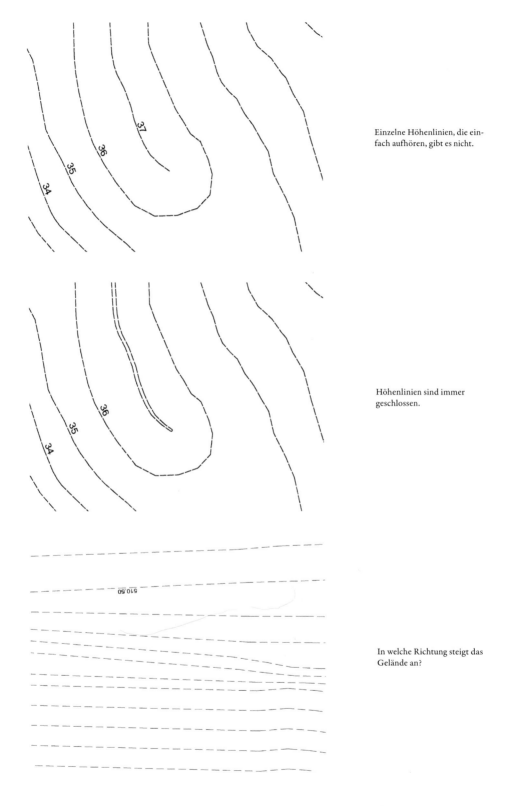

Einzelne Höhenlinien, die einfach aufhören, gibt es nicht.

Höhenlinien sind immer
geschlossen.

In welche Richtung steigt das
Gelände an?

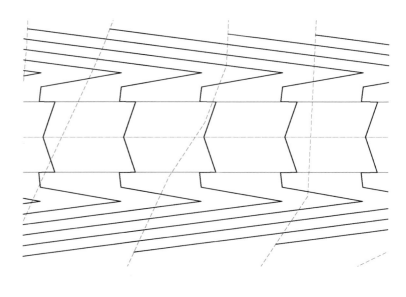

Höhenlinienverlauf im Bereich einer Straße, die mit Randsteinen eingefasst ist. Bei Randsteinen von Wegen und Straßen laufen die Höhenlinien an der Seite der Randeinfassung entlang, bis die Höhe erreicht ist, wo sie wieder ins Gelände gehen.

Profil der Straße.

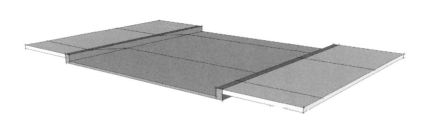

Geneigter Weg mit Randstein und der Verlauf der Höhenlinien.

Die Konstruktion von Höhenlinien entlang von Randsteinen erscheint auf den ersten Blick immer etwas kompliziert. Der Trick dabei ist, dass man systematisch an den Achsen die Höhenpunkte ausrechnen muss. Am besten fängt man in der Straßenmitte an und zeichnet eine y-Achse (gestrichelte Linie), die x-Achse ist strichpunktiert. Die Längs- und Quergefälle werden durch Pfeile und Gefälleangaben definiert. Nachdem man die Höhen auf der y-Achse ausgerechnet hat, geht man zur x-Achse über und findet dort die Höhen. Die Punkte mit gleicher Höhe ergeben ein Profil, das man immer wieder kopieren kann, falls sich im Gefälle nichts ändert.

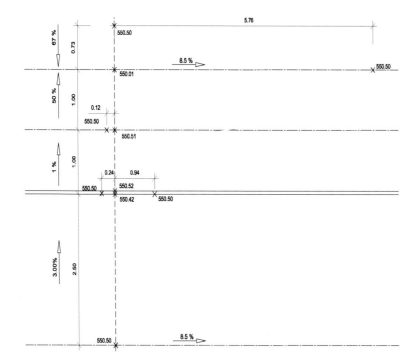

Weg mit 10 cm Randstein, 8,5 % Längsgefälle und einem seitlichen Graben (1 : 2 und 2 : 3 Böschungen). Höhenpunkte auf der x- (strichpunktierte Linie) und y-Achse (gestrichelte Linie).

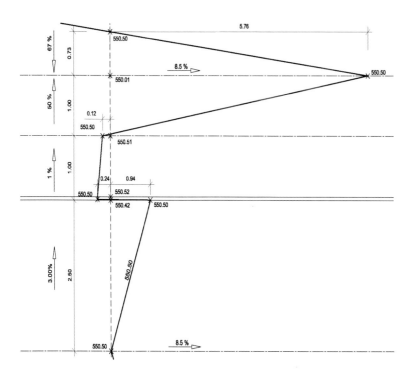

Höhenplan mit Höhenpunkten und der Höhenlinie.

Damm   Einschnitt

Damm und Einschnitt.

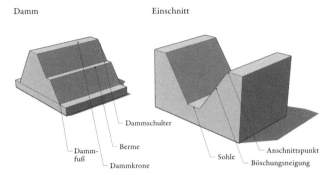

Dammschulter

Berme

Damm-   Anschnittspunkt
fuß   Sohle   Böschungsneigung
      Dammkrone

Böschung

Der Hang ist eine natürliche schräge Geländeoberfläche. Wird der Geländesprung künstlich hergestellt, spricht man von einer Böschung. Böschungen kommen bei Dämmen (Schüttböschung), Einschnitten (Abtragsböschung) oder Doppelprofilen (halb Damm mit Auftrag, halb Einschnitt durch Abtrag, Anschnittböschung) vor. Die Neigungen werden in Grad gegen die Horizontale, als Steigungsverhältnis oder in Gefälleprozenten angegeben. Eine Böschung besteht immer aus Fuß oder Unterkante, Böschung und Oberkante. Gräben zur Entwässerung können sich oberhalb und unterhalb der Böschung befinden.

Bermen sind stufenartige Unterteilungen der Böschung. Sie haben eine Breite von ein bis zweieinhalb Metern. Bermen erfüllen folgende Aufgaben:
    — Verminderung des Erddruckes auf den Böschungsfuß,
    — Wirtschaftsweg zur Unterhaltung der Böschung,
    — Entwässerung bei hohen Böschungen,
    — Absturzsicherung,
    — Auffangen von nachrutschendem Material.

Der Böschungswinkel β (Beta) ist der Winkel zwischen der Horizontale des Bodens und der Böschungslinie. Trockener Sand zum Beispiel hat einen natürlichen Böschungswinkel von 28 Grad bis 45 Grad in Abhängigkeit von Lagerungsdichte, Kornform und Kornverteilung. Normalerweise besitzen Böschungen einen Winkel von 2:3 (33,7 Grad) und gelten dann als standsicher. Man spricht von einer Steilböschung, wenn der Böschungswinkel 33,7 Grad (2:3 oder 1:1,5) überschreitet. In diesem Fall sind in der Regel auch Geländesicherungen notwendig, da die geplante Terrainneigung steiler als der natürliche Böschungswinkel β ist.

Der natürliche Böschungswinkel für Kies.

Böschungsunterkante, Entwäs-
serungsrinne und Böschungsoberkante, Bahai Gartenterrassen Haifa, Israel.

Bindige Böden besitzen einen höheren Schluff- und Tonanteil. Bei ihnen wirkt zusätzlich die Kohäsion, sie bezeichnet die Kraft, die die Bodenteilchen miteinander verbindet. Ist die Kohäsion des Bodens sehr stark, kann der natürliche Böschungswinkel des
Bodens auch überschritten werden.

Der Böschungswinkel β (Beta) für die wichtigsten Steigungsverhältnisse:

1 : 3 β	= 18,4°
1 : 2 β	= 26,6°
1 : 1,5 β	= 33,7°
2 : 3 β	= 33,7°
1 : 1 β	= 45,0°

Steigungsverhältnisse und
Böschungswinkel.

Profile

Ein Profil ist eine Seitenansicht der Erdoberfläche entlang einer Geraden. Im Gegensatz
zum Schnitt, der auch Informationen zum inneren Aufbau des geschnittenen Objektes
liefert, zeigt das Profil nur die Oberfläche.

Profile zeichnet man auf der Grundlage eines Plans maßstäblich. Die Höhen des
Profilplans werden häufig zehnfach größer gezeichnet, damit die Höhendifferenzen
deutlich hervortreten. Die vertikale Überhöhung wird wie folgt ausgedrückt:

vertikale Überhöhung = horizontaler Maßstab / vertikaler Maßstab

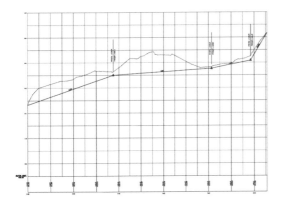

Digitales Längsprofil eines
geplanten Bachlaufs mit Überhöhung 10:1.

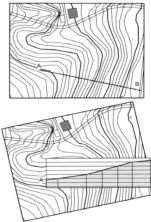

Manuelle Profilerstellung.

Ein Profil mit einer Überhöhung von 10:1 hat zum Beispiel einen horizontalen Maßstab von 1:1000 und einen vertikalen Maßstab von 1:100.

Im Straßenbau nennt man die Profile Höhenpläne. Sie sind aber nicht mit den Höhen- und Absteckplänen in der Landschaftsarchitektur zu verwechseln. Höhenpläne basieren auf der Straßenmittelachse. Diese Trassenlinie in der Fahrbahnachse wird als Gradiente bezeichnet und ist in 20-Meter-Schritte unterteilt. Die Schritte nennt man Stationen oder Stationierungen; sie beginnen häufig mit der Station 0 + 000,000 = 0 Kilometer. Das Krümmungsband ist eine schematische Darstellung der Trassierungselemente (Geraden und Kurven) mit den Stationen und befindet sich unterhalb des Höhenplans bei Straßenbauprojekten.

Ein technischer Profilplan sollte immer folgendes beinhalten:
— Bezugshöhe,
— Profilnummer,
— Maßstabsangaben (evtl. Überhöhungen),
— bestehende Höhen,
— geplante Höhen,
— horizontale und vertikale Stationierung zum Beispiel 0+25,
— Richtungsänderungen.

Zur manuellen Erstellung von Profilen geht man nach folgenden Schritten vor:
1. Verbindung von zwei Punkten auf einer Karte mit einer Linie,
2. Bestimmung der höchsten und tiefsten Punkte,
3. Zeichnung horizontaler Linien auf ein Profilblatt und Beschriftung,
4. Ausrichtung der Karte nach dem Profilblatt,
5. Zeichnung senkrechter Linien zwischen den Höhenlinien und den jeweiligen horizontalen Geraden des Profils,
6. Zeichnung eines Profils durch Verbinden aller Schnittpunkte.

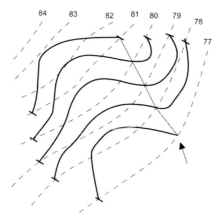

Die Nulllinie verbindet alle Punkte, die jeweils an der Schnittstelle zwischen der geplanten und vorhandenen Höhenlinie liegen. Hier gibt es keinen Ab- oder Auftrag. Die Linie ist auch die Achse zum Kippen von Abtragsmaterial in den Auftragsbereich.

Erdmassenberechnung

Wie viel kostet der Abtransport eines Kubikmeters Erde? Für eine Tonne sauberes Erdmaterial verlangt der Betreiber einer Schweizer Deponie CHF 7.50. Das spezifische Gewicht für einen Kubikmeter Aushub liegt bei etwa 1,8 Tonnen. Somit betragen die Entsorgungskosten für einen Kubikmeter Boden CHF 13.50. Wenn die Erde des Abtrags für den Auftrag genutzt werden kann, also kein Material ab- oder antransportiert werden muss, spricht man von einem Erdmassenausgleich. Um Kosten zu sparen, ist der Erdmassenausgleich immer erstrebenswert.

Erdmassenberechnung aus Profilen

Prismatoide sind geometrische Körper mit paralleler Grund- und Deckfläche. Ein Straßenköper entspricht dieser Form. Die Prismatoidformel ist für die Massenermittlung solcher lang gestreckten Objekte die geeignete Volumenformel. Zur Erdmassenberechnung unterstellt man, dass das Gelände von Profil zu Profil geradlinig verläuft. Die Profile sind parallel zueinander und haben immer den gleichen Abstand a. F1 und F2 bezeichnen die Profilflächen. Die Fläche eines in der Mitte gedachten Profils ist Fm. Mittels dieser Angaben kann das Volumen zwischen den Profilen berechnet werden.

Prismatoidformel: $V = \dfrac{a}{6} * (F_1 + 4F_m + F_2)$

Der Bereich zwischen dem ersten beziehungsweise letzten Profil und dem vorhandenen Gelände ist die Restkuppe. Die Formel für die Berechnung des Volumens lautet:

$$V = \dfrac{F}{3} * a$$

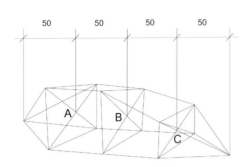

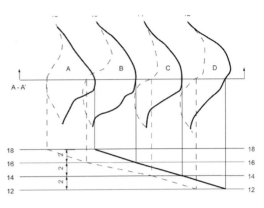

Berechnung der Erdmasse des
Erdkörpers mit der Näherungsformel.

$$V = 50 * \left(\frac{A}{3} + \frac{A+B}{2} + \frac{B+C}{2} + \frac{C}{3} \right)$$

Beispiel einer Erdmassenberechnung aus Höhenlinien
mit der Näherungsformel.

$$V = 2 * \left(\frac{A}{3} + \frac{A+B}{2} + \frac{B+C}{2} + \frac{C+D}{2} + \frac{D}{3} \right)$$

Zur Berechnung der Fläche Fm müssen ihre Eckpunkte zwischen entsprechenden Punkten der benachbarten Querprofile gemittelt werden. Diese Berechnung ist umständlich,
daher verwendet man folgende Näherungsformel, die beiden Restkuppen werden dabei
ebenfalls mitberechnet:

$$V = a * \left(\frac{F_1}{3} + \frac{F_1 + F_2}{2} + \frac{F_2}{3} \right)$$

Erdmassenberechnung aus Höhenlinien

Diese Methode ist wahrscheinlich die schnellste Methode der analogen Massenermittlung, da man dazu nur einen Plan benötigt und keine Profilzeichnungen erstellen muss.
Allerdings ist ein korrekter Satz vorhandener und geplanter Höhenlinien nötig. Vom
Prinzip her entspricht die Erdmassenberechnung aus Höhenlinien der Erdmassenberechnung über Profile. Das Höhenlinienintervall ist vergleichbar mit dem Abstand zwischen den Profilen; die Fläche zwischen der vorhandenen und der neuen Höhenlinie
entspricht einem Profil. Als Formel kommt die vorher genannte genäherte Prismatoidformel zum Einsatz.

Erdmassenberechnung aus Dreiecksprismen

Die Methode der Berechnung aus Dreiecksprismen kommt bei digitalen Geländemodellen (DGM) zum Einsatz. Es wird ein Differenz-DGM basierend auf einem vorhandenen
und einem geplanten DGM trianguliert. Dadurch entstehen zahlreiche Dreiecksprismen. Die Ermittlung der Erdmassen erfolgt über die Volumenberechnung aus diesen
Prismen. Mit dieser Methode erzeugt man sehr exakte Mengenmessungen. Die Nach-
vollziehbarkeit und Kontrollmöglichkeit ist bei der Profilmethode allerdings besser.

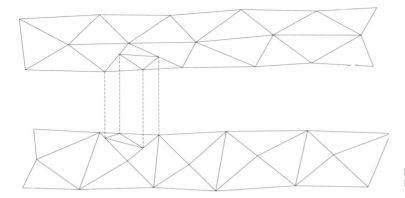

Erdmassenberechnung nach der Prismenmethode.

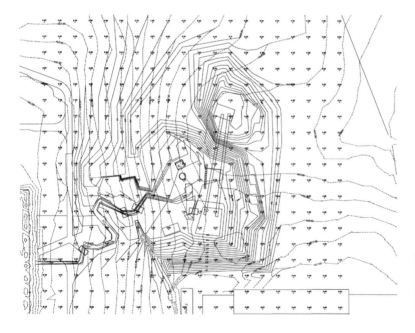

Digitales Geländemodell
Projekt Ravensburger Spielland.
Entwurf: Rotzler Krebs Partner
Landschaftsarchitekten BSLA.
DHM: Peter Petschek.

Aufgaben und Techniken der Geländemodellierung

Aufgaben der Geländemodellierung

Jedes landschaftsarchitektonische Projekt, egal ob es sich um ein Großbauvorhaben oder einen Reihenhausgarten handelt, beinhaltet die Veränderung der Oberfläche. Eine gute, kontrollierte Modellierung entscheidet über Erfolg oder Misserfolg. Zu wenig Gefälle verursacht stehendes Wasser und damit die Bildung von Wasserpfützen. Das Wasser dringt in den Baukörper ein. Frost- und Tauschäden sind unausweichlich. Zu steiles Gefälle kann zu Rutschungen und Bodenerosion führen und ebenfalls großen Schaden anrichten.

Wir alle kennen Projekte mit schlecht in die Landschaft eingepassten Gebäuden, Straßen oder sonstigen Infrastruktureinrichtungen. Die Eingliederung oder aber das bewusste Hervorheben mittels Terrain und Vegetation verbessert das Landschaftsbild. Die drei Schwerpunkte der Geländemodellierung sind:

Schaffung von Ebenen
Sitzplätze, Parkplätze und Sportanlagen benötigen ebene Flächen. Der Begriff Ebene ist aber nicht ganz korrekt: Diese «Ebenen» besitzen ein internes Gefälle, um das Wasser abzuführen.

Erschließung
Straßen und Wege verbinden Punkt A mit Punkt B. Sie haben in der Regel ein Längs- und Seitengefälle. Über Böschungen wird der Anschluss an das vorhandene Gelände hergestellt. Für Straßen und Wege gibt es Gefällestandards in Form von Normen, die einzuhalten sind.

Freie Modellierung
Geometrisch oder landschaftlich modellierte Hügel, Mulden und Senken schaffen Akzente. Sie sind wichtige Gestaltungselemente der Landschaftsarchitektur. Die Aufgabe der Sammlung und Versickerung von Wasser durch Vertiefungen ohne Abfluss (Senken) und Gräben mit leichtem Gefälle (Mulden) hat in den letzten Jahren an Bedeutung gewonnen.

Ebene Fläche für einen Sitz-
platz.

Erschließung eines Aussichtshügels mit einem in das Gelände
modellierten Weg.

Freie Geländemodellierung mit
einem Graben und einer Senke
zur Wasserversickerung.

Schaffung von Ebenen für
Gebäude mittels Geländemodellierung.

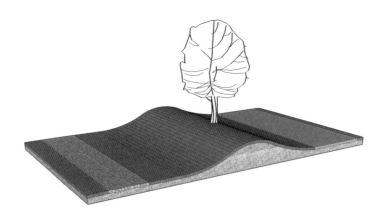

Die Geländemodellierung
ist immer Bestandteil einer
Erschließung.

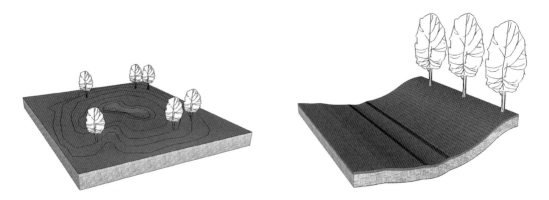

Bei der freien Modellierung dienen Senken und Mulden sowohl
als Gestaltungselemente als
auch zur Wasserversickerung.

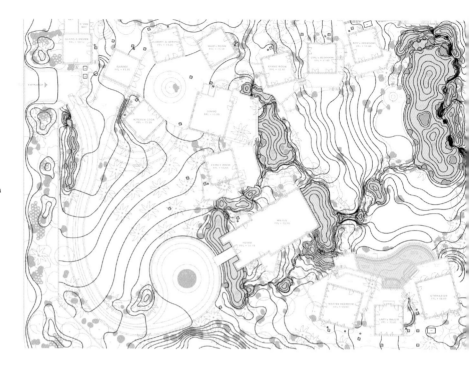

Privatgarten am Stadtrand von
Dubai. Landschaftsarchitekt
Heiko Heinig, Orient Irrigation
Services, Dubai.

Al Hamra Golf Course, Ras
al-Khaimah, Vereinigte Arabi-
sche Emirate. Golfplatzarchitekt Peter Harradine, Harradine
Golf, Dubai.

Wichtige Geländemodellierungskriterien

Bei der Geländemodellierung gibt es eine Vielzahl von Kriterien zu beachten. Die wichtigsten Punkte für eine funktionierende Geländemodellierung sind:

1. Das Gefälle um ein Haus ist immer vom Gebäude weg orientiert.

2. Ebenen mit stehendem Wasser sind absolut tabu.

3. Die Höhenmodellierung geht nur bis zur Grundstücksgrenze.

4. Das Höhenplankonzept beginnt immer bei den Höhen vorhandener Bauwerke, Straßen oder Wege.

5. Ein Rohhöhenkonzept nur mit Höhenlinien auf Skizzenpapier sollte parallel zum Gesamtentwurf und dem Entwässerungskonzept verfeinert werden. Am Ende steht der Höhen- und Absteckplan mit vorhandenen und geplanten Höhenlinien, Höhenpunkten, Gefälleangaben, unterbrochenen Gefällescheitellinien und der Absteckung aller wichtigen Bauelemente.

6. Maximal- und Minimal-Gefälle für verschiedene Oberflächen sind zu beachten (siehe Geländemodellierungsstandards nächste Seite). Ab vier Prozent ist ein Gefälle mit dem Auge sichtbar! Ein handgeführter Rasenmäher ist nur bis zu 26,6 Grad (1 : 2 oder 50 Prozent) benutzbar. Bei Aufsitzmähern empfehlen die Hersteller, wegen des höher gelegenen Schwerpunktes, maximal zehn Grad Bearbeitungsgefälle. Für steilere Böschungen kommen Spezialgeräte zum Einsatz.

7. Höhenpunkte sollten immer an folgenden Punkten gesetzt werden:
— an Ecken von Gebäuden, Eingängen von Gebäuden,
— an allen Ecken von Parkplätzen,
— an Terrassen und sonstigen befestigten Flächen,
— an Schnittpunkten von Wegen,
— bei Treppen und Mauern, jeweils unten und oben,
— bei Kanaleinläufen und bei Hoch- und Tiefpunkten.

In der Rangfolge der Wichtigkeit stehen Höhenpunkte höher als Höhenlinien.

8. Die Kronentraufe ist die vertikale Verlängerung der Baumkronenaußenseite. Bei Bäumen gilt für die Geländemodellierung ein Schutzbereich der Kronentraufe plus 1.50 Meter. Dort sollte man niemals modellieren.

Minimale und maximale Gefälle

Typ	Minimalgefälle	Maximalgefälle
Straßen / Wege / Plätze		
Längsgefälle Straße, 30 km/h Geschwindigkeit	0,5 %	12 %
Quergefälle Straße, 30 km/h Geschwindigkeit	2 %	7 %
Längsgefälle Fußweg	–	10 %
Quergefälle Fußweg	1 %	4 %
Rampen für Behinderte	6 %	8 %
Parkplatz, Längsgefälle	1 %	5 %
Parkplatz, Quergefälle	1 %	10 %
Sitzplatz	1 %	2 %
Servicebereich	1 %	8 %
Vegetationsflächen		
Fußballfeld (Wettkampf)	0,5 %	1 %
Rasenspielfeld (kein Wettkampf)	1 %	5 %
Rasenflächen	1 %	25 %
Vegetationsflächen	0,5 %	10 %
Böschungen bei normalen Böden	–	66 %
Böschungen bei schlechten Böden	–	50 %
Längsgefälle Entwässerungsgraben	1 %	8 %
Quergefälle Entwässerungsgraben	2 %	25 %
Quergefälle Entwässerungsmulde	2 %	10 %
Beläge		
Natursteinplatten und Pflaster, gesägt/geflammt	1 %	
Natursteinplatten und Pflaster, bruchroh	2 %	
Betonplatten, Betonpflaster sandgestrahlt	1,5 %	
Waschbetonplatten	2 %	
Ortbeton, leicht strukturiert	1,5 %	
Ortbeton, gerillt	2 %	
Wassergebundene Decke	1,5 %	
Rasengittersteine	1,5 %	
Asphalt	1,5 %	
Fallschutzbeläge	1,5 %	

Geländemodellierungsstandards.

Geländemodellierung und Architektur

Bei architektonischen Bauten ist eine präzise Setzung nötig. Es gibt verschiedene Möglichkeiten, die Grundfläche des Gebäudes in Bezug zum bestehenden Gelände einzufügen:
— als Einschnitt,
— als Auftrag mit einem Sockel als Raumkante,
— als Kombination von Einschnitt und Auftrag.

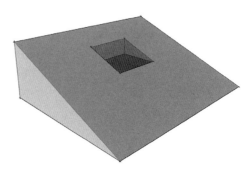

Setzung des Gebäudes als
Einschnitt.

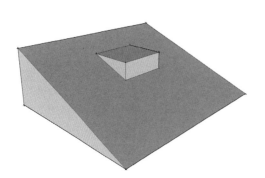

Setzung des Gebäudes als
Auftrag mit einem Sockel als
Raumkante.

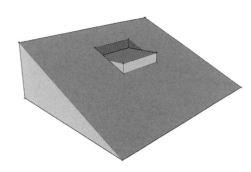

Setzung des Gebäudes als Kombination Einschnitt / Auftrag.

Die Varianten müssen auf ihre Vor- und Nachteile, unter anderem im Zusammenhang mit dem architektonischen Ausdruck, der räumlichen und inneren Gliederung sowie der Erschließung untersucht werden. Ebenso ist die Wirkung des Gebäudes in der Landschaft als Gesamtheit zu prüfen.

Herangehensweise an eine Geländemodellierung
An einem nach Südwesten ausgerichteten Hang soll eine Gebäude mittig auf einer Terrasse gebaut werden. Der Terrassenrand besitzt eine Fertighöhe von 37,4 Metern. Modellieren Sie mit zehn Prozent Gefälle die Terrasse in das vorhandene Gelände. Im weiteren Projektverlauf würde natürlich auch bei der Terrasse ein Gefälle eingeplant werden. Weitere Übungen finden Sie im Anhang.

Arbeiterreihenhaus in Bernegg,
Zürcher Oberland.

Bauernhaus in der Drumlin-
Landschaft bei Menzingen,
Kanton Zug.

Bauernhaus in Oberegg am
Etzel, Kanton Schwyz.

Kapelle von Mario Botta auf
dem Monte Tamaro im Kanton
Tessin. Am Ende eines langen
Weges, getragen von zwei Wänden, gelangt man auf ein Plateau
und blickt auf die tief im Tal
gelegene Magadino-Ebene. Ein
zweiter Zugangsweg im Inneren
der beiden Mauern bildet den
natürlichen Geländeverlauf als
Treppenlauf ab.

Herzog & de Meuron entwarfen gemeinsam mit Ai Weiwei den Serpentine Gallery Pavillon 2012. Zwölf korkverkleidete Stahlstützen tragen in unregelmäßigem Raster ein rundes Stahldach. Dieses ist gleichzeitig ein 25 Millimeter tiefer, flacher Teich. Darunter bieten die Fundamente früherer Serpentine Pavillons Sitzmöglichkeiten. Sie sind mit Holz und dampfgepresstem Kork verkleidet. Das eingegrenzte Blickfeld aus dem in das Erdreich eingeschnittenen Pavillon ermöglicht neue, ungewohnte Ansichten des Hyde Parks.

Zentrum Paul Klee, Bern. Architekt: Renzo Piano.

«Von Anfang an stand für Piano fest, dass der Künstler Paul Klee ‹einen zu weiten, zu grossen Atem› hat, als dass er in ein ‹normales Gebäude› eingesperrt werden könnte. Für die Vision seines eigenen Werks liess sich Renzo Piano aber auch von der Identität des Ortes, der sanft geschwungenen Linie des Terrains inspirieren.» (Zitat aus: www.zpk.org, Architektur, Die Idee, 2012).

Zentrum Paul Klee.

Höhen- und Absteckplan

Grundlage für die Übertragung eines Entwurfs vom Plan in das Gelände ist der Höhen- und Absteckplan. Seine Funktion besteht in der maßlichen Bestimmung aller wichtigen baulichen Elemente in der Horizontalen (Lage) und Vertikalen (Höhe). Mit ihm kann die ausführende Firma alle baulichen Maßnahmen auf der Baustelle positionieren. Da die Entwässerungselemente wie Rinnen, Schächte und Leitungen auch lokalisiert werden müssen, sind diese Informationen oft in dem Plan integriert. Es handelt sich dann um einen Höhen-, Absteck- und Entwässerungsplan.

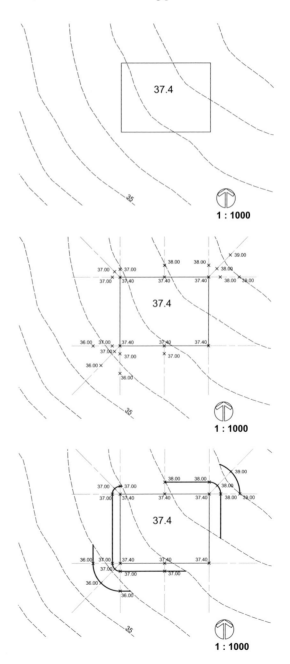

Ausgangssituation mit vorhandenen Höhenlinien und der Terrasse.

Als Erstes verlängert man die Fluchten der Terrasse und berechnet darauf die geplanten Höhen. Die Umformung der Gefälleformel kommt zum Einsatz: $\Delta l = \Delta h : g$.

Nachdem man die Höhen auf dem Plan eingetragen hat, werden die Höhenpunkte gleicher Höhe mit den geplanten Höhenlinien verbunden.

750.919	749.502	748.085	746.669
745.063	743.623	742.707	741.869
5.855	5.778	5.393	4.800

750.073	748.657	747.240	745.823
743.893	742.561	741.651	740.954
6.167	6.067	5.591	4.884

749.228	747.811	746.394	744.977
742.774	741.507	740.510	739.889
6.433	6.304	5.871	5.088

748.379	746.965	745.549	744.132
741.720	740.452	739.369	738.748
6.652	6.514	6.114	5.368

Ausschnitt aus einem Erdbau-
plan (Fünf-Meter-Raster) mit
vorhandener Höhe, geplanter
Höhe und Höhendifferenz.
Wenn nicht mit GPS-Maschi-
nensteuerung gearbeitet wird,
sind diese drei Informationen
immer notwendig.

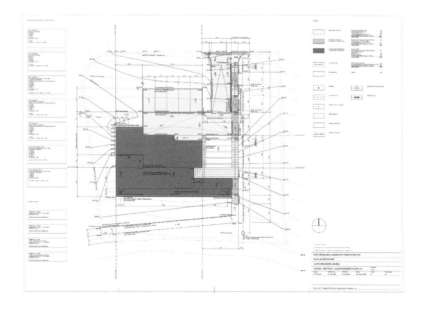

Digitaler Höhen-, Absteck- und
Entwässerungsplan (Civil 3D)
mit fortlaufender Bemaßung
(Studenten der HSR Hochschule für Technik Rapperswil).

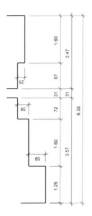

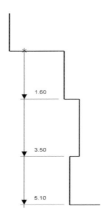

Die fortlaufende Bemaßung / Reihenbemaßung ist das Bemaßungssystem im Hochbau. Sie setzt sich immer aus Einzelmaß, Teilmaß und Gesamtmaß zusammen.

Die aufaddierte Bemaßung ist sehr gut im Garten- und Landschaftsbau einsetzbar, da man die Zahlenwerte nicht auf der Baustelle berechnen muss.

Mit der Koordinaten-Bemaßung können auch Nicht-Vermesser mit einfach bedienbaren Bautachymetern Koordinaten auf der Baustelle abstecken.

Hauptziel des Absteckplanes ist, die Bauausführung durch Einfachheit, Übersichtlichkeit und Genauigkeit der Maßangaben zu unterstützen. Der Werkplaner muss sich genau überlegen, welche Maße notwendig und welche überflüssig sind. Man sollte niemals doppelt bemaßen noch zu viele Angaben machen. Durch eine Beschränkung auf wenige, aber sinnvoll organisierte Maßangaben erreicht man das Ziel der Kommunikation der Planungsabsicht am besten.

Die drei wichtigsten Bemaßungssysteme im Höhen- und Absteckplan sind: fortlaufende, aufaddierte und Koordinaten-Bemaßung.

Beim Konzept für die Absteckung ist es sinnvoll, zwischen fixierten, halbfixierten und flexiblen Bereichen zu unterscheiden. Fixierte Elemente wie zum Beispiel Gebäude, Grundstücksgrenzen, Grenzsteine werden nicht abgesteckt. Sie sind entweder vor Ort vorhanden oder kommen genau an der Stelle zum Stehen. Geplante Gebäude werden während der Bauphase durch ein Schnurgerüst definiert. Die Schnurgerüstabsteckung durch den Vermesser dient dazu, dem Bauunternehmer die Gebäudefluchten anzugeben. Nach Fertigstellung des Gebäudes nimmt der Vermesser den Neubau für die Nachfühung der Daten in der amtlichen Vermessung nochmals auf (Grundbuch und Katasterplan). Anlässlich dieser Aufnahme würde man Fehler feststellen können. Sie kommen aber nur ganz selten vor. Die durch ein Schnurgerüst definierten Gebäudekanten kann man auch für die Absteckung von Mauern, Treppen und Bäumen verwenden.

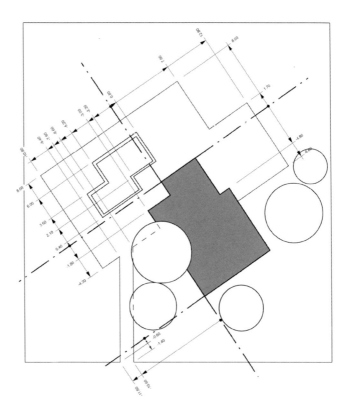

Planbeispiel für die aufaddierte
Bemaßung.

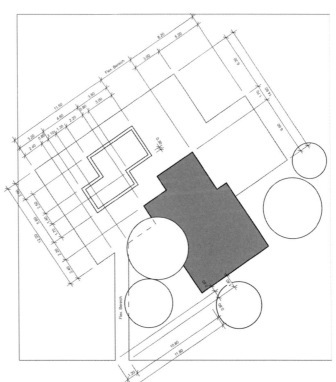

Planbeispiel für die fortlaufende
Bemaßung.

Das Schnurgerüst definiert die genaue Lage des Gebäudes.

Nächste Seite: Digitale Höhen-, Absteck- und Entwässerungspläne (Civil 3D) mit Koordinatenbemaßung (Studenten der HSR Hochschule für Technik Rapperswil).

Halbfixierte Elemente wie Mauern, Treppen und Bäume beziehen sich auf Gebäudefluchten, Grenzsteine oder Koordinaten. Die wesentlichen Elemente der Landschaftsarchitektur wie Wege, Mauern und Treppen lassen sich am besten durch eine Mittelachse und ein Maß für die Breite abstecken.

Flexible Bereiche brauchen keine Bemaßung. Wenn zum Beispiel die Anfangs- und Endpunkte eines Weges klar definiert sind, ruft ein Maß für die Länge des Weges nur Verwirrung hervor.

Für größere Erdbewegungen wie zum Beispiel im Golfplatzbau oder bei großen Wasserflächen und Hügeln in Parkanlagen und Freizeitparks bedarf es eigener Pläne. Diese Erdbaupläne sollten immer ein Höhenraster besitzen. Die Rasterweite hängt von der Modellierung und der Projektgröße ab. Folgende Angaben müssen auf dem Plan stehen:

— vorhandene Höhe,
— geplante Höhe und
— Höhendifferenz.

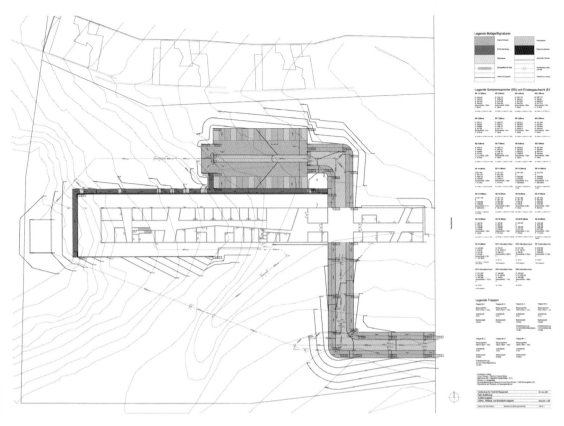

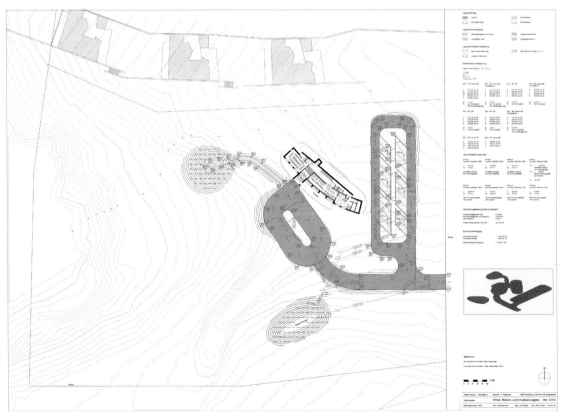

Geländesicherung

Zwei Begriffe definieren geneigte Geländeabschnitte:
— Hang und
— Böschung.

Während ein Hang die natürliche Form beschreibt, handelt es sich bei der Böschung um eine künstliche Aufschüttung. Bezüglich der Standsicherheit gibt es für die Differenzierung allerdings keinen besonderen Grund. Boden, egal ob an einem Hang oder an einer Böschung, rutscht, wenn der Böschungswinkel die Scherfestigkeit des Bodenmaterials überschreitet. Rutschung sowie Bodenerosion können zu verheerenden Katastrophen führen. Ein Überblick zu Bautechniken für den Schutz des Bodens vor Rutschung und Erosion folgt auf den nächsten Seiten.

Boden

Die Geotechnik unterscheidet zwischen Lockergestein und Festgestein. Von Granit bis zum Nagelfluh handelt es sich um Festgestein, da das Gefüge aus Mineralen dauerhaft verbunden ist. Boden als Lockergestein ist in Korngrößen unterteilbar. Die sechs Kornfraktionen besitzen folgende Korndurchmesser:
— Ton   < 0,002 mm
— Silt   0,002 – 0,06 mm
— Sand   0,06 – 2,0 mm
— Kies   2,0 – 6,0 mm
— Steine   6,0 – 200 mm
— Blöcke   > 200 mm

Eine Körnungssummenlinie des gesiebten Materials dokumentiert die addierte Menge in einem Korngrößenverteilungsdiagramm. Diese Messung ordnet den Boden zusammen mit weiteren Kriterien einer Bodenklasse mit gleichen oder ähnlichen Eigenschaften zu. Damit lassen sich Böden bezüglich Tragfähigkeit, Bearbeitbarkeit, Frost und Wasserempfindlichkeit überschlagen. In der Praxis führen geotechnische Labore diese Untersuchungen durch und geben Empfehlungen zu Bearbeitbarkeit und Standfestigkeit des Bodens auf der Baustelle.

    Im natürlich anstehenden Boden «wächst» über Tausende von Jahren ein A-Horizont (Oberboden), B-Horizont (Unterboden) und C-Horizont (Untergrund) heran. Der Untergrund des gewachsenen Bodens besteht aus Locker- oder Festgestein, ohne aktuelle Bodenbildung und biologische Aktivitäten. Die Übergangsschicht aus

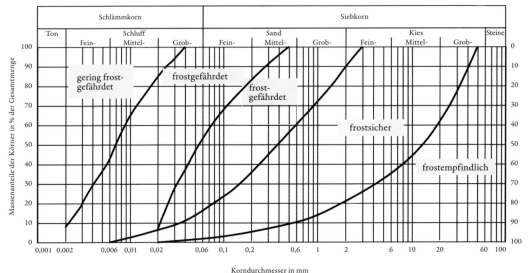

Körnungssummenlinien von frostgefährdeten und frostsicheren Böden.

verwittertem Ausgangsmaterial, die meistens noch gut durchwurzelt ist, nennt sich Unterboden und reicht bis in eine Tiefe von 50 – 150 Zentimetern. Oberboden ist der belebte, humusreiche, dunkel gefärbte und meist intensiv durchwurzelte Boden. Normalerweise hat er eine Mächtigkeit von 5 – 40 Zentimetern.

Boden, der ausgehoben, transportiert, geschüttet und befahren wird, muss wie folgt behandelt werden:

— Der Abtrag und der Einbau von Boden darf nur bei einer Saugspannung von zehn Centibar (cbar) erfolgen. Die Kraft, mit der das Wasser in den Bodenporen und an der Oberfläche der Bodenteilchen zurückgehalten wird, nennt man Saugspannung. Je trockener ein Boden ist, desto größer ist seine Saugspannung. Ihr kommt als Maß für die Feuchte und die Tragfähigkeit des Bodens bei Erdarbeiten eine zentrale Bedeutung zu. Die Saugspannung wird mit sogenannten Tensiometern gemessen.

– 0 bis 6 cbar = nasser Boden

– 6 bis 12 cbar = feuchter Boden

– 12 bis 20 cbar = feucht bis abgetrockneter Boden

– über 20 cbar = trockener Boden, ideal für eine Bearbeitung.

Praktiker empfehlen das Befahren und Bearbeiten zu unterlassen, wenn die Erde knetbar (plastisch) ist.

— Reifenfahrzeuge dürfen nur auf dem Untergrund oder auf Pisten eingesetzt werden.

— Der Wasserabfluss während der Ausführung von Erdarbeiten muss jederzeit gewährleistet sein.

— Die Differenz der pH-Werte von Ober- und Unterboden darf maximal 0,7 pH-Einheiten betragen. Bei der Verwendung von Böden mit stark unterschiedlichem Säuregrad entstehen im Ober- und Unterboden sehr unterschiedliche Milieus in der Bodenlösung. Die Differenz in den pH-Werten verursacht Einschränkungen des Wurzel- und Pflanzenwachstums.

Siebturm zur Bestimmung der Korngrößenverteilung.

— Aufschüttungen sind in Schichten von maximal 0,5 Meter Stärke aufzutragen und je Schicht zu verdichten (vgl. FaBo, 2003).

Beim Zwischenlagern von Boden gilt:
— Der Wasserabfluss muss gewährleistet sein.
— Auf den Bodenzwischenlagern dürfen keine anderen Materialien gelagert werden.
— Bodenzwischenlager dürfen nicht befahren werden. Sie müssen locker geschüttet und unmittelbar nach der Schüttung begrünt werden.
— Die maximalen Schütthöhen für Oberbodenzwischenlager sind ≤ 2,5 Meter für weniger als ein Jahr und ≤ 1,5 Meter für mehr als ein Jahr Lagerung.
— Die maximalen Schütthöhen für Unterbodenzwischenlager variieren von ≤ 1,5 Meter bei stark bis extrem empfindlichen Böden bis > 2,5 Meter bei kaum empfindlichen Böden.
— Unter und Oberboden sind getrennt auszuheben und zu lagern.
— Die Vermischung von unbelastetem mit schadstoffbelastetem Boden ist zu vermeiden (vgl. FaBo, 2003).

Der Aushub von Boden verändert dessen Volumen. Bei Oberboden rechnet man mit dem Auflockerungsfaktor von 1,20 für den Übergang vom festen in den losen Zustand. Für Unterboden und Untergrund beträgt der Faktor etwa 1,30.

Auch beim Einbau von Oberboden verdichtet sich die Erde auf natürliche Weise und verändert das Volumen (Faktor 0,85). Unterboden und Untergrund haben einen Verdichtungsfaktor von 0,75. Sauberer Kiessand, ein für Tragschichten verwendetes, frostunempfindliches Material, besitzt folgende Faktoren: fest – lose 1,25 und lose – fest 0,8.

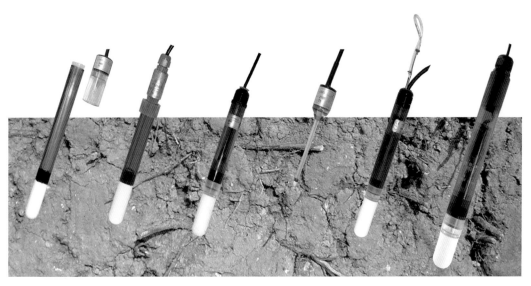

Tensiometer für die Messung
der Saugspannung.

Erosion und Rutschung

Erosion

Erosion und Rutschung sind die beiden Hauptgefahren der Geländemodellierung. Bei den Römern stand der Begriff «erodere» noch für «ausnagen». «Rodents» sind daher im angloamerikanischen Sprachraum Nagetiere. Im Italienischen bedeutet das Wort «erodere» heute «ausschwemmen». Erosion ist, im Gegensatz zur Bodenerosion, der natürliche Abtrag von Gesteinen an der Erdoberfläche. Als Bodenerosion gilt die vom Menschen verursachte Umlagerung. Dazu zählen die Wassererosion und die mechanische Erosion.

Pflügen und Abtreten von Gelände durch Wanderer oder Weidetiere bedeuten mechanische Veränderungen. Bei steilen Wiesen in den Alpen tritt das Vieh hangparallel Spuren in das Gelände. Diese Viehtreppen sind mechanische Bodenerosionen, Bodenkundler nennen sie Trittblaiken.

Wassererosionen treten bei starken und lang andauernden Niederschlägen auf. Geschlossene Vegetationsdecken verhindern die Wassererosion. Auf Baustellen mit Baugruben übernehmen Kunststoffplanen den Schutz der Böschung vor Wasser.

Vor allem feinsandige Böden leiden unter Winderosion. Sanddünen sind ein Produkt der Winderosion. In vielen Ländern wirken Windschutzhindernisse wie Natursteinmauern oder Windschutzpflanzungen der Winderosion entgegen.

Rutschung

Die Schwerkraft der Erde ist der Auslöser von Rutschungen, denn sobald die Scherfestigkeit des Bodens (Reibungskraft) zu klein ist, bewegt sich der Boden nach unten. Die Geotechnik verwendet Rutschung als Überbegriff für Schäden infolge von Bodenbruch. Sie unterscheidet bei Hangabwärtsbewegungen von Böden zwischen Oberbodenrutschung, Gleiten, Gelände- und Grundbruch. Häufige Verursacher von Rutschungen sind:

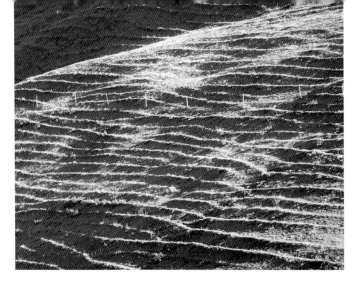

Bei den Trittblaiken in den Tössbergen handelt es sich um eine mechanische, durch Viehbeweidung hervorgerufene Bodenerosion.

Auch Baugruben erwecken manchmal den Eindruck von Kunstwerken. Die Verpackung dient jedoch dem rein funktionalen Zweck des Schutzes vor Wassererosion.

Sanddüne – Produkt der Winderosion.

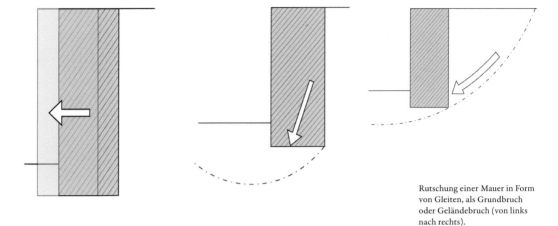

Rutschung einer Mauer in Form von Gleiten, als Grundbruch oder Geländebruch (von links nach rechts).

— das Einsickern von Oberflächenwasser,
— zu steile Böschungen,
— der Abtrag von Boden im Bereich vor dem Böschungsfuß,
— Erschütterungen, Erdbeben,
— zu starke Gewichte auf der Böschungskrone oder dem Baukörper.

Geeignete Gegenmaßnahmen sollten mit dem Geotechniker abgestimmt sein. Grundsätzlich gilt, dass der Rutschung bei Baumaßnahmen große Beachtung zu schenken ist. Daher steht eine geotechnische Untersuchung immer am Anfang größerer Geländemodellierungen.

Böschungswinkel und Bautechniken

In Abhängigkeit vom Böschungswinkel eignen sich die folgenden bautechnischen Maßnahmen zur Sicherung von Böschungen und Hängen:

0° bis 33,7°
Sicherungsmaßnahmen sind bei geringem Gefälle dieses Böschungswinkelbereichs nicht notwendig. Allerdings ist eine Böschung, auch mit dem kleinsten Neigungswinkel, immer zu begrünen. Die Standardneigung von Böschungen normaler Böden im Straßenbau liegt bei 33,7 Grad (2:3). Für diesen Winkel empfiehlt sich zu Beginn ein temporärer Erosionsschutz (Naturfasergewebe), mit dem Ziel, die Vegetationsdecke schnell zu schließen.

Böschungsarbeiten an der West-
umfahrung, Kanton Zürich.

33,7° bis 45°

Neigungswinkel von 33,7 Grad (2:3) bis 45 Grad (1:1) erfordern eine Bodenstabilisierung. Dazu eignen sich ingenieurbiologische Bauverfahren oder Bodenarmierungen mit
Oberflächenschutz.

45° bis 70°

Ab 45 Grad Neigung spricht man von einer übersteilen Böschung. Bewehrte Erde, Geo-
textilwände und zum Teil ingenieurbiologische Bauverfahren sind dann geeignete Bautechniken.

70° bis 90°

Bei einer Neigung von 70 bis 90 Grad können nur Stützmauern einen Hang sichern.

Überblick zu Bautechniken für die Böschungssicherung

Verschiedene Sicherungstechniken kommen für die Verhinderung von Erosion und Rutschung bei Geländemodellierungen zum Einsatz. Der Autor muss dringend darauf hin-
weisen, die folgenden Bautechniken nur in Absprache mit Fachleuten und Fachfirmen
anzuwenden:
    — Ingenieurbiologische Bauverfahren (Deck- oder Stabilbauweise),
    — Kalk- und Zementstabilisierung,
    — bewehrte Erde,
    — Geotextilwand oder
    — Stützmauern (Schwergewichtsmauern, Winkelstützmauern).

Böschung mit Netzüberspannung aus Kokos am Leutschenbach in Zürich (dipol Landschaftsarchitekten).

Ingenieurbiologische Bauverfahren

Die Ingenieurbiologie kombiniert technisches und biologisches Wissen miteinander. Immer steht die Pflanze im Mittelpunkt. Sie nimmt mit ihren Wurzeln nicht nur Nährstoffe auf, sondern stabilisiert durch das Wurzelwerk den Boden. Manche Pflanzen vermehren sich auch vegetativ. Wenn man abgeschnittene Zweige in den Boden steckt, treiben im Frühjahr Blätter an den dünnen Ästen aus und neue Wurzeln verankern sich im Gelände. Pflanzen haben in diesem Spezialgebiet der Landschaftsarchitektur nicht nur ästhetische und ökologische Funktionen, sondern dienen in erster Linie als Baumaterial für den Bodenschutz. Man spricht in diesem Zusammenhang auch vom Lebendverbau. Diese Bauweisen, die mit lebendem Material arbeiten, sind komplex und hängen sehr stark von den lokalen Standortfaktoren wie Boden, Wasser, Klima und der örtlich zur Verfügung stehenden Vegetation als Baumaterial ab. Mehrere Publikationen behandeln das Thema ausführlich und kompetent. In diesem Abschnitt erhält der Leser nur einen kleinen Überblick. Beim möglichen Einsatz ingenieurbiologischer Bauweisen ist das Studium von Fachliteratur (z. B. Zeh 2007) sowie die Beratung durch lokale Fachleute unbedingte Voraussetzung für den Erfolg.

Zum Bodenerosionsschutz nutzt die Ingenieurbiologie die Deckbauweise; die Stabilbauweise eignet sich, um Rutschungen zu verhindern.

Bau einer Weidenspreitlage an der Birs, Planung Landschafts-architekturbüro Geitz & Partner.

Deckbauweisen

Deckbauweisen schützen die oberste Bodenschicht vor Erosion. Zu den Deckbauweisen zählen

— der Spreitlagenbau: Äste, bei denen das dickere Ende zum Ausschlagen im Erdreich steckt, werden sehr dicht aneinander gelegt. Zusätzlich ist das Material mit Drähten und Holzpflöcken befestigt und mit Erde abgedeckt.

— Erosionsschutzmatten oder Netzüberspannung: Erosionsschutzmatten sind meist Saatmatten, bestehend aus zwei Lagen mit dazwischen fixiertem Saatgut. Nach dem Abrollen auf der Böschungsfläche und dem Abwalzen befestigen Pflöcke oder Stifte die Matten am Boden. Dieselbe Bodenfixierung nutzt auch die Netzüberspannung. Netze eines biologisch abbaubaren Geoproduktes überspannen die Böschung und schützen damit die Ansaat vor der Ausschwemmung.

— die Rasenansaat: Die einfachste Böschungssicherung ist die Ansaat von Rasen und Gräsermischungen. Die ideale Saatzeit reicht von Anfang April bis Mitte Juni und von Anfang September bis Mitte Oktober. Teurer, aber sehr effektiv, ist das Verlegen von Rasenziegeln oder Rollrasen.

— die Nassansaat/Hydroseeding: Erosionsschutz mittels Kleber, Stroh und Saatgut ist die Deckbauweise für die Begrünung von Straßenböschungen. Ein im Tank des Spezialwagens befindlicher Mischer vermengt den umweltverträglichen Kleber mit Saatgut aus Wiesen oder Gehölzsamen, Dünger, Bodenverbesserungsstoffen und Wasser. Wie bei einem Wasserwerfer wird die Mischung auf die Böschung gespritzt. In einem zweiten Arbeitsgang kommt es zur «Strohbeschießung» der Böschung. Ein großes Blasrohr, das auf einem LKW montiert ist, pustet das Stroh auf den künstlich hergestellten Hang. Danach fixiert im dritten Arbeitsgang der versprühte Kleber das auf dem Boden liegende Stroh. Die Arbeitsgänge eins bis drei sind produktabhängig und können auch in einem Schritt erfolgen.

Bei der Holzkrainerwand
setzt man zusätzlich zu
ausschlagfähigen Ästen ein
Gerüst aus Rundhölzern für
die Böschungssicherung ein.
Renaturierungsprojekt von
Landschaftsarchitekturbüro
Geitz & Partner.

Das Projekt nach der Fertigstellung.

Stabilbauweisen

Stabilbauweisen dienen zur Verhinderung von Rutschungen. Sie sind sehr aufwendig, und nur spezialisierte Planer in Zusammenarbeit mit besonders ausgerüsteten Garten- und Landschaftsbaubetrieben nutzen sie zu Extremstandortbegrünungen in den Bergen und im Wasserbau. Zu den Stabilbauweisen gehören zum Beispiel: Lagenbauweisen, Flechtzäune, Faschinen und Holzkrainerwände.

Bei den Lagenbauweisen unterscheidet man zwischen Buschlagenbau, Heckenla genbau oder deren Kombination. Das Baumaterial von Buschlagen sind ausschlagfähige Äste. Heckenlagen verwenden bewurzelte Sträucher. Das Pflanzmaterial kommt am Hang treppenartig zum Einbau, wobei das Erdmaterial der oberen Stufe zur Abdeckung der unteren Stufe mit dem darin befindlichen Lagenmaterial benutzt wird. Ungefähr zehn Zentimeter des Pflanzmaterials sind nach der Abdeckung noch sichtbar.

Biegsame Weidenzweige oder andere ausschlagfähige Ruten dienen bei Flechtzäu nen zum Umflechten eingeschlagener Holzpflöcke. Auch die Faschinenbauweise nutzt Ruten: Rollen aus zusammengebundenen, langen Ästen verlegt man in Gräben, veran kert sie mit Pflöcken und deckt die Faschine am Ende mit Boden ab. Die Bautechnik stammt aus Italien und ist dort seit Jahrhunderten im Wasserbau in Gebrauch. Die *Fasces* waren übrigens im alten Rom Rutenbündel mit Beil, die Amtsdiener mit sich herum- trugen, um den Weg für wichtige Würdenträger frei zu machen. Der Begriff Faschismus leitet sich ebenso davon ab.

Nassaussaat oder Hydroseeding:

Arbeitsgang 1: Versprühen der Saatgutmischung.

Arbeitsgang 2: Strohbeschie-ßung.

Arbeitsgang 3: Fixierung des Strohs mit Kleber.

Böschungssicherung mit Efeu,
Bahai Gartenterrassen Haifa,
Israel.

Böschungspflege, Bahai Gartenterrassen Haifa, Israel.

Kalk- und/oder Zementstabilisierung

Die Verwendung von Kalk und Zement zur Bodenstabilisierung im Straßen- und Erdbau ist nicht neu. Schon die Römer mischten ihren Straßen puzzolanisches Material bei.
Pozzuoli ist eine Ortschaft am Fuß des Vesuv. Bereits im Altertum gewann man dort
Vulkanasche. Diese Asche besitzt dieselben Eigenschaften wie Zement und wurde für
die Herstellung von Beton (lat. *opus caementicium*) benutzt.

Kiessand ist das optimale Material für Fundationsschichten. Im Straßenbau sind
jedoch gewaltige Mengen notwendig. Da das Material auch als Speicherkörper für das
Grundwasser eine wichtige ökologischen Funktion besitzt, die Materialkosten immer
höher werden und der Transport großer Mengen der Umwelt schadet, setzt man im Straßenbau vermehrt auch Kalk und Zement ein, um Böden, die von Natur aus instabil sind,
zu festigen.

Die Bodenstabilisierung ermöglicht die Verwendung von bindigen und nassen Böden als Baustoff. Die Beigabe von Kalk bewirkt eine Sofortreaktion und damit eine Veränderung der Bodenstruktur in Richtung einer festen Zustandsform. Langfristig erreicht
der Boden eine höhere Wasser- und Froststabilität. Tonige Böden stabilisiert man mit
Kalk, kiesigsandige Böden mit Zement. Für Silte oder siltige Sande ist eine Kombination
aus Kalk/Zementbeigabe die richtige Methode.

Personen, die beim Ortsmischverfahren und dem Einbau mit ungelöschtem Kalk in
Berührung kommen, müssen geschlossene Kleidung tragen. Besonders Mund und Augen sind vor Kalkstaub zu schützen. Daher nutzen nur Straßenbauer, mit spezialisierter
Ausrüstung, diese Bautechnik. Teilweise kommt diese Bautechnik bei Abdichtungen
von Weiherböschungen und -böden zum Einsatz.

Der BMXClub «Grab on Kids» in Volketswil bei Zürich benötigte für seine Rennen eine neue Bahn. Im Frühling 2005 realisierte die ARGE KIBAG/ Innauen + Koch eine neue Anlage. Rund 12 000 Kubikmeter Aushubmaterial war für die Grobmodulation der 380 Meter langen Hindernisbahn mit einer Fahrbahnbreite von 5,50 bis 10,0 Meter nötig.

Das Aushubmaterial wurde mit einem 30-Tonnen-Bagger zu groben Klötzen geformt. Nach der Kalkstabilisierung und Verdichtung formten Kleinbagger eine professionelle Rennbahn.

Der Fahrbahnbelag besteht aus Brechsand 0/3. Der Sand wurde, mit viel Wasser gemischt, wie ein Teig direkt eingebracht und nur mit Vibroplatten verdichtet.

BMX-Testfahrt auf der neuen Anlage.

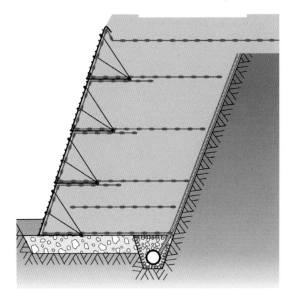

SYTEC TerraMur mit um-
geschlagenem Geogitter als
Erdarmierung. Die Seite zur
gewachsenen Böschung ist
immer mit einer Drainagematte
zu entwässern.

Bewehrte Erde

Schalungsgitter, Geogitter und Schüttmaterial sind, kombiniert eingebaut, als «Bewehrte
Erde» oder «Terre armée»-Konstruktionen bekannt. Erdbewehrte Stützkonstruktionen
weisen, neben der größeren Wirtschaftlichkeit im Vergleich zu Betonkonstruktionen,
noch weitere Vorteile auf:
— hohe Belastungs- und Tragfähigkeit,
— Setzungsunempfindlichkeit,
— schneller Einbau (60 Quadratmeter pro Tag sind üblich),
— Erdbebensicherheit,
— vorhandenes Aushubmaterial kann meist genutzt werden, und
— unbegrenzte Bauhöhen.

SYTEC TerraMur zählt zu den in der Schweiz viel verwendeten Systemen bewehrter
Erde. Die Bautechnik besteht aus Stahlarmierungen und Kunststoffgittern. Die rohen
oder verzinkten Matten haben eine Neigung von 60 bis 70 Grad. Distanzhalter sorgen
für die Einhaltung des Winkels. Das aus Kunststoff hergestellte Geogitter ist mit dem
Armierungsstahl konstruktiv verbunden. Nach dem Auslegen in den Hang und dem
Aufbringen von Schüttmaterial wird das Geogitter umgeschlagen. Über die Verkeilung
des Schüttmaterials in den Maschen des Kunststoffgitters nimmt es die Zugspannung
auf und dient außerdem für den Erosionsschutz an der Vorderseite. Beim Schüttmaterial
unterscheidet man zwischen Front- und Auffüllmaterial. Das Frontmaterial muss erdiges
Aushubmaterial ohne große Körnungen und ohne organischen Anteil sein. Als Auffüllmaterial eignet sich am besten Kiessand. Eine Drainage hinter der Stützkonstruktion ist
unerlässlich.

TerraMur mit TerraGreen-
Begrünung.

TerraMur nach einem halben
Jahr mit einer extensiven Grä-
sermischung als Begrünung.

Zur Stabilisierung von Böschungen kann man Geotextilwalzen auch aus Naturfasern (Kokos) in mehreren übereinander geschichteten Lagen einbauen. Projekt von Landschaftsarchitekturbüro Geitz & Partner.

Geotextilwand

Polymere Werkstoffe bilden die Basis für Geokunststoffe. Sie werden zu verschiedenen Produkten wie Geotextilien, Geovliesen und Geogittern verarbeitet. In der Geotechnik übernehmen diese Materialien spezielle Funktionen, beispielsweise: trennen, filtern, drainieren, bewehren, schützen, abdichten oder Erosionsschutz, (vgl. Rüegger/Hufenus 2003). Es gibt aber auch biologisch abbaubare Geotextilien, die Rohstoffe für diese sind Kokos, Flachs, Baumwolle und Jute. Die Funktionsdauer von Hangsicherungsmaterialien auf Naturbasis reicht nicht länger als ein Jahr, in dieser Zeit ist die Aufgabe der Durchwurzelung dann normalerweise erfüllt. Textilien aus Geokunststoff halten länger als zehn Jahre.

Die Geotextilwand besitzt prinzipiell dieselbe Wirkungsweise wie die bewehrte Erde. Nach dem Umschlagen der Geotextileinlage an der Außenhaut der Wand sieht die Wand wie ein lang gestrecktes mehrschichtiges Polster aus. Daher kommt auch der als Synonym benutzte Name Geotextilwalze. Das Geotextil übernimmt die Funktion der Armierung des Erdkörpers. Eine flächige Begrünung ist unerlässlich. Anspritzsaat oder Buschlagen begrünen die Oberfläche. Je nach Verfüllmaterial sind bis zu 60 Grad steile Wände möglich.

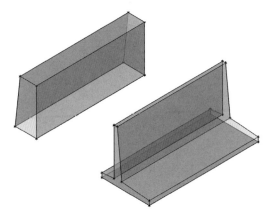

Die Schwergewichtsmauer wirkt durch ihr Eigengewicht. Bei einer Winkelstützmauer wirkt der auf dem Fundament aufliegende Erdkörper mit.

Stützmauern

Grundsätzlich unterscheidet man zwischen Winkelstützmauern und Schwergewichtsmauern. Beide Mauertypen müssen frostfrei und auf gewachsenem Boden fundiert sein, sonst ist ihr Baugrund nicht ausreichend tragfähig. Frosthebungen und Tausenkungen sind hierfür der Grund. Das im Boden eingelagerte Porenwasser gefriert bei tiefen Temperaturen. Durch die Eisbildung vergrößert sich das Volumen und führt zu Hebungen des Bodens. Anschließend wird durch die Tauphase der Wassergehalt im Boden verändert. Dadurch kann es zu ungleichmäßigen Setzungen kommen. Im Flachland liegt die Frosttiefe bei 80 Zentimetern. Gebirgsgegenden ab 1500 m ü. M. haben eine Frosttiefe bis 250 Zentimeter.

Winkelstützmauern

Winkelstützmauern sind schlanke, für größere Höhen geeignete Mauern. Der Erdkörper unter dem Winkelfuß dient als Standmoment. Dies bedingt insbesondere bergseits eine längere Fußbreite und hat größere Erdbewegungen im Vergleich zu Schwergewichtsmauern zur Folge. Eine Bewehrung ist immer erforderlich. Sie ermöglicht schlanke Mauern mit wenig Betonmasse. Allerdings braucht der Beton eine höhere Festigkeit als nicht bewehrter Beton. Winkelstützmauern werden senkrecht oder mit Anzug gebaut. Die Sohle und der Winkelfuß sollten zehn Prozent geneigt sein, um das Wasser von der Konstruktion wegzuführen.

Schwergewichtsmauern

Die klassische Betonschwergewichtsmauer besitzt keine oder nur eine leichte Bewehrung. Die Festigkeit des Betons ist niedrig und die Fundamentbreite inklusive Erdaushub ist im Vergleich zur Winkelstützmauer geringer. Als Nachteil ist der hohe Betonverbrauch zu nennen. Schwergewichtsmauern eignen sich nur für tragfähige Böden und besitzen einen Anzug von 5 : 1 bis 10 : 1. Selbst bei horizontalem Terrain beträgt die Fundamentbreite W in der Regel 40 bis 50 Prozent der Höhe H. Zu den Schwergewichtsmauern zählen auch: Gabionen, Steinblockmauern, Fertigelementmauern und Natursteinmauern.

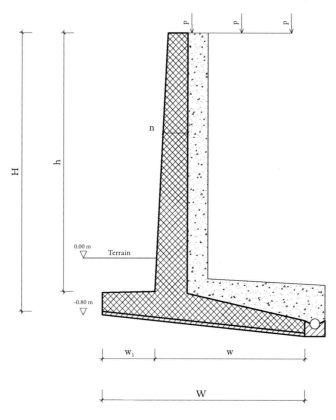

Berechnung der Breite von Winkelstützmauern (*Baukader Schweiz* 2006, S. 198 – 201).

Bodenart	β	γ [kN/m³]
Humus	0,41	18
Sand / Kies, feucht	0,33	18
Lehm / Ton bis 4 m	0,41	21
Lehm / Ton über 4 m	0,49	20

β (Beta) – Böschungswinkel
γ (Gamma) – Feuchtraumgewicht des Bodens

p – Auflast
p = 3,5 kN/m²   – Auto
p = 5 kN/m²   – Lagerfläche
p = 20 kN/m²   – LKW

n – Mauerbreite
n = 0,25 m

Formel für Winkelstützmauer mit Sporn

$$H' = p : \gamma$$

$$w = \sqrt{\frac{H * \beta * (H + 3 * H')}{1 + 4 * n}} \ [m] \quad \text{Sporn } w_1 = n * w \ [m] \quad W = (1 + n) * w \ [m]$$

Formel für Winkelstützmauer ohne Sporn

$$w = \sqrt{H * \beta * (H + 3 * H')} \ [m]$$

Beispiel:
Lehmboden, Mauerhöhe H = 3,0 m, p = 5 kN/m², Winkelstützmauer mit Sporn

$$H' = 5 : 21 = 0,24 \text{ m} \quad w = \sqrt{\frac{3,0 * 0,41 * (3,0 + 3 * 0,24)}{1 + 4 * 0,25}} = 1,51 \text{ m} \quad \text{Sporn } w_1 = 0,25 * 1,51 = 0,38 \text{ m} \quad W = 1,89 \text{ m}$$

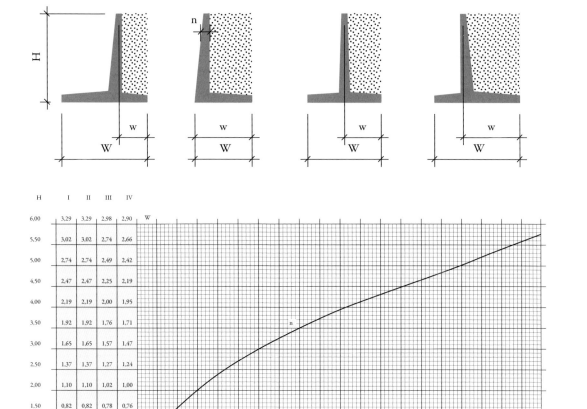

$I\ w = W/3$ $II\ w = W$ $III\ w = W/2$ $IV\ w = 2W/3$

H	I	II	III	IV
6,00	3,29	3,29	2,98	2,90
5,50	3,02	3,02	2,74	2,66
5,00	2,74	2,74	2,49	2,42
4,50	2,47	2,47	2,25	2,19
4,00	2,19	2,19	2,00	1,95
3,50	1,92	1,92	1,76	1,71
3,00	1,65	1,65	1,57	1,47
2,50	1,37	1,37	1,27	1,24
2,00	1,10	1,10	1,02	1,00
1,50	0,82	0,82	0,78	0,76
1,00	0,55	0,55	0,54	0,53
0,50				
0				

1. Typ auswählen I II III IV.

2. Höhe H und Mauerfußlänge W bestimmen.

3. Dann auf der gleichen Zeile über die Kurve die Mauerbreite n unten bestimmen.

Schnelle grafische Bestimmung der Mauerfußbreite und der mittleren Dicke von Winkelstützmauern. Die Angaben dienen für das erste, überschlagsmäßige Arbeiten. Ein Bauingenieur muss die Werte vor der Umsetzung berechnen.

Schwergewichtsmauer.

Gabionen

«Gabbia» ist italienisch und bedeutet «Käfig»; im Grunde handelt es sich bei Gabionen oder Steinkörben auch um Drahtkäfige. Sie werden seit hundert Jahren verwendet, um Schwergewichtsmauern zu bauen. Sie sind stabil, dauerhaft, setzungsunempfindlich und wasserdurchlässig. Die relativ dünnen Drähte ermöglichen eine schnelle bauliche Anpassung.

Durch die lose Steinfüllung können sich, ähnlich wie bei Trockenmauern, Kleinlebewesen und Pflanzen ansiedeln. Verschiedene Weiterentwicklungen bei den Materialfüllungen bis hin zu integrierten Beleuchtungen sind Gründe dafür, dass Steinkörbe auch vermehrt in der Gartengestaltung ihren Platz als ästhetisch ansprechende Mauerbauweise finden.

Heutzutage nutzt man Steinkorbkonstruktionen eher für kleinere Stützmauern bis zu drei Meter Höhe. Gründe der Statik sprechen gegen größere Stützkonstruktionen. Sie werden als gewöhnliche Schwergewichtsmauern dimensioniert. Es gilt das einfache Prinzip: Je höher die Mauer, desto breiter der Fuß. Große Mengen an Steinen zu verbauen ist aber nur wirtschaftlich, wenn das Material an der Baustelle vorkommt. Da dies meist nicht der Fall ist, gilt die Höheneinschränkung.

Steinkorbwände benötigen ein Fundament aus Kiessand. Wie bei jeder Stützkonstruktion muss auch bei Steinkörben auf den Wasserdruck Rücksicht genommen werden. Da Steinkörbe wasserdurchlässig sind, reicht eine Trennung der Körbe durch Filtergewebe vom Boden. Vliese sind verstopfungsgefährdet, weshalb Filtergewebe benutzt werden muss. Als Alternative bietet sich die Möglichkeit einer konventionellen Entwässerung mittels einer Kombination aus einer Wasser abführenden Drainageschicht (zum Beispiel einer Drainagematte) und Sickerrohr an.

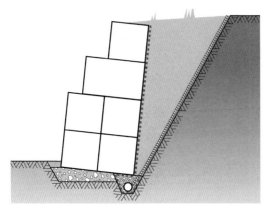

Aufbau einer Steinkorbmauer
von SYTEC.

Steinkorbmauer im Garten.

Heutige Steinkörbe bestehen aus einzelnen punktgeschweißten Matten mit Recht-eckmaschen und sind mittels Spiralen oder Klammern zu einem Korb zusammengesetzt. Zwischenwände und Distanzhalter steifen die Körbe zusätzlich aus. Matten, Distanzhal-ter und Verbindungsmaterialien sind aus aluverzinktem Draht.

Steinkörbe werden vorzugsweise mit gebrochenem Steinmaterial von Hand gefüllt. Die verschiedenen Maschenweiten und Drahtstärken ermöglichen auch das maschinelle Füllen sowie das Füllen der Körbe mit anderen Materialien (beispielsweise Schaumglas-schotter Misapor). Dementsprechend ändert sich die Ästhetik der gesamten Mauer. Bei feinen Maschenweiten oder doppelgittrigen Systemen kommen die Gittermatten mehr zum Vorschein als bei groben Maschenweiten mit gebrochenen Steinen. Grundsätzlich muss das Füllmaterial mit der Maschenweite abgestimmt sein.

Neuerdings sind auch mit Steinen vorgefüllte Steinkörbe erhältlich. Diese vorgefer-tigten Körbe stammen direkt aus Steinbrüchen, die die Möglichkeit haben, sie direkt auf Rütteltischen zu füllen. Sie bestehen aus sechs bis acht Millimeter starken Drähten und sind oft mit Flachstählen kombiniert. Dadurch sind sie sehr massiv und können gefüllt gehoben und versetzt werden. Diese neue Generation von Steinkörben ist sinnvoll für große Bauten mit einfachen Geometrien. Anpassungen vor Ort sind nicht möglich. Bei komplexen Geometrien sowie schlechter Zugänglichkeit sind nach wie vor die nicht vor-gefüllten Steinkörbe im Vorteil.

Peter Geitz, Landschaftsarchitekt und Spezialist für Ingenieurbiologie, schreibt: «Gabionen sollten im Landschaftsbau auch Boden und Vegetationsmaterial enthalten, damit sie die Hohlräume zwischen den Steinen bewachsen können und der ökologische wie ästhetische Wert steigt. Zwischen den Gabionenlagen legen wir, wie das früher auch üblich war, Busch-, Hecken- oder Heckenbuschlagen aus. So wird die Gabione mit Wurzeln durchwachsen, undhält auch langfristig zusammen, sollte der Draht mal durchrosten.» (Peter Geitz, Geitz & Partner GBR, *mail 16.10.2007*)

Steinblockmauer zur Bö-
schungssicherung neben einer
Garageneinfahrt.

Bepflanzte Böschungselemente
in einem Neubaugebiet. Maximale Nutzung auf Kosten der
Gestaltung.

Steinblockmauern

Steinblockmauern sind Mauern aus großen, plattigen Blöcken. Bei großen Höhen werden sie mit Vernagelung (Einschnitte) und Bewehrungslagen (Schüttungen) kombiniert. Steinblockmauern benötigen ein Fundament aus Kiessand.

Fertigelementmauern

Bepflanzte Böschungselemente zählen zum Schwergewichtsmauertyp und eignen sich
wegen der geringeren Breite nur für Höhen bis zu vier Metern. Systemmauern tauchen
in den Katalogen von fast allen Betonbaustoffproduzenten auf. Ihr Erscheinungsbild ist
jedoch meist problematisch.

Natursteinmauern

Hinterbetonierte Natursteinmauern als Stützmauern trifft man häufiger in Bergregi-
onen an. Während des Aufmauerns der Verblendsteine wird die Hintermauerung beto-
niert. Mindestens 30 Prozent Bindersteine (24 Zentimeter dick und zehn Zentimeter in
die Hintermauerung greifend) sollten Bestandteil der Mauer sein. Die Notwendigkeit
einer Bewehrung ist durch den Statiker vor dem Bau zu prüfen. Bei Höhen bis zu einem
Meter sind auch Trockenmauern einsetzbar.

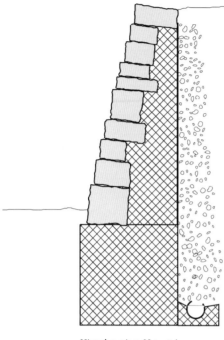

Hinterbetonierte Natursteinmauer.

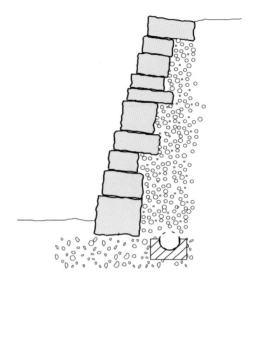

Trockenmauer.

Natursteinmauer in Fallingwa-
ter, Pennsylvania, von Frank
Lloyd Wright.

Geländemodellierung und Straßen, Parkplätze

Geländemodellierung und Straßen

Die Linienführung einer Straße beeinflusst das Erscheinungsbild eines gesamten Landschaftsraumes. Beim Variantenvergleich im Rahmen von Umweltverträglichkeitsstudien beurteilen Landschaftsarchitekten die Auswirkungen einer Straße auf das Landschaftsbild. Sie sind aber auch in der eigentlichen Straßenplanung mit landschaftspflegerischen Begleitplänen beteiligt. Landschaftsarchitekten planen Zufahrten zu Hotels, zu Clubhäusern und durch Parkanlagen. All diese Tätigkeiten setzen Grundkenntnisse zur Projektierung von Straßen voraus. Zusätzlich lässt sich dieses Grundwissen auf einfache Wegeplanungen übertragen.

Die Angaben unten zum technischen Basiswissen beziehen sich auf eine sehr «langsame» Strasse. Die jeweiligen Straßenbaunormen machen natürlich noch genauere Aussagen zu den Ausbaustandards von Straßen.

Technisches Basiswissen
— Drei Meter ist die minimale Ausbaubreite für eine langsame Fahrspur.
— Das Längsprofil (Gradiente) einer Straße soll mit der horizontalen Linienführung sinnvoll übereinstimmen. Richtungsänderungen nach längeren Geraden liegen vor und nicht hinter einer Kuppe.
— Einschnitte sind ungünstig wegen der Entwässerung und Schneeverwehungen.
— In der Ebene ist eine gegenüber dem umliegenden Terrain leicht erhöhte Lage anzustreben (bessere Entwässerung, weniger Bodennebel, Schneeverwehungen) und mit Bankett und Böschung (1:4 bis 1:5) auszubilden.
— Die Linienführung einer Straße ist immer durch die Achse im Lageplan, ein Längsprofil (Gradiente) und einen Querschnitt definiert.

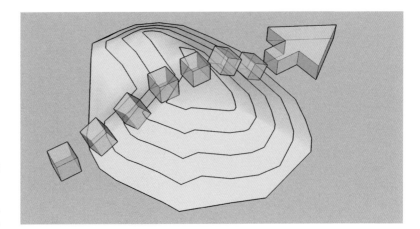

Die Erschließung rechtwinklig zu den Höhenlinien führt am schnellsten von Punkt A nach Punkt B. Allerdings bedarf es bei bestimmten Gefällen Treppen oder Geländeeinschnitten.

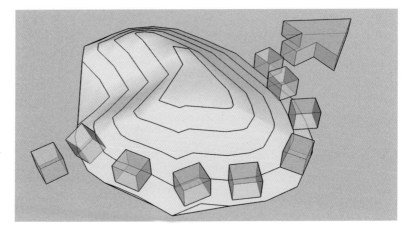

Ein fast parallel zu den Höhenlinien geführter Weg oder eine Straße benötigen länger von Punkt A nach Punkt B, dafür sind aber keine Treppen oder großen Geländeveränderungen notwendig.

— Einfachste Kurvengeometrie der Achse aus Gerade – Kreis – Gerade wird bei langsamem Verkehr angewandt. Der Übergang von der Geraden zum Kreis verläuft so, dass die Gerade den Kreis berührt. Dabei steht die Gerade senkrecht zum Radius im Berührungspunkt. Bei Hochleistungsstraßen setzt man dagegen Kurven mit Klothoiden ein. Sie ermöglichen einen kontinuierlichen Übergang zwischen dem Kreis und der Gerade. Klothoiden dienen zum gleichmäßigen Lenkradeinschlag.

— Linienführung im Lageplan: der minimale Radius für Kurven bei einer Geschwindigkeit von 30 km/h beträgt 50 Meter.

— Linienführung im Längsschnitt: die maximale Längsneigung bei einer Geschwindigkeit von 30 km/h beträgt 12 %, die minimale 0,5 %, die Ausrundungsradien für Kuppen / Wannen sollten 2100 / 1200 Meter betragen.

— Linienführung im Querschnitt:
  a) In Geraden – min. 2,5 % bis max. 3 % Quergefälle.
  b) Bei Kurven – min. 2,5 % bis max. 7 % Quergefälle, Gefälleausbildung nach innen.

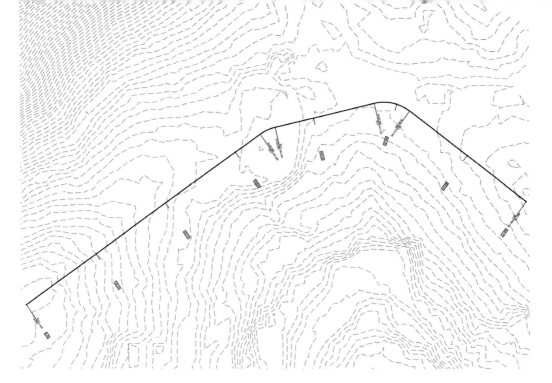

Eine Straßenachse mit einfacher
Kurvengeometrie im Lageplan.

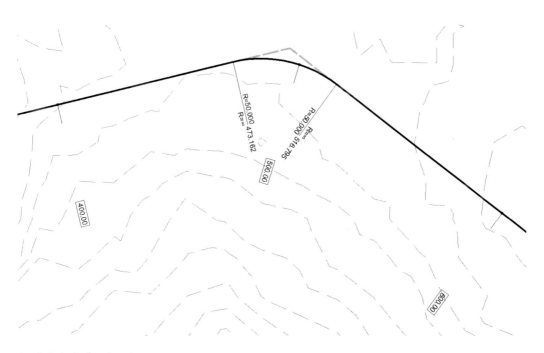

Ausschnitt der Straßenachse mit
der Kurvengeometrie Gerade –
Kreis – Gerade.

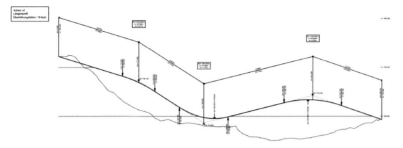

Die Linienführung der Straße
im Längsprofil mit einer Wanne
und zwei Kuppen.

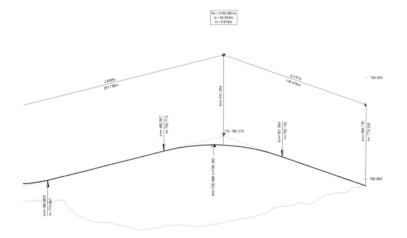

Ausschnitt der Straßenkuppe.

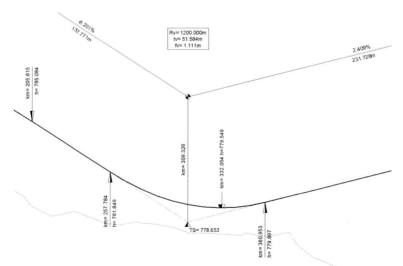

Ausschnitt der Straßenwanne.

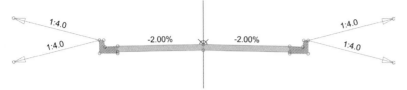

Der Querschnitt der Straße mit Anschluss an das vorhandene Gelände.

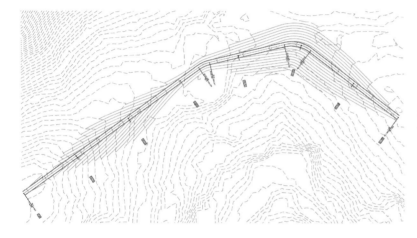

Die neue Straße in den Höhenplan integriert.

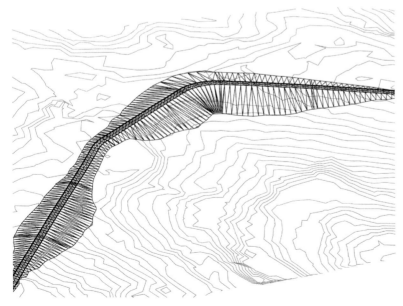

Civil 3D-Geländemodell der Straße.

Der Trampelpfad an einer Böschung ist zwar die schnellste Verbindung von unten nach oben, für eine dauerhafte Erschließung hingegen unbrauchbar.

Eine Passstraße in den Schweizer Alpen windet sich den Berg hinauf. Bereits die Römer nutzten sie als befestigte Verbindungsstraßen zwischen Nord- und Südeuropa.

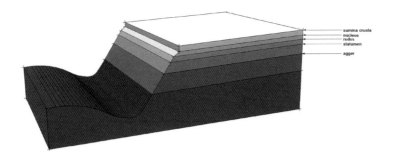

summa crusta
nucleus
rudus
statumen

agger

Querschnitt durch eine römische Straße. Schon damals achtete man darauf, dass das Regenwasser auf den Belagsflächen seitlich in Gräben abfließen konnte (vgl. Eidenbenz 2001, S. 8). Diese Bauweise ist auch heutzutage für den Wegebau sinnvoll.

Highlight Towers, München,
PWP Landscape Architecture.

Geländemodellierung und Parkplätze

Parkplätze gibt es schon seit jeher: Anfangs wurden Tiere und Karren abgestellt, heute individuelle Verkehrsmittel wie Lastwagen, Autos, Motorräder und Fahrräder. Obwohl der öffentliche Verkehr immer mehr an Bedeutung gewinnt, wird es auch in Zukunft weiterhin den Individualverkehr geben. In den Innenstädten und bei hohen Bodenpreisen dienen mehrstöckige Tiefgaragen und Parkhäuser zur Unterbringung der Fahrzeuge. Wenn genug Platz vorhanden ist, sind oberirdische Parkplätze die kostengünstigere Lösung.

Während Verkehrsplaner sich vor allem auf funktionale Aspekte konzentrieren, ist es die Aufgabe der Landschaftsarchitektur, Parkplätze in einen gestalterischen Kontext einzubetten. Leider wird das Thema jedoch sträflich vernachlässigt, wie der Mangel an Literatur beweist. Das Layout, die Bepflanzung, die Beläge und die Entwässerung sind einer genaueren Betrachtung wert, da diese Abstellplätze für Fahrzeuge das Potenzial zu PARKplätzen haben.

Begriffe

Ein Parkplatz ist ein ungedeckter Abstellbereich für Fahrzeuge und bezeichnet die gesamte Fläche bestehend aus:
— den Parkfeldern mit unterschiedlichen Parkfeldwinkeln,
— der Fahrgasse mit seitlichen Parkfeldern,
— der Zufahrt (ohne Parkfelder),
— Pflanzstreifen und
— Pflanzinseln.

Deutsche Post HQ, Bonn, PWP
Landscape Architecture.

Anordnung und Dimensionen

Grundsätzlich gibt es bei Parkplätzen drei Anordnungsmöglichkeiten: die Senkrecht-,
Schräg- oder Längsausrichtung von Stellplätzen. Die senkrechte Anordnung der Parkplätze ist die effizienteste. Sie belegt wenig Platz und man kann gut von beiden Richtungen
aus einparken. Allerdings dauert das Rangieren etwas länger als bei der Schrägaufstellung.
Falls ein Parkplatz eine Sackgasse bildet, sollte der Autofahrer bereits vor dem Einfahren
übersehen können, ob Stellplätze frei sind. Wenn keine Wendemöglichkeiten vorhanden
sind, ist auf die senkrechte Anordnung zurückzugreifen, da durch die Fahrbahnbreite das
Wenden gewährleistet wird. In den USA baut man am Ende von Parkplätzen ohne Wen-
demöglichkeit kleine Wendehammer ein, die das Ausparken aus den hintersten Feldern
erleichtern.

Bei der Schrägaufstellung ist der Platzbedarf, trotz schmalerer Gassen und Stellplatz-
breite, höher. Der Vorteil dieser Anordnung ist das schnelle und bequeme Einparken.
Am ineffizientesten ist die Längsausrichtung, da sie einen sehr hohen Platzbedarf hat.
Sie wird für das Laden und Abstellen am Straßenrand eingesetzt.

Horizontales Layout

Bei Zufahrten zu Parkplätzen mit einer Geschwindigkeit von 30 km/h verwendet man
eine einfache Mittelachsengeometrie Tangente – Kurve – Tangente. Übergangbögen
kommen nicht zum Einsatz, denn bei Zufahrten mit einer geringen Geschwindigkeit ist
die Anhalte-Sichtweite die maßgebende Größe für den horizontalen Radius und nicht
die Fahrdynamik wie bei schneller befahrenen Straßen. Der minimale horizontale Radius beträgt 25 Meter.

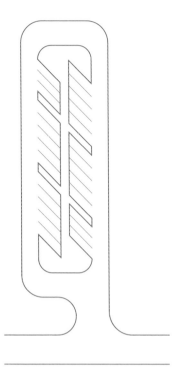
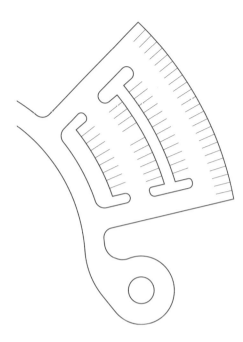

Parkplatzlayouts von Studenten
der HSR.

Vertikales Layout

Parkplatz und Gelände müssen zusammen betrachtet werden. Eine Absenkung des Parkplatzes kann Sichtbeziehungen verbessern und reduziert die Sichtbarkeit der Anlage. Genauso wie Plätze und Wege (inklusive Rampen) sind die Parkplätze zu entwässern. Trichtergefälle, Dachgefälle oder einseitige Gefälle sind möglich. Allerdings sollte das Gefälle in Längs- und Querrichtung nie mehr als fünf Prozent betragen. Bei größeren Gefällen besteht die Gefahr des Wegrollens und der Fahrzeugbeschädigung durch auffallende Türen.

Bei den Zufahrten zu Parkplätzen (30 km/h) werden normalerweise keine Kuppen und Wannen wie im Straßenbau eingesetzt. Es muss lediglich das Aufsetzen des Fahrzeugs verhindert werden. Bis maximal sechs Prozent ist dies gewährleistet. Um einen optimalen Wasserabfluss sicherzustellen, müssen Fahrwege mit einem einseitigen oder dachförmigen Gefälle von zweieinhalb bis drei Prozent ausgebildet werden.

Falls das vertikale Längsgefälle größer als sechs Prozent beträgt, gelten folgende Werte:

Kuppe: Rv min = 20m

Wanne: Rv min = 40m

Aktion von SWA in Los Angeles
zum PARK(ING) DAY
(www. parkingday.org).

Einfassung

Der Rand zwischen dem Stellplatz und der Bepflanzung beziehungsweise dem Erschließungsweg kann unterschiedlich ausgebildet sein. Eine Erhöhung hat den Vorteil, Beschädigungen an Bäumen und Verdichtungen des Wurzelbereichs zu verhindern. Falls keine Randerhöhung möglich ist, sind Baumschutzsysteme eine, allerdings kostenaufwendige, Alternative. Die Erhöhung der Bordkante in Form eines Bordsteins sollte acht Zentimeter betragen. Höhere Kanten können Schäden am Fahrzeug verursachen. Man spricht in diesem Zusammenhang auch von Überhangstreifen. Sie sind bei der Setzung von Mauern, Installationen und der Bepflanzung zu beachten.

Manchmal trifft man bei Parkplätzen auf Radanschläge. Es handelt sich dabei meist um – zuweilen farbige – Betonfertigteile, die auf dem Belag fixiert werden und das Überfahren des Parkfeldrands verhindern sollen. Diese Elemente sind aber nur bedingt empfehlenswert, da sie Stolperkanten und Schmutzfallen darstellen können. Außerdem behindern sie die Schneeräumarbeiten.

Bepflanzung

Pflanzstreifen mit Bäumen sollten Bestandteil eines jeden Parkplatzes sein. Bäume beschatten, tragen zur höheren Luftfeuchtigkeit bei und unterstützen die visuelle Gliederung von Parkplätzen. Pflanzinseln sind größere Pflanzstreifen mit Parkbuchten. Sie trennen die beidseitigen Parkfelder voneinander und besitzen an den Enden T-förmige, eckige oder abgerundete Köpfe. Manchmal ist auch ein Gehweg integriert.

Ein großkroniger Baum braucht eine Baumgrube von sechs Quadratmetern und eine Tiefe von mindestens 1,20 Metern. Die minimale Breite eines Pflanzstreifens oder einer Pflanzinsel, gemessen von Innenkante zu Innenkante Bordstein, muss daher zweieinhalb Meter betragen, besser ist eine Breite von drei Metern. Bei der Auswahl der Baumart sollte man auf die lokalen Empfehlungen für Straßenbepflanzungen von Gartenämtern und auf Fachliteratur zurückgreifen. Gleiches gilt für die Unterpflanzung der Bäume. Geschnittene Hecken in Kombination mit Bäumen oder als eigenständige Pflanzung mit einer maximalen Höhe von 80 Zentimetern (Sichtverhältnisse in den Fahrgassen, Ausfahrten etc. sind zu beachten) sind eine weitere Möglichkeit der Parkplatzbegrünung.

Behindertengerechter Parkplatz

Ein behindertengerechter Parkplatz soll eine Breite von dreieinhalb Metern sowie möglichst kein Gefälle aufweisen und mittels Bodenmarkierung deutlich als solcher gekennzeichnet sein. Kopfsteinpflaster und Rasengittersteine sind ungeeignet. Es ist denkbar, den Parkplatz mit dem Fußgängerbereich zu kombinieren, sofern dieser nicht durch einen Absatz vom Parkfeld getrennt ist. Einfache Zu- und Wegfahrt mit dem Rollstuhl ist ebenfalls zu berücksichtigen. Mauervorsprünge, Säulen, Installationen dürfen den Weg weder behindern noch versperren.

Bei Parkplätzen im Freien ist von Vorteil, diese zu decken. Eine gedeckte Verbindung zum Gebäudeeingang ist für Rollstuhlfahrer eine große Erleichterung, in schneereichen Regionen sogar Bedingung.

Bei öffentlich zugänglichen Gebäuden und Anlagen muss mindestens ein Behindertenparkplatz in der Nähe des behindertengerechten Eingangs erstellt werden (*Handbuch Hindernisfreies Bauen*, S. 21, Schweizer Paraplegiker-Stiftung, 2005).

Die Angaben stammen aus der Schweizer Norm SN 640 291a (VSS Schweizerischer Verband der Strassen und Verkehrsfachleute). Die Norm unterscheidet zwischen folgenden Komfortstufen: A – Personenwagen im Bereich von privaten Wohn- und Geschäftsgebäuden, B – Personenwagen im Bereich von öffentlichen Einrichtungen, Hotels, Einkaufszentren etc. und C – Lieferwagen.

Das Thema Parkplatz im Überblick: Tabellen, Berechnungsgrundlagen, Layouts

Auf den folgenden Seiten finden sich Tabellen und Zeichnungen zum Thema Parkplatz. Die Informationen stammen aus Normen und Veröffentlichungen, die zum Teil nicht mehr erhältlich sind. Der Autor hat sie basierend auf seiner langjährigen Lehrerfahrung zusammengestellt – bei der Betreuung von studentischen Arbeiten tauchen immer wieder dieselben Fragen auf. Zur einfacheren Lesbarkeit sind die Informationen grafisch kompakt aufbereitet.

Minimale Fahrgassenbreiten für Schräg- und Senkrechtparkfelder in Abhängigkeit der Komfortstufen			
Komfortstufe	Verkehrsart	Breite der Fahrgasse F[m]	Breite bei Wendeschleife Fk [m]
A, B	Einbahnverkehr	3,00	3,40
	Gegenverkehr	5,00	5,40
C	Einbahnverkehr	3,30	3,70
	Gegenverkehr	5,60	6,00

Minimale Abmessungen der Längsparkfelder für Kleinwagen in Abhängigkeit der Komfortstufen					
Komfortstufe	Länge eines Parkfeldes	Länge eines Randparkfeldes		Breite eines Parkfeldes	Breite des Überhangstreifens	Breite der Fahrgasse
	L [m]	Lr1 [m]	L2r [m]	b [m]	U [m]	F [m]
A	3,70	2.80	4,30	1,80	0,20	3,00
B	4,00	2,80	4,60	1,80	0,20	3,00

Minimale Abmessungen der Schräg- und Senkrechtparkfelder in Abhängigkeit der Komfortstufen								
Komfort-stufe	Parkfeld-winkel	Breite eines Parkfeldes		Länge eines Parkfeldes		Breite des Überhang-streifens	Breite der Fahrgasse	Fläche pro Parkfeld
		Komfort-stufe A b [m]	Komfort-stufe B b [m]	L [m]	L2 [m]	U [m]	F [m]	[m²]
A, B	90°	2,35 2,50 2,65 2.80	2,50 2.65 2,80	5,00	10,00	0,50	6,50 5,75 4,00 3,00	19,4 19,7 18,6 18.2
	75°	2,45 2,60 2,75	2,60 2,75	5,30	9,50	0,50	5,00 4,20 3,00	19,1 19,2 18,7
	60°	2,70 2,90	2,90	5,25	9,05	0,45	3,50 3,00	18,9 19,6
	45°	3,30	3,55	4,90	8,60	0,35	3,00	21,1
	30°	4,70	5,00	4,10	8,30	0,25	3,00	26,3
C	90°	2,60 2,80 3,00		6,20	12,00	0,70	7,80 7,00 5,40	26,3 27,2 26,7
	75°	2,70 2,90 3,10		6,50	11,50	0,70	6,20 5,20 3,30	25,9 26,4 25,3
	60°	3,00 3,25 3,50		6,40	11.00	0,60	4,40 3,50 3,30	25,8 26,5 28,2
	45°	3,70		5,90	10,60	0,50	3,30	27,9
	30°	5,20		5,00	10,25	0,35	3,30	34,6

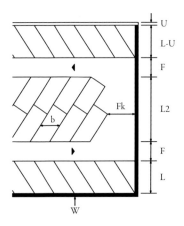

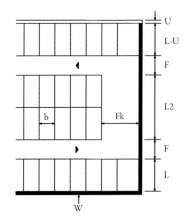

Geometrie bei Schräg- und Senkrechtparkfeldern:
b – Breite eines Parkfelds.
F – Breite der Fahrgasse.
Fk – Breite der Fahrgasse in Kehren.
L – Länge eine Parkfeldes.
L2 – Länge zweier zusammen-hängender Parkfelder.
U – Breite des Überhangstrei-fens.
W – Wand.

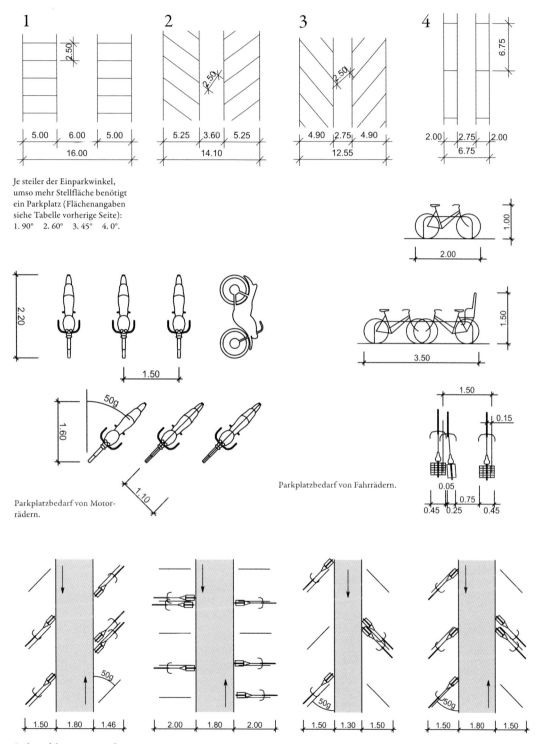

Je steiler der Einparkwinkel, umso mehr Stellfläche benötigt ein Parkplatz (Flächenangaben siehe Tabelle vorherige Seite): 1. 90° 2. 60° 3. 45° 4. 0°.

Parkplatzbedarf von Fahrrädern.

Parkplatzbedarf von Motorrädern.

Parkstandabmessungen und Fahrgassenbreiten in Fahrradabstellanlagen.

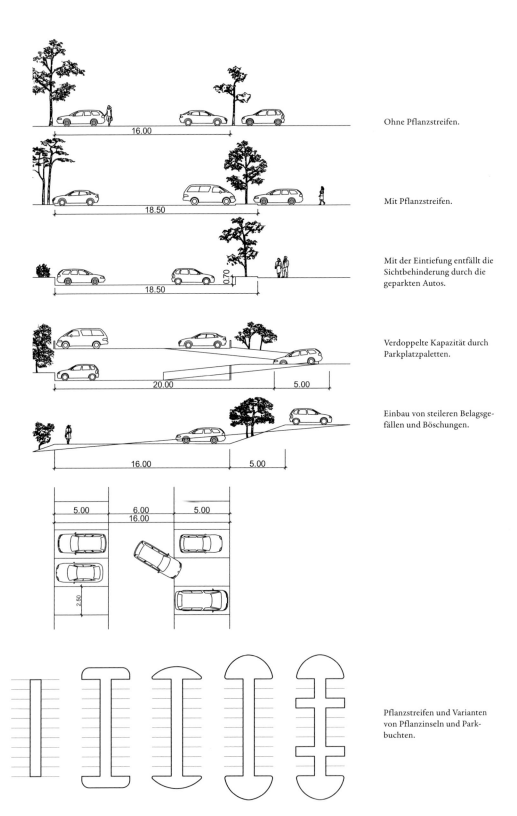

Ohne Pflanzstreifen.

Mit Pflanzstreifen.

Mit der Eintiefung entfällt die Sichtbehinderung durch die geparkten Autos.

Verdoppelte Kapazität durch Parkplatzpaletten.

Einbau von steileren Belagsge-fällen und Böschungen.

Pflanzstreifen und Varianten von Pflanzinseln und Park-buchten.

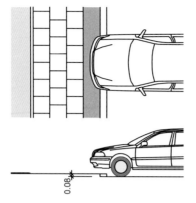

Überhangstreifen.

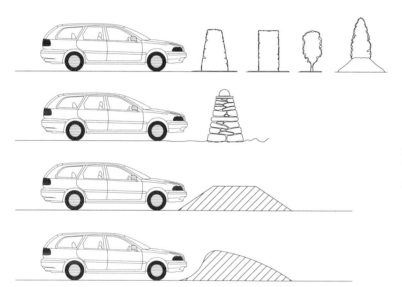

Parkplatzrandausbildungen
(Quelle: Simon Bell: *Design for
Outdoor Recreation*. Taylor &
Francis, Abingdon, 2008).

Parkplatzbeläge:

Schotterrasen.

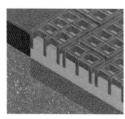

Rasengittersteine.

Pflaster.

Asphalt.

Arconda Baumschutzsystem im
Straßenraum.

Aufbau des Arconda Baum-
schutzsystems (Tschümperlin
AG):

5 Der feuerverzinkte Flach-
stahl-Stammschutz dient als
Anfahrschutz des Baumes.
Einbrennlackierungen nach
RAL-Farben sind möglich.

4 Dreiteiliger Guss-Innenring
zur Montage auf die Gussabdeckung. Der Innenring kann zu
einem späteren Zeitpunkt bei
Übergröße des Baumes wieder-
entfernt werden.

3 Freitragende, vierteilige
Gussabdeckung mit einer
ungebremsten Radlast von
50 kN. Die Gussabdeckung
wird lose in den Stahlrahmen
gelegt und danach miteinander
verschraubt.

2 Zweiteiliger, feuerverzinkter
Stahlrahmen, der in ein Mör-
telbett auf die Pflanzgrubenerweiterung im entsprechenden
Gefälle versetzt und danach
aufgeschraubt wird.

1 Betonunterbau mit der
Pflanzgrubenerweiterung, die
einen vergrößerten Wurzelraum
gewährleistet. Die Pflanzgrubenerweiterung wird auf vier
Punktfundamenten gegründet.

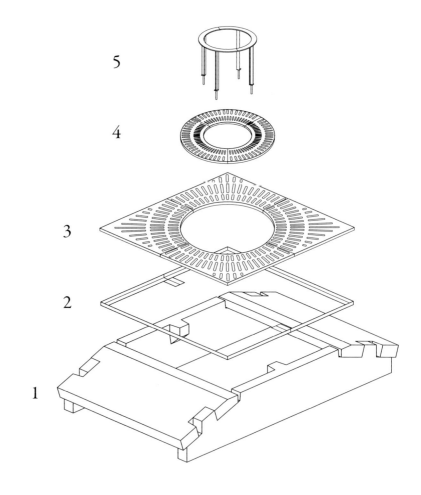

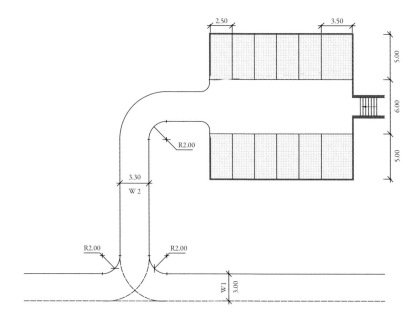

Empfehlungen für die Anlage von Parkplatzzufahrten (Quelle: Forschungsgesellschaft für Straßen- und Verkehrswesen, *Empfehlungen für die Anlage von Erschließungsstraßen*, Köln, 1995, S. 59.)
W1 – Breite der Straßenspuren.
W2 – Breite der Zufahrt.

1	2	3 R [m]						4 R [m]						5 R [m]					
		2	4	6	8	10	12	2	4	6	8	10	12	2	4	6	8	10	12
2.75		3.50	2.50	2.20	2.00	1.90	1.90	4.80	3.20	2.80	2.60	2.40	2.30	8.80	6.30	4.30	3.50	3.20	3.00
3.00		3.30	2.40	2.20	2.00	1.90	1.90	4.40	3.20	2.80	2.60	2.40	2.30	7.60	5.30	3.90	3.40	3.10	3.00
3.25		3.10	2.30	2.10	2.00	1.90	1.80	4.10	3.10	2.70	2.50	2.40	2.30	6.90	4.70	3.70	3.40	3.10	2.90
3.50		3.00	2.30	2.10	2.00	1.90	1.80	3.90	3.00	2.70	2.50	2.40	2.30	6.30	4.40	3.60	3.30	3.00	2.90
3.75		2.80	2.20	2.00	1.90	1.90	1.80	3.70	2.90	2.60	2.50	2.30	2.30	5.90	4.20	3.50	3.20	3.00	2.90
4.00		2.80	2.20	2.00	1.90	1.90	1.80	3.60	2.90	2.60	2.40	2.30	2.20	5.70	4.20	3.40	3.20	3.00	2.90
4.50		2.60	2.20	2.00	1.90	1.90	1.80	3.40	2.80	2.50	2.40	2.30	2.20	5.00	3.90	3.30	3.10	2.90	2.80
4.75		2.50	2.10	2.00	1.90	1.80	1.80	3.30	2.70	2.50	2.40	2.30	2.20	4.80	3.80	3.30	3.10	2.90	2.80
5.50		2.30	2.00	1.90	1.90	1.80	1.80	3.00	2.60	2.40	2.30	2.30	2.20	4.40	3.60	3.20	3.00	2.80	2.80
6.50		2.20	2.00	1.90	1.80	1.80	1.80	2.80	2.50	2.30	2.30	2.20	2.20	4.00	3.40	3.00	2.90	2.80	2.70

Empfehlungen für die Anlage von Parkplatzzufahrten (Quelle: Forschungsgesellschaft für Straßen- und Verkehrswesen, *Empfehlungen für die Anlage von Erschließungsstraßen*, Köln, 1995, S. 59.)
1 Straßenspur.
2 Kreisbogenradius.
3 Zufahrt Auto.
4 Zufahrt Lieferwagen.
5 Zufahrt Müllfahrzeug.

1

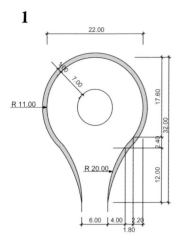

22.00

R 11.00
7.00
R 20.00
17.60
32.00
2.40
12.00
6.00 4.00 2.20
1.80

2

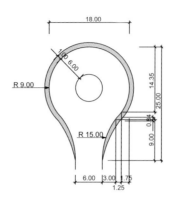

18.00

R 9.00
6.00
R 15.00
14.35
25.00
0.84
9.00
6.00 3.00 1.75
1.25

3

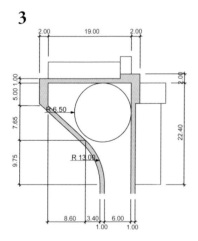

2.00 19.00 2.00

5.00 1.00
R 6.50
7.65
9.75
R 13.00
2.00
22.40
8.60 3.40 6.00
1.00 1.00

4

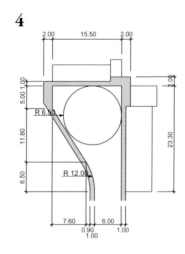

2.00 15.50 2.00

5.00 1.00
R 6.50
11.80
6.50
R 12.00
2.00
23.30
7.60 6.00
0.90
1.00 1.00

5

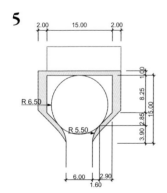

2.00 15.00 2.00

R 6.50
R 5.50
1.00
8.25
2.85
3.90
15.00
6.00 2.90
1.60

6

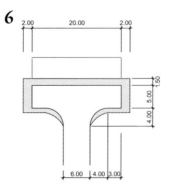

2.00 20.00 2.00

1.50
5.00
4.00
6.00 4.00 3.00

Beispiele für Wendeanlagen
(Wendeschleifen und Wendehammer). Sie werden häufig
bei Zufahrten zu Parkplätzen
eingesetzt:

1 Wendeschleife symmetrisch
für einen zehn Meter langen
Lastwagen.
2 Wendeschleife symmetrisch
für einen acht Meter langen
Lastwagen.
3 Wendehammer links für einen
zehn Meter langen Lastwagen.
4 Wendehammer links für einen
acht Meter langen Lastwagen.
5 Wendehammer symmetrisch
für einen zehn Meter langen
Lastwagen.
6 Wendehammer symmetrisch
für einen acht Meter langen
Lastwagen.

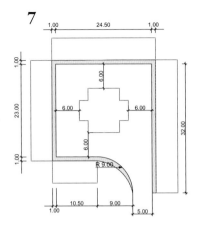

7

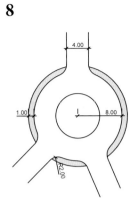

8

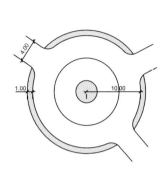

9

Beispiele für eine Wendeanlage
in einem Parkplatz und für zwei
Minikreisel:

7 Schleife in einem Parkplatz
für einen acht bis zehn Meter
langen Lastwagen.

8 Minikreisel mit überfahrbarer
Mittelinsel: Radius acht bis
zehn Meter.

9 Minikreisel mit teilweise überfahrbarer Mittelinsel: Radius
zehn bis zwölf Meter.

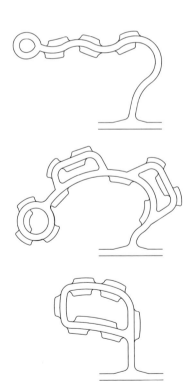

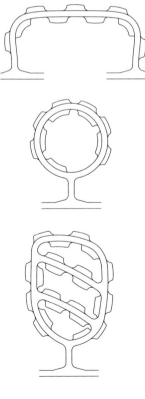

Zufahrt und Parkplatzlayout:
Ideen im landschaftlichen Kontext (Quelle: Simon Bell, *Design
for Outdoor Recreation*. Taylor &
Francis, Abingdon, 2008).

Geländemodellierung und Regenwassermanagement

Michael Fluß, Peter Petschek

Grundlagen des Regenwassermanagements

Sauberes Wasser ist ein lebenswichtiges und kostbares Gut. Der Niederschlag trägt zur Neubildung von Grundwasser für die Trinkwassergewinnung und Pflanzenbewässerung bei. Damit durch Versickerung keine schädlichen Verunreinigungen ins Grundwasser geraten, sollte dem komplexen Thema Regenwassermanagement die nötige Aufmerksamkeit und Sorgfalt geschenkt werden.

Der inhaltliche Schwerpunkt dieses Abschnitts wurde auf Versickerungssysteme durch Geländemodellierung gelegt. Es wird daher nicht auf alle Typen von Versickerungsanlagen eingegangen.

Die grundlegenden Ziele des Regenwassermanagements sind:
— die Rückführung von sauberem Regenwasser ins Grundwasser,
— die Optimierung der Versickerung durch Geländemodellierung und
— die Optimierung der Freiraumgestaltung zur Verzögerung der Abflussgeschwindigkeit durch Anlage von möglichst langen Abflusswegen über begrünte Mulden und Becken (Hochwasserschutz).

Mit der Geländemodellierung werden die idealen Lösungen gefunden, um Regenwasser vor Ort versickern zu lassen: Allein über das Anheben des Höhenniveaus von Wegen und Plätzen können in den dazwischen liegenden Grünflächen Versickerungs- und Retentionsbereiche entstehen. Auch das Dachwasser sollte vom Fallrohr an der Fassade nicht über einbetonierte Rohre in das öffentliche Kanalsystem geleitet werden, sondern über Rinnen und Mulden dem natürlichen Wasserkreislauf zugeführt werden. Begrünte Mulden oder Pflasterrinnen, deren Höhen im Zuge der Geländemodellierung abgestimmt werden, verbinden ohne großen Aufwand ein einfaches und vernetztes Versickerungssystem. Der Landschaftsplaner und Regenwasserexperte Michael Fluß spricht in diesem Zusammenhang von «kommunizierenden Mulden». Dieses System lässt sich im Vergleich zu Rohren leicht warten. Außerdem spart man mit den «kommunizierenden Mulden» Gebühren: Um das öffentliche Kanalsystem zu entlasten, schaffen viele Städte durch Minderung der Abwassergebühren bei Versickerung Anreize, das Oberflächenwasser nicht mehr in die Kanalisation zu leiten. Die lokale Versickerung schont aber nicht nur den Geldbeutel, sondern vor allem den Naturhaushalt, da das Wasser auf direktem Weg in den natürlichen Wasserkreislauf zurückfließt.

Eine Grünfläche in Phoenix,
Arizona, zwischen einem
Parkplatz und zwei stark
befahrenen Straßen gelegen.
Die Modellierung, mit wenig
Aufwand erstellt, verwandelt
die Abstandsfläche in einen
kleinen Park.

Ein flacher Graben leitet das
Wasser des Parkplatzes in die
abgesenkte Mulde in der Mitte.
Das Wasser versickert vor Ort
und spart damit Kosten.

Für eine lokale und ökologisch sinnvolle Wasserentsorgung ist der kombinierte
Einsatz von Dachbegrünung, wasserdurchlässigen Belägen und Flächenversickerung die
beste Lösung.

Im Idealfall sieht das Ganze so aus: Eine Dachbegrünung verzögert den Abfluss des
Regenwassers. Das gefilterte Wasser wird dann in einem Regenwassertank gesammelt
und ist für die Bewässerung des Gartens nutzbar. Auf Belägen anfallendes Regenwasser
läuft bei der «Flächenversickerung» direkt in angrenzende, unter dem Umgebungsni-
veau liegende Vegetationsflächen. Die Ränder der Wegefläche sollten so ausgebildet sein,
dass sich das Wasser gleichmäßig auf der gesamten Rasen- oder Pflanzfläche verteilt und
dadurch Vernässungen verhindert werden. Falls die Flächenversickerung nicht ausreicht,
kann die Kapazität durch das zusätzliche Anlegen einer Mulden-Rigolen-Versickerung
erhöht werden. Dafür wird das Erdreich unter den Mulden in ein bis zwei Metern Tiefe durch Kies ausgetauscht und ein Sickerrohr (Rigole) eingebaut. Neben dem oberir-
dischen Speicher steht so das Rückstauvolumen im Kieskörper und dem Rohr zusätzlich
zur Verfügung.

Bei beengten Verhältnissen und aus Sicherheitsgründen (Schutz für Kleinkinder bei
Wasserständen über 20 Zentimeter) kommen Systemkomponenten zum Einsatz, die unterirdisch eingebaut werden, das Wasser in Speicherelementen zurückhalten und langsam
versickern lassen. Diese innovativen Systeme zur Rückhaltung von Niederschlagswasser
finden immer größere Verbreitung. Überall dort, wo Becken, Teiche und Mulden aus
Platz-, Gestaltungs- oder Sicherheitsgründen nicht hinpassen, kommen die modularen
Rückhaltesysteme zum Einsatz. Die meist aus Kunststoff gefertigten Hohlkörper können mittlerweile auch dem Erddruck von drei bis vier Metern Bodenüberdeckung stand-
halten. Zum Nachweis der erforderlichen Druckfestigkeit sollte der Anbieter unbedingt
Prüfergebnisse von unabhängigen und zuverlässigen Instituten vorlegen können.

Naturnahes Regenwasserma-
nagement:

1 Versickerung.
2 Rückhaltung.
3 Entsiegelung.
4 Oberirdische Sammlung.
5 Regenwassernutzung.
6 Verzögerte Ableitung.

Die mehrdimensional durchfließbaren Boxen besitzen eine Speicherkapazität von 95 Prozent, sind sehr variabel und können unterirdisch «versteckt» werden. Aufgrund der technischen Weiterentwicklung von Kunststoffen und Herstellverfahren weisen die Regenwassernutzungs- und Versickerungsanlagen ein zunehmend günstiges Preis-/ Leistungs-Verhältnis auf. Regenwassermanagement ist damit auch auf Flächen möglich, bei denen man sich früher aus Kostengründen dagegen ausgesprochen hat.

Mit Schadstoffen belastetes Regenwasser stellt ein Problem dar. Die stoffliche Belastung resultiert aus der örtlichen Verschmutzung von Luft und Oberflächen, auf die das Wasser fällt wie beispielsweise Ölreste und Reifenabrieb von Parkplätzen und Straßen. Eine direkte Versickerung würde die Grundwasserqualität gefährden. Deshalb muss hier das Wasser über eine belebte, filternde Oberbodenschicht versickern. Wenn die Grünfläche fehlt, sind Filterschächte wie beispielsweise Rehau Rausikko Hydroclean eine sinnvolle Alternative zur belebten Oberbodenschicht: Das eingeleitete Regenwasser wird durch einen Regenwasserfilterschacht von Grob- und Feinsedimenten und gelösten Schadstoffen wie zum Beispiel Metallen gesäubert. Danach erst gelangt das gesäuberte Regenwasser in die Speicherblöcke. Rinnenförmig ausgebildete Sickermulden aus Polypropylen (PP) mit Filtersubstrat erzielen ebenfalls eine sehr gute Reinigungswirkung. Filterschächte werden vorzugsweise bei Bauprojekten ohne Grünflächen eingesetzt. Werden sie korrekt gewartet, garantieren sie eine geprüfte und gleichbleibende Reinigungswirkung. Besteht ein Wartungsvertrag, wird zudem eine regelkonforme Entsorgung des mit Schadstoffen angereicherten Filtersubstrats sichergestellt.

Rasenmulde mit unterirdisch eingebautem Rigolensystem.

Mulde mit natürlicher Bepflanzung.

Mulde mit gärtnerischer Bepflanzung. In Australien und den USA ist dafür auch der Begriff «rain garden» gebräuchlich.

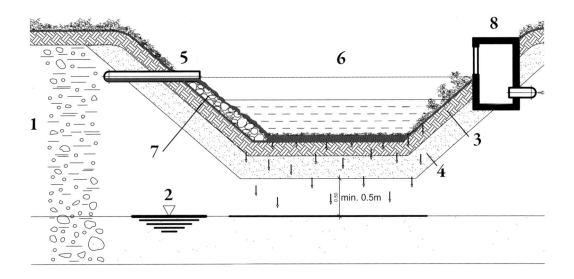

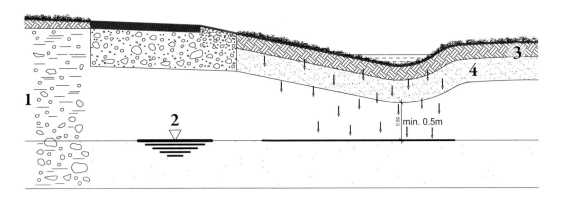

Versickerungsbecken und Versickerungsmulde (Grundlage: VSA-Richtlinie Regenwasserentsorgung, Schweiz):
1 Untergrund mit genügender Sickerfähigkeit.
2 Grundwasserspiegel.
3 Oberboden >20 cm.
4 Unterboden >30 cm.
5 Einleitung.
6 Maximale Stauhöhe.
7 Blockwurf und Pflasterung.
8 Überlauf.

Vom Fallrohr aus läuft das Wasser offen in eine erste Mulde.

Eine Kastenrinne mit Eigengefälle führt das nicht versickerte Wasser in einen Muldenbereich.

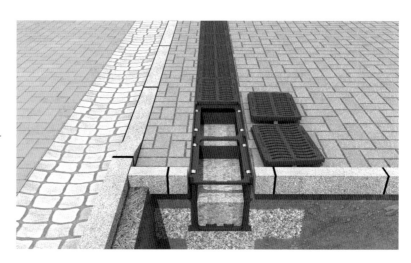

D-Rainclean – die PP-Sickermulde mit Substrat dient zur Reinigung und Versickerung von belasteten Niederschlagsabflüssen von Straßen, Parkplätzen, Kupfer- oder Zinkdächern (www.funkegruppe.de).

Offene Rinnen sind im Gegensatz zu Rohren immer unter Kontrolle.

Auch ein sickerfähiger Belag sollte ein Gefälle von mindestens 2,5 Prozent besitzen.

Die Produzenten empfehlen die Einhaltung eines Mindestgefälles von drei Prozent auch für wasserdurchlässige Betonpflastersysteme. Alle darunter liegenden Schichten (Bettungsschicht, Tragschicht etc.) müssen das Gefälle der Oberfläche aufweisen.

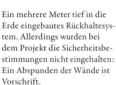

Ein mehrere Meter tief in die
Erde eingebautes Rückhaltesys-
tem. Allerdings wurden bei
dem Projekt die Sicherheitsbe-
stimmungen nicht eingehalten:
Ein Abspunden der Wände ist
Vorschrift.

Speicherblöcke aus PE (Polyethylen) mit einer Speicherkapazität von 95 Prozent.

Workflow und Berechnungen für das Regenwassermanagement

Oft ist das Projektbudget zu gering, um einen zusätzlichen Spezialisten, wie zum Beispiel
einen Hydrogeologen, zu finanzieren. Daher müssen Landschaftsarchitekten in der Lage
sein, die Retention und Versickerung von Regenwasser bei Kleinprojekten korrekt zu
beurteilen und durchzuführen. Auf der Grundlage von Schweizer Normen und Richtlinien hat der Autor zusammen mit dem Landschaftsplaner Michael Fluß ein Regenwas-
sermanagementsystem entwickelt. Hauptziel des Workflows ist es, den Arbeitsablauf zur
Planung von Anlagen für die Ableitung, Versickerung und Retention von Niederschlagswasser möglichst einfach und verständlich zu unterstützen. Obwohl der Regenwassermanagement Workflow auf Schweizer Standards basiert, ist er weltweit einsetzbar. In
der E-Book-Ausgabe des Buchs sind alle Berechnungen dazu interaktiv durchführbar.

1. Optimierungsmöglichkeiten

Bevor man ein Entwässerungssystem plant, sollten folgende Überlegungen getroffen
werden:

— Kann das Höhenniveau von Wegen und Plätzen zur umgebenden Grünfläche ange-
hoben werden? (Auf diese Weise sind kleinere Retentionsflächen in den Grünflächen möglich.)

— Wie könnte der längst mögliche Ableitungsweg des Regenwassers über die Freifläche
aussehen?

— Sind seichte Versickerungsmulden über die Geländemodellierung machbar? (Mit
Kleingehölzen, Stauden und Steinsätzen gestaltete Mulden sind kaum sichtbar und
visuell ansprechend.)

— Sind Sickerbeläge, offen verfugte Platten, Rasengittersteine oder Kiesrasen einsetzbar?

— Kann das Dach begrünt werden, oder gar eine Einstaufläche dort geschaffen werden?

— Ist der Einbau einer Regenwassernutzungsanlage mit Regenwassertank machbar?

— Das Regenwasser vom Fallrohr sollte über Rinnen oder flache, begrünte Gräben abgeleitet werden. Rinnen und Gräben können im Vergleich zu Rohren einfach gewartet werden.

2. In folgenden Fällen ist eine Versickerung nicht möglich:
— in Grundwasserschutzzonen,
— auf Erdauffüllungen,
— in belasteten Böden,
— bei hoch liegendem Grundwasserspiegel. (Der Abstand von der Sickerbeckensohle zum höchsten Grundwasserspiegel sollte mindestens einen Meter betragen.)
— Wenn der Boden nicht sickerfähig ist (Schluff- und Tonböden),
— bei ungenügender Hangstabilität,
— bei Gefährdung des Unterliegers durch Wasser im Hangbereich oder
— im Bereich von undichten Kellerwänden.

Ungeeignete Bodenarten sind:
    — Lehm mit Feinsandanteilen,
    — Lehm,
    — Ton und
    — mit Schadstoffen belastete Böden.

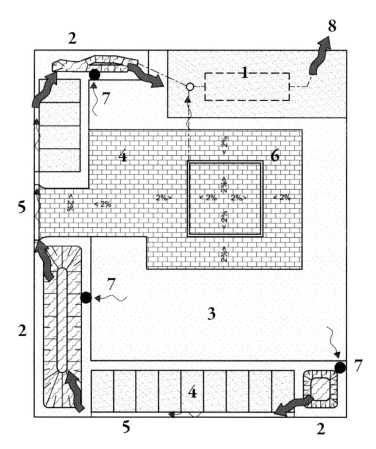

Regenwassermanagement-projekt auf begrenzter Fläche:
1 Unterirdisch eingebautes Sickersystem von Rehau.
2 Begrünte Sickermulde.
3 Begrüntes Dach.
4 Sickerfähiger Belag.
5 Pflasterrinne.
6 Kastenrinne.
7 Fallrohr.
8 Notüberlauf in die Kanalisation.

Falls die oben genannten Punkte nicht zutreffen, sind Versickerungen kleiner Wassermengen wie zum Beispiel von Dachflächen, Garagen und anderen Nebengebäuden, bei denen keine eigentliche Anlage erstellt wird oder bei denen die Deckschicht des Bodens nicht verletzt wird (oberflächliche Versickerung), meist nicht genehmigungspflichtig. Die Umsetzung des Vorhabens setzt voraus, dass Dritte (beispielsweise Nachbarn) nicht beeinträchtigt und Vorgaben anderer Rechtsbereiche (zum Beispiel Baurecht, Nachbarschaftsrecht) beachtet werden. Größere Versickerungsanlagen sind bautechnische Anlagen und deshalb in der Regel bewilligungspflichtig.

Ist die Versickerung vor Ort nicht möglich, muss das Regenwasser in die Kanalisation oder einen anderen Vorfluter abgeführt werden.

Geeignete Böden sind:
— humusreicher Oberboden,
— sandige und kiesige Böden,
— Grob-, Mittel- und Feinsand,
— Sand mit Feinsediment sowie
— sandige Feinsedimente.

3. Bestimmung des Regenwasserabflusses

Die Formel, die zur Berechnung des Regenwasserabflusses verwendet wird, lautet:

$$Q_R = A * r * C * S_F \ [l/s]$$

Q_R — Regenwasserabfluss pro Teil- oder Gesamtfläche in l/s,
A — wirksame beregnete Fläche, Horizontalprojektion, m^2,
r — Regenspende $l/s \ m^2$.
Für Gebiete mit mittleren Niederschlägen ist mit einem Wert von $r = 0{,}03 \ l / s \ m^2$ zu rechnen. Je nach Region und möglichen Folgen bei Überlastung der Entwässerungsanlage ist mit einer bis zu 50 Prozent höheren Regenintensität zu rechnen.
C — Abflussbeiwert (dimensionslos). Berücksichtigt die Beschaffenheit der beregneten Fläche und die daraus resultierende Abflussverzögerung.

Beton- und Asphaltbeläge, nicht sickerfähige wassergebundene Decken: C = 1,0
Sickerfähige Beläge: C = 0,6
Schräg- und Flachdächer: C = 1,0
Extensiv begrünte Dächer: 2 – 4 cm, 4 – 6 cm, 6 – 10 cm, 10 – 15 cm : C = 0,7, 0,6, 0,5, 0,4
Intensiv begrünte Dächer: 15 – 25 cm, 25 – 50 cm, über 50 cm : C = 0,3, 0,2, 0,1
S_F – Sicherheitsfaktor (dimensionslos). Kann in Gebäude eindringendes Wasser zu
hohen Schäden führen, ist die Regenspende r mit einem Sicherheitsfaktor SF zu
multiplizieren:
1,0 = keine zusätzliche Sicherheit (z. B. kein Gebäude),
1,5 = Wasser verursacht größere Schäden (z. B. Einkaufszentren, Fabriken),
2,0 = außergewöhnlicher Schutz notwendig (Spitäler, Museen etc.).

4. Dimensionierung von Schlammsammlern, Kastenrinnen, Einstiegsschächten und Leitungen

Die Aufgabe von Schlammsammlern ist es, die Sink- und Schwimmstoffe im Regenwasser zurückzuhalten. Sie dienen außerdem als punktueller Einlauf und Geruchsverschluss. Die Aufenthaltszeit der Stoffe im Abscheideraum sollte mindestens 30 Sekunden betragen. Die Schlammsammler in der folgenden Liste erreichen dies für den jeweiligen Zufluss. Kastenrinnen mit oder ohne Eigengefälle sind lineare Regenwassersammler, die ebenfalls an Schlammsammler angeschlossen werden sollten. Bei Regenwasserleitungen müssen alle 40 Meter Kontrollschächte eingebaut werden.

Regenwasserleitungen bestehen meistens aus high density Polyethylen (PE-h) oder Polypropylen (PP), sind frostfrei verlegt (meistens 80 Zentimeter unter der Erde) und besitzen ein minimales Gefälle von ein Prozent und ein maximales von fünf Prozent. Bei Gefällen über fünf Prozent ist ein Sturzgefälle mit zwei 45-Grad-Bögen vorzusehen und im Plan zu kennzeichnen. Einmündungen von zusätzlichen Leitungen (Abzweiger) sind nur im Winkel von 45 Grad möglich. Der Leitungsverlauf sollte fischgrätenförmig aufgebaut sein, das heißt ein Hauptstrang vom am weitest entfernten Schacht, in den Nebenleitungen das Regenwasser abführen.

Alle Angaben zur Dimensionierung, falls nicht anders gekennzeichnet, basieren auf der Schweizer Norm SN 592 000 (Stand 2012) des VSA Verband Schweizerischer Abwasserfachleute.

Schlammsammler.

1 Einlaufrost.
2 Schachttiefe.
3 Abscheideraum.
4 Schlammraum.
5 Tauchbogen.
6 Durchmesser.
7 Nutztiefe.

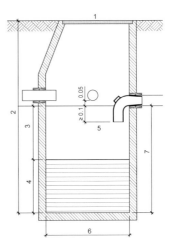

Bemessung von Schlammsammlern. Die Zahlen beziehen sich
auf die Abbildung oben.

1			
2 l/s	3 m²	4 m	5 ø in m
3,3	0,20	1,0	0,50
4,7	0,28	1,0	0,60
6,3	0,38	1,0	0,70
8,3	0,50	1,0	0,80
13,2	0,79	1,0	1,00
20,5	1,23	1,0	1,25
29,5	1,77	1,0	1,50
52,3	3,14	1,0	2,00
81,8	4,91	1,0	2,50
117,8	7,07	1,0	3,00

Verzinkte Stahlkastenrinne,
Leutschenbachpark, Zürich.
Sonderanfertigung, Dipol
Landschaftsarchitekten.

Bemessung von Schlammsammlern bei Verwendung für unterirdische Versickerungsanlagen:
1 Schlammsammler.
2 Zufluss.
3 Abscheideoberfläche.
4 Nutztiefe ab Unterkante.
5 Verwendbarer Schacht.

1			
2 l/s	3 m²	4 m	5 ø in m
1,4	0,28	1,1	0,60
1,9	0,38	1,1	0,70
2,5	0,50	1,1	0,80
4,0	0,79	1,1	1,00
6,2	1,23	1,1	1,25
8,9	1,77	1,1	1,50
15,7	3,14	1,1	2,00
24,6	4,91	1,1	2,50
35,4	7,07	1,1	3,00

Kastenrinne
Über das Verhältnis Regenwasserabfluss (Q_R) : Rinnenlänge kann überschlagsmäßig ermittelt werden, ob eine 100 Millimeter breite Kastenrinne das Regenwasser aufnehmen
kann. Ist das Verhältnis kleiner oder gleich 0,5, dann besteht kein Problem, Werte über
0,5 sind als kritisch anzusehen.

Berechnungsbeispiel
Ein Platz von 100 m² Asphaltfläche wird mit einer 100 Millimeter breiten Rinne entwäs-
sert. Der Rinnenstrang hat eine Länge von fünf oder zehn Metern.
$$100 \text{ m}^2 * 0,03 \text{ l/s m}^2 * 1 = 3 \text{ l/s} \ (Q_R)$$
Bei einer Rinnenlänge von zehn Metern:
$$3 \text{ l/s} : 10 \text{ m} = 0,3$$
Bei einer Rinnenlänge von fünf Metern:
$$3 \text{ l/s} : 5 \text{ m} = 0,6$$
Diese Angaben dienen lediglich zur Vordimensionierung: Für genauere Angaben sollte
man unbedingt die Kastenrinnenproduzenten kontaktieren.

Einstiegsschächte.

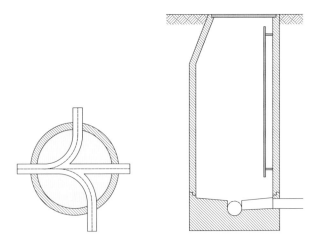

Zeichnung Einstiegsschacht,
Grundriss und Schnitt.

1	2	3	4
bis 0,6 m	ø 0,8 m	ø 0,8 m	ø 0,8 m
0,6 bis 1,5 m	ø 0,8 m	ø 0,8 m	ø 1,0 m
über 1,5 m	ø 1,0 m	ø 1,0 m	ø 1,0 m

1 Schachttiefe.
2 Ein Einlauf.
3 Zwei Einläufe.
4 Drei Einläufe.
Ab 1,2 Metern Schachttiefe mit
Einstiegshilfe.

Leitung.

%									Ø
1,0 %	1,5 %	2,0 %	2,5 %	3,0 %	3,5 %	4,0 %	4,5 %	5,0 %	
4,2	5,1	5,9	6,7	7,3	7,9	8,4	8,9	9,4	100
6,8	8,3	9,6	10,8	11,8	12,8	13,7	14,5	15,3	125
12,8	15,7	18,2	20,3	22,3	24,1	25,8	27,3	28,8	150
23,7	29,1	33,6	37,6	41,2	44,5	47,6	50,5	53,3	200
37,6	46,2	53,3	59,7	65,4	70,6	75,5	80,1	84,5	225
44,9	55,0	63,6	71,1	77,9	84,2	90,0	95,5	100,7	250
80,6	98,8	114,2	127,7	140,0	151,2	161,7	171,5	180,8	300

Leitungsdimensionierung mit
Leitungsgefälle und Leitungs-
durchmesser.

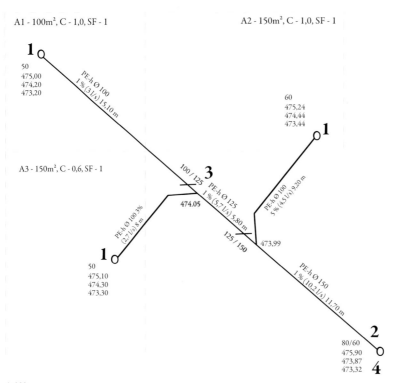

A1 - 100m², C - 1,0, SF - 1

A2 - 150m², C - 1,0, SF - 1

1

50
475,00
474,20
473,20

PE-h Ø 100
1 % (3 l/s) 15.10 m

60
475,24
474,44
473,44

1

A3 - 150m², C - 0,6, SF - 1

100 / 125 **3**

474.05

PE-h Ø 125
1 % (5.7 l/s) 5.80 m

PE-h Ø 100
5 % (4.5 l/s) 9.20 m

PE-h Ø 100 3%
(2.7 l/s) 8 m

1

50
475,10
474,30
473,30

125 / 150   473,99

PE-h Ø 150
1 % (10.2 l/s) 11.70 m

2

80/60
475,90
473,87
473,32

4

1: 200

Projektbeispiel
1 Schlammsammler mit den Angaben zu: Schachtdurchmesser, Deckelhöhe, Auslauf, Sohle.
2 Einstiegsschacht mit den Angaben zu: Schachtdurchmesser / Konusdurchmesser, Deckelhöhe, Einlauf, Auslauf. Dieser Einstiegsschacht benötigt eine Einstiegshilfe, da die Schachttiefe mehr als 1,20 Meter beträgt.
3 Leitung immer mit den fünf Angaben: Leitungsart, Durchmesser, Gefälle, Liter/Sekunde, Länge der Leitung.
4 Einleitung in Versickerungsmulde.

$$Q_R = A \times r \times C \times S_F$$

A1: $Q_R = 100 \times 0{,}03 \times 1{,}0 \times 1{,}0 = 3{,}00 \, l/s$
A2: $Q_R = 150 \times 0{,}03 \times 1{,}0 \times 1{,}0 = 4{,}50 \, l/s$
A3: $Q_R = 150 \times 0{,}03 \times 0{,}6 \times 1{,}0 = 2{,}70 \, l/s$

5. Versickerungsversuch zur Ermittlung der spezifischen Sickerleistung S_{spez}

Der begrenzende Faktor ist die Sickerleistung des Bodens. Die Schwierigkeiten der Bemessung liegen in der Beurteilung der Schluckfähigkeit, die von verschiedenen Bodenkennwerten wie Porosität, Bodenart, Humusgehalt etc., vom aktuellen Sättigungsgrad und von der Lage des Grundwasserspiegels abhängig ist. Einige dieser Einflussfaktoren sind meist nicht oder nur schätzungsweise bekannt, sodass die Sickerleistung des Bodens nur als Schätzung in die Dimensionierungsberechnung eingehen kann.

Der wichtigste Parameter für die Dimensionierung einer Versickerungsanlage ist die spezifische Sickerleistung S_{spez} der anstehenden Bodenschicht (B-Horizont) unter dem Oberboden (A-Horizont). Es wurde eine einfach gehaltene Methode zur Einschätzung der Versickerungssituation ausgesucht, um schnell eine Datengrundlage zu schaffen.

Versickerungsversuch zur Ermittlung der spezifischen Sickerleistung S_{spez}.

Vorgehen zur Abschätzung von S_{spez}:

1. Den Rasenboden abheben.
2. Ein zylindrisches Loch von ca. 40 Zentimetern Durchmesser (d_{ba}) und 40 Zentimetern Tiefe (h_{ba}) im B-Horizont beziehungsweise auf der Versickerungssohle ausheben.
3. Zur Verhinderung der Kolmation die Sohle mit drei Zentimetern Feinkies bedecken.
4. Die Tiefe beziehungsweise den Durchmesser messen.
5. Zur Sättigung des Bodens das Loch mit 40 Liter Wasser vorwässern.
6. Ein Brett waagerecht über das Loch legen.
7. Das Loch mit 40 Liter Wasser schnell befüllen (Q_W).
8. Den Abstand vom Brett zur Wasserstandhöhe messen (Δl_{WT}).
9. Die Versickerungszeit feststellen (t_s).
10. Die spezifische Sickerleistung berechnen (oder im Programm ablesen).
11. S_{spez} prüfen und kritisch beurteilen indem der ermittelte Wert mit den Orientierungswerten verglichen wird.

$$
\begin{aligned}
d_{ba} &= \text{Durchmesser Sickerloch [cm]} \\
h_{ba} &= \text{Tiefe Sickerloch [cm]} \\
\Delta l_{WT} &= \text{Abstand Brett zum Wasserspiegel [cm]} \\
Q_W &= \text{Wassermenge [l]} \\
S_{spez} &= \text{spezifische Sickerleistung des Bodens [l/s m}^2\text{]} \\
t_s &= \text{Versickerungszeit [s]}
\end{aligned}
$$

$$
S_{spez} = \frac{Q_W}{t_s} * \frac{1}{\left[\left(\frac{d_{ba}}{2}\right)^2 * \pi + d_{ba} * \pi * \frac{h_{ba} - \Delta l_{WT}}{2}\right] / 10000}
$$

Das enhanced E-Book unterstützt die interaktive Berechnung der spezifischen Sickerleistung durch Eingabe der Werte. Ein darin abrufbares <u>Video</u> zeigt die Vorgehensweise zum Versickerungsversuch.

Orientierungswerte S_{spez}:

Grobkies > 100 l/min * m² – sehr gut geeignet.

Kies (sauber) > 20 l/min * m² – sehr gut geeignet.

Feinkies, sandig siltig > 10 l/min * m² – gut geeignet.

Sand, siltig kiesig 5 – 10 l/min * m² – gut geeignet.

Kiessand, leicht tonig 0,5 – 5 l/min * m² – gut bis mäßig geeignet.

Humus 1 – 3 l/min * m² – mäßig geeignet.

Lehmiger Kies, toniger Sand 0,5 – 2 l/min * m² – mäßig geeignet.

Kiesiger Lehm < 0,5 l/min * m² – nicht geeignet.

Silt, Ton < 0,1 l/min * m² – nicht geeignet.

6. Dimensionierung des Versickerungssystems

Mithilfe der interaktiven Berechnung kann im enhanced E-Book das benötigte Rückhaltevolumen der Versickerungsanlage bestimmt werden. Das Ergebnis sollte jedoch nur zur Vordimensionierung dienen, es ist lediglich ein grober Orientierungswert. Die Verwendung der Programme erfolgt auf eigene Verantwortung. Es kann keinerlei Haftung für fehlerhafte Berechnungen übernommen werden.

Folgende Schritte sind durchzuführen:

1. Eingabe der im Versickerungstest ermittelten spezifischen Sickerleistung des Bodens S_{spez} [l/min * m²] $e^{\#}$

2. Eingabe des vorher ermittelten Regenwasserabflusses Q_R [l/s] e

3. Berechnung des geplanten Speichervolumens [V_P] und der dazugehörigen versickerungswirksamen Fläche [A_S]. Zur Auswahl stehen verschiedene Formen des Versickerungsbeckens: das Becken mit freier Form, das wie ein Pyramidenstumpf geformte Becken, unterirdisch eingebaute quaderförmige Hohlblöcke wie zum Beispiel die «Rausikko Box» der Firma REHAU, ein einfacher Kieskörper und ein halbtonnenförmiger Sickertunnel. Geben Sie Länge, Breite und Anstauhöhen der in Frage kommenden Sickeranlage ein.

[#] Eingabefeld im enhanced E-Book = e
    Ausgabefeld im enhanced E-Book = a

Versickerungsbecken (freie Form)

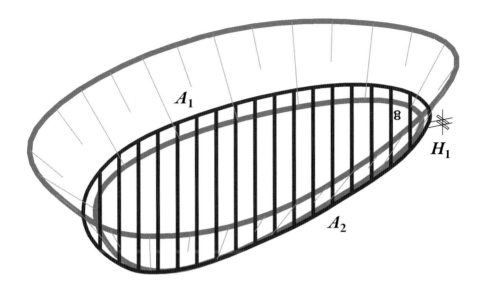

A$_1$ = maximale Anstaufläche **e** [m²]
A$_2$ = Sohle **e** [m²]
H$_1$ = maximale Anstauhöhe **e** [m]
V$_P$ = geplantes Speichervolumen **a** [m³]
A$_S$ = Versickerungswirksame Fläche **a** [m²]

Formel für das geplante Speichervolumen (angenähert berechnet) [m³]:

$$V_P \approx \frac{(A_1 + A_2)}{2} * H_1$$

Versickerungswirksame Fläche (angenähert berechnet) [m²]:

$$A_S \approx (A_1 - A_2) * H_1 * 0,5$$

Versickerungsbecken (Pyramidenstumpf)

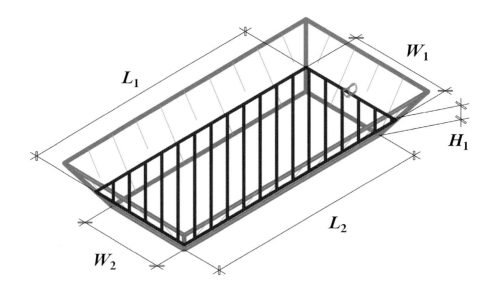

H₁ − maximale Anstauhöhe   **e** [m]
L₁ = Länge maximaler Anstau   **e** [m]
W₁ = Breite maximaler Anstau   **e** [m]
L₂ = Länge Sohle   **e** [m]
W₂ = Breite Sohle   **e** [m]
V_P = geplantes Speichervolumen   **a** [m³]
A_S = Versickerungswirksame Fläche   **a** [m²]

H_1 − maximale Anstauhöhe   **e** [m]
L_1 = Länge maximaler Anstau   **e** [m]
W_1 = Breite maximaler Anstau   **e** [m]
L_2 = Länge Sohle   **e** [m]
W_2 = Breite Sohle   **e** [m]
V_P = geplantes Speichervolumen   **a** [m³]
A_S = Versickerungswirksame Fläche   **a** [m²]

Formel für das geplante Speichervolumen [m³] (Es wird nur die Hälfte der Seitenwandflächen berücksichtigt):

$$V_P = \frac{H_1}{3} \cdot \left(L_1 \cdot W_1 + \sqrt{L_1 \cdot W_1 \cdot L_2 \cdot B_2} + L_2 \cdot W_2 \right)$$

Formel für die versickerungswirksame Fläche [m²]:

$$A_S = L_2 \cdot W_2 + \left(\frac{(L_1 + L_2)}{2} \cdot \sqrt{H_1^2 + \left(\frac{(L_1 - L_2)}{2} \right)^2} + \frac{W_1 + W_2}{2} \cdot \sqrt{H_1^2 + \left(\frac{W_1 - W_2}{2} \right)^2} \right)$$

Kieskörper (quaderförmig)

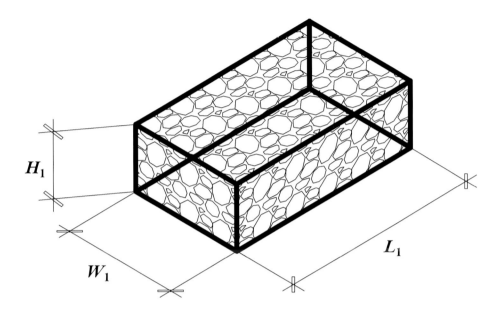

H_1 = maximale Anstauhöhe	e	[m]
L_1 = Länge Sohle	e	[m]
W_1 = Breite Sohle	e	[m]
V_P = geplantes Speichervolumen	a	[m³]
A_S = Versickerungswirksame Fläche	a	[m²]

Formel für das geplante Speichervolumen [m³]:

$$V_P = W_1 * L_1 * H_1 * 0{,}20$$

Formel für die versickerungswirksame Fläche [m²]:

$$A_S = L_1 * W_1 + L_1 * H_1 + W_1 * H_1$$

Quaderhohlblock (beispielsweise: RausikkoBox REHAU)

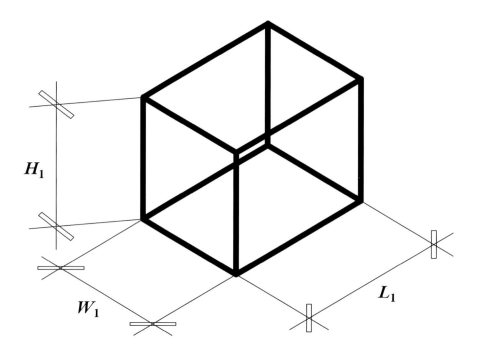

In der Regel werden die Quaderhohlblöcke in mehreren Lagen und in Reihen eingebaut. Für die Berechnung wird dann die Gesamtausdehnung eingesetzt.

H_1 = maximale Anstauhöhe e [m]
L_1 = Länge Sohle e [m]
W_1 = Breite Sohle e [m]
V_P = geplantes Speichervolumen a [m³]
A_S = versickerungswirksame Fläche a [m²]
0,95 = Porositätsfaktor (RausikkoBox; abhängig vom Porenvolumen des Füllmaterials).

Formel für das geplante Speichervolumen [m³]:

$$V_P = W_1 * L_1 * H_1 * 0,95$$

Formel für die versickerungswirksame Fläche [m²]:

$$A_S = L_1 * W_1 + L_1 * H_1 + W_1 * H_1$$

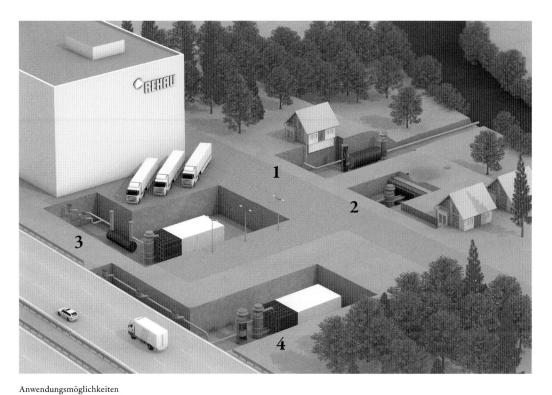

Anwendungsmöglichkeiten unterirdischer Regenwasserbewirtschaftungssysteme:
1 Regenwasserretention mit Großrohrspeicher und anschließender gedrosselter Einleitung in Oberflächengewässer oder Regenwasserkanal.
2 Unterirdische Versickerung/ Retention mit vorgeschaltetem Schlammsammler beziehungsweise Regenwasserbehandlung mit Oberbodenpassage durch Muldenrigolenversickerung.
3 Unterirdische Versickerung/ Retention mit mechanischer Vorbehandlung mittels Sedimentationsanlage.
4 Unterirdische Versickerung/ Retention mit physikalisch-chemischer Vorbehandlung (Ersatz der Oberbodenpassage).

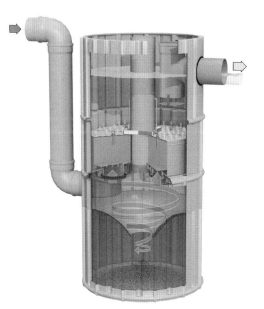

Der Rausikko HydroClean Regenwasserfilter reinigt nicht tolerierbar verschmutztes Regenwasser einer Oberfläche von 500 bis 1 000 Quadratmetern – je nach Typ und Verschmutzung der angeschlossenen Fläche.

Sickertunnel (Zylinder mit Kreissegmentquerschnitt)

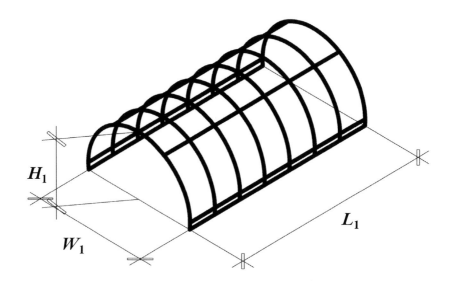

H_1 = maximale Anstauhöhe (Kreissegmenthöhe) e [m]

L_1 = Länge Sohle   e [m]

W_1 = Breite Sohle   e [m]

V_P = geplantes Speichervolumen   a [m³]

A_S = versickerungswirksame Fläche   a [m²]

Formel für das geplante Speichervolumen [m³]:

Berechnung des Radius [m]

$$r = \frac{W_1^2 + 4 * H_1^2}{8 * H_1}$$

$$V_P = r^2 * L_1 * \arccos\left(\left(\frac{r - H_1}{r}\right) - (r - h)\frac{\sqrt{2rH_1 - H_1^2}}{r^2}\right)$$

Formel für die versickerungswirksame Fläche [m²]:

$$A_S = \frac{\arctan\left(\frac{2H_1}{W_1}\right) * \left(4H_1^2 + W_1^2\right)}{2H_1} * L_1 * 0,5$$

7. Berechnung des erforderlichen Volumens

Nachdem das geplante Speichervolumen (V_p) und die versickerungswirksame Fläche (A_S) auf Grundlage der Abmessungen für das Versickerungssystem berechnet wurden, muss das erforderliche Speichervolumen (V_n) ermittelt werden. Diese Werte (V_p), (A_S), (V_n) werden vom enhanced E-Book-Programm automatisch ausgegeben. In der Regel wird der Wert des geplanten Speichervolumens (V_p) mit dem errechneten notwendigen Volumen (V_n) nicht übereinstimmen. Damit sich die beiden Volumen angleichen, muss die Abmessung des gewählten Versickerungsbeckens iterativ verändert werden, bis beide Werte annähernd übereinstimmen. Dazu sind folgende Rechenschritte nötig:

Versickerungsleistung [l/s]

A_S = versickerungswirksame Fläche [m²]

S_{spez} = spezifischen Sickerleistung) [l/s * m²]

Q_S = Versickerungsleistung $\mathbf{a}$ [l/s]

$Q_s = (A_S * S_{spez}) / 60$

Spezifische Abflussmenge [l/s]:

Q_R = Regenabflussmenge

Q_S = spezifische Abflussmenge $\mathbf{a}$ [l/s]

$$Q_{ab} = Q_R - Q_S$$

Das erforderliche Speichervolumen [m³]:

t_R = Regendauer 10 [Min]

V_n = erforderliches Speichervolumen $\mathbf{a}$ [m³]

V_p = geplantes Speichervolumen $\mathbf{a}$ [m³]

$$V_n = (Q_S * 60 * t_R) / 1000$$

$V_p \approx V_n$ (beide Werte müssen sich durch Änderung der Abmessungen des Versickerungssystems angleichen.)

Für eine präzise Berechnung empfehlen die Autoren die REHAU Software RAUSIKKO, die auf der Webseite www.rehau.com kostenlos heruntergeladen werden kann.

landscapingSMART
und die digitale Geländemodellierung

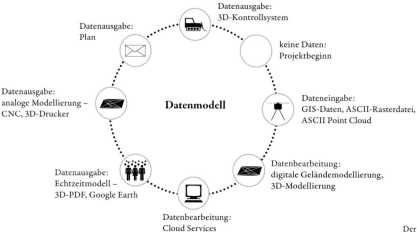

landscapingSMART

Datenausgabe:
3D-Kontrollsystem

Datenausgabe:
Plan

keine Daten:
Projektbeginn

Datenausgabe:
analoge Modellierung –
CNC, 3D-Drucker

Datenmodell

Dateneingabe:
GIS-Daten, ASCII-Rasterdatei,
ASCII Point Cloud

Datenbearbeitung:
digitale Geländemodellierung,
3D-Modellierung

Datenausgabe:
Echtzeitmodell –
3D-PDF, Google Earth

Datenbearbeitung:
Cloud Services

Der Workflow von
landscapingSMART.

BIM steht für «Building Information Modelling» und wurde ursprünglich für den Hochbau entwickelt. Mittlerweile ist BIM ein Thema bei Infrastrukturprojekten und gewinnt damit auch an Bedeutung für die Landschaftsarchitektur. Die Hauptidee ist die gemeinsame Nutzung eines Datenmodells durch verschiedene Projektpartner wie Behörden, Planer, Bauingenieure und Baufirmen. Ein gemeinsames BIM-Modell ermöglicht die Erkennung von Fehlern bereits während der Planungsphase und nicht erst auf der Baustelle. landscapingSMART ist ein Begriff, den der Autor von der BIM-Initiative buildingSMART (www.buildingsmart.org) abgeleitet hat. Er steht für die effiziente Erstellung und Nutzung eines digitalen Datenmodells in der Landschaftsarchitektur.

Immer einfacher nutzbare Vermessungsgeräte für präzise Höhenaufnahmen und die Absteckung unterstützen die digitale Geländebearbeitung. Mittlerweile können alle CAD-Programme die aufgenommenen Höhenpunkte für eine Dreiecksvermaschung nutzen und digitale Geländemodelle erstellen.

Das digitale Geländemodell (DGM) spielt in landscapingSMART eine zentrale Rolle. Auch der Landschaftsbau ist heutzutage ein arbeitsteiliger Prozess: Die Planer planen, die Landschaftsbaufirmen bauen. Beim «smarten landscaping» rücken beide Welten wieder enger zusammen: Das digitale Geländemodell wird direkt mit der 3D-Maschinensteuerung verknüpft. Straßenbauer setzen heutzutage verstärkt die 3D-Maschinensteuerung ein. Auch freie Geländemodellierungen, typisch für die Landschaftsarchitektur, lassen sich damit und ohne aufwendige Absteckungen zentimetergenau umsetzen. Bedingung ist allerdings, dass der Planer seinen Plan, aufbauend auf einem Höhenmodell des vorhandenen Geländes, als Dreiecksvermaschung dem Bauunternehmer übergibt. Mittels USB-Stick übermittelt der Techniker der Baufirma auf der Baustelle die Daten in die Kontrollbox des Baggers oder Dozers. Jegliches Abstecken erübrigt sich. Auf Anhieb erreicht die Maschine die gewünschte Höhe, sofern die Geländedaten korrekt sind. Die Maschine setzt die Daten eins zu eins vor Ort um. So wird auch jeder Rechenfehler im Datensatz direkt umgesetzt. Die Verantwortlichkeiten verschieben sich vom Bauunternehmer zum Planer. Den Planungsdaten in digitalen Geländemodellen muss somit noch mehr Aufmerksamkeit geschenkt werden. Es ist davon auszugehen, dass die 3D-Maschinensteuerung in Kombination mit dem vom Planer erstellten digitalen Geländemodell auch im Garten- und Landschaftsbau in Zukunft eine immer größere Rolle spielen wird.

Aber trotz der rasanten Entwicklung bei der digitalen Geländemodellierung und der Maschinensteuerung bleiben analoge Modelle unverzichtbare Hilfsmittel für den kreativen Gestaltungsprozess. Anfänglich nur im Maschinenbau verbreitet, nutzt man mittlerweile auch in der Architektur und der Landschaftsarchitektur computergesteuerte Maschinen (CNC-Fräsen) und 3D-Drucker für die Herstellung von analogen Modellen. Bisher war es immer sehr aufwendig, die am analogen Modell vorgenommenen Änderungen wieder in die digitale Welt zurückzuführen. Diese Rückführung wird jedoch immer wichtiger, um die 3D-Maschinensteuerung mit digitalen Daten zu versorgen. Software aus den Forschungsbereichen Photogrammetrie, Image Processing und Computer Vision in Form von Cloud Services liefert jetzt unkompliziert schnelle und überraschend präzise Ergebnisse. Das digitalisierte Modell lässt sich problemlos wieder im DGM integrieren.

Während das Thema Plangrafik von Anfang an einen festen Platz in der digitalen Welt von Landschaftsarchitekten hatte und für den Verkauf eines Projektes sehr wichtig ist, werden interaktive Präsentationstechniken zunehmend eine Rolle spielen: Man will ein Projekt nicht verkauft bekommen, sondern sich selbst ein Bild machen. 3D-PDF oder Google Earth-Echtzeitmodelle eignen sich sehr gut dafür.

Der Raumplaner Peter Zeile schreibt in seiner Doktorarbeit: «Nicht die Programmierung selbst, sondern der Umgang mit diesen Diensten und die Bereitschaft, sich über neue Entwicklungen zu informieren und sich darauf einzulassen, ist eine Aufgabe, die in Zukunft nicht nur die planenden Disziplinen zu bewältigen haben» (Zeile, 2010, S. 118). Neben dem sich ständig aktuell Halten wird die kombinierte Nutzung von unterschiedlicher Software, Cloud-Diensten und Hardware, also das Arbeiten mit einem «Mashup» eine weitere wichtige Fähigkeit in der globalen Informationsgesellschaft werden. landscapingSMART gibt dem Ganzen einen Rahmen. Neues wird hinzukommen, manches wird verschwinden. Die digitale Geländemodellierung, als zentraler Bestandteil von landscapingSMART, wird im Büro und auf der Baustelle immer mehr an Bedeutung gewinnen.

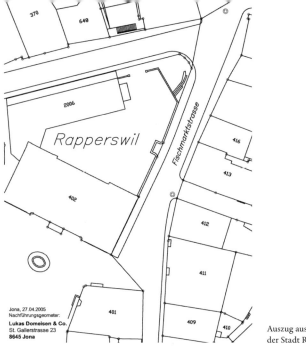

Auszug aus dem Katasterplan
der Stadt Rapperswil-Jona.

Datengrundlagen und Datenbeschaffung

Grundstücksgrenzen, Gebäude und Nutzungen sind in Katasterplänen rechtlich fixiert und werden in einem GIS-System verwaltet. Die Vektordaten liegen immer in einem landeseinheitlichen Koordinatensystem mit hohen Zahlenwerten vor. Für eigene Geländeaufnahmen lassen sich über diese Pläne schnell die vor Ort fest verankerten Messingbolzen mit den Bezugshöhen auffinden. Weitere Höhenangaben liefern die Vermessungsämter in Form von ASCII-Punktehaufen. ASCII steht für «American Standard Code for Information Interchange» und umfasst maximal 256 Zeichen. Ein ASCII-Punktehaufen beinhaltet auf einer Zeile immer Angaben zu: Punktnummer, Rechtswert, Hochwert, z-Wert und Beschreibung. Der Datensatz kann mit einem einfachen Texteditor geöffnet werden.

Architekten verschieben die Katasterdaten gerne zum Null-Komma-Null-Punkt (0,0) des CAD-Systems, um dann mit kleineren Zahlenwerten zu arbeiten. Außerdem drehen sie aus Gründen des Layouts die digitalen Pläne. Wenn man aber keine Referenzpunkte gesetzt hat, geht damit die Lagedefinition im Landeskoordinatensystem verloren. Das Arbeiten mit Landeskoordinaten besitzt einige wichtige Vorteile gegenüber der Projektbearbeitung mit verschobenen Plänen. Von einer landschaftsarchitektonischen Projektbearbeitung außerhalb des Landeskoordinatensystems muss also dringend abgeraten werden. Gründe dafür sind:

— Alle Daten von Architekten, Bauingenieuren und Fachingenieuren liegen am selben Ort. Abstimmungsfehler, die bei der Planbearbeitung immer wieder geschehen können, lassen sich einfacher erkennen.
— Höhen für Geländemodellierungen, Achsen von Mauern, Treppen und Wegen sowie Baumstandorte sind über Landeskoordinaten eindeutig definiert. Die jeweiligen Rechts- und Hochwerte dienen gleichsam auch zur Absteckung auf der Baustelle.

Höhenbolzen der amtlichen
Vermessung.

```
ncols           275
nrows           175
xllcorner       699987.5
yllcorner       237612.5
cellsize        2
NODATA_value    -9999
464.1622 464.074 464.1115 464.0644 463.9734 463.8825 463.7992 463.7487
463.6889 463.7501 463.788 463.9012 464.0817 464.3274 464.6989 465.4447
466.4341 467.6209 468.8061 470.0409 471.408 472.6955 473.2154 473.5982
473.951 474.2817 474.6088 475.0247 475.347 475.7209 476.1137 476.5769
476.8547 477.1322 477.5249 477.8295 478.2047 478.4763 478.6809 478.9682
479.1614 479.2831 479.3712 479.4943 479.7167 480.2416 480.5105 480.4932
480.8811 481.259 481.3841 481.5321 481.8181 482.1708 483.2467 483.2445
482.929 483.219 483.3836 483.4748 483.6665 484.2134 485.3343 485.6683
```

Eine ASCII Grid-Matrix in
einem Texteditor; bei den
Zahlenwerten handelt es sich
um Höhen pro Pixel.

Ein ASCII Grid-Geländemodell
in Global Mapper basierend auf
einer ASCII Grid-Matrix.

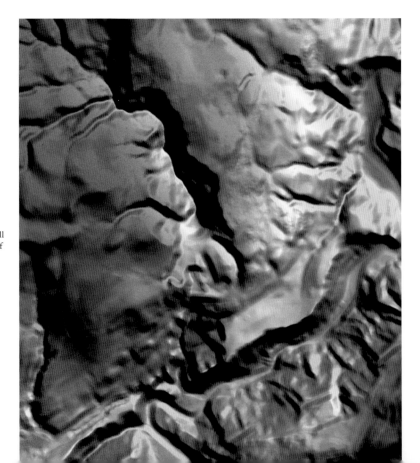

ASCII-Punktehaufen im
Texteditor.

Derselbe ASCII-Punktehaufen
in Civil 3D.

Vorsicht ist angebracht, wenn man mit Vermessern über x- und y-Werte redet. CAD-Programme arbeiten mit dem kartesischen Koordinaten-System. Die horizontale Achse wird als Abszisse, x-Achse oder Rechtsachse bezeichnet. Die vertikale Achse heißt Ordinate, y-Achse oder Hochachse. In der Vermessung definieren Rechts- und Hochwerte die Lage von Elementen. Allerdings steht dort der Buchstabe y für den Rechtswert und x für den Hochwert!

Bei großen Projekten stammen die Höhendaten von Überfliegungen oder Laserscans. Im Zusammenhang mit der Laserscan-Methode fällt ab und zu der Begriff LIDAR-Daten. LIDAR steht für «Light Detection And Ranging». Die zuständige GIS-Amtsstelle oder der private Anbieter liefert diese meist großen Datenmengen in Form von Rasterdateien. Das Grundelement dieser Höhendarstellung ist die Rasterzelle. Die «Picture Cel Elements» (PIXEL) haben eine einheitliche Größe und sind in einer Matrix angeordnet. Jeder Computernutzer kennt Pixel aus den gängigen Bildbearbeitungsprogrammen. Bei Höhendaten im Rasterformat besitzt jedes Pixel einen zusätzlichen Attributwert für die Geländehöhe. Das Datenformat nennt sich ASCII GRID. Ab und zu taucht dafür auch der Begriff DEM (Digital Elevation Model) auf. Professionelle CAD DGM-Programme können diese Daten lesen. Falls dem nicht so ist, verwendet man ein kostengünstiges Programm wie Global Mapper (globalmapper.com) für die Umwandlung der Rasterhöhendaten in Höhen auf Vektorbasis.

Kupferstich von Thomas Medland: die Geschäftskarte von Humphry Repton.

Kleinräumige Datenaufnahme und Absteckung

Bereits vor der Technisierung des Bauwesens gehörten Nivelliere zur Standardausrüstung im Garten- und Landschaftsbau. 1788 betrieb der berühmte englische Landschaftsgärtner Humphry Repton Kundenwerbung zum Thema Geländemodellierung und Vermessung mit Geschäftskarten. Der «Flyer», von dem Repton über tausend Stück drucken ließ, zeigt, wie er, auf einer Baustelle vor einem Baunivellier stehend, seinen schaufelnden Arbeitern Anweisungen gibt. Hinter Repton lehnt ein erschöpfter Mitarbeiter und hält die Nivellierlatte. Der Kupferstich zeigt sehr schön, wie schon lange vor der Einführung von Kleinbaggern und Fräsen Vermessungsgeräte die ersten Vorboten der Technisierung im Garten- und Landschaftsbau waren.

Das Nivellierinstrument misst den Höhenunterschied. Der Theodolit dagegen ist ein Winkelmessgerät. Der Tachymeter als Weiterentwicklung des Theodolits kann neben Winkeln auch Strecken messen. Die Begriffe ταχυζ (tachys) und μετρον (metron) stammen aus dem Griechischen und bedeuten «schnell» und «Mass». Wie die Wortkombination es ausdrückt, eignet sich der Tachymeter zur Schnellmessung. Sie sind als Einmann- oder Zweimannsysteme erhältlich.

Unkorrigierte Daten aus einem Global Navigation Satellite System (GNSS) werden im Alltag längst als Navigationssysteme und in mobilen Anwendungen verwendet. Auch bei Kartierungsarbeiten in der Landschaftsplanung kommt die Technologie zum Einsatz. Auf Baustellen, auf denen die GNSS-Messungen wegen Abschattungen nicht möglich sind, oder wenn besondere Anforderungen an die Höhengenauigkeit (< 1 Zentimeter) bestehen, eignet sich ein Tachymeter besser. Büros und Ausführungsbetriebe nennen folgende Gründe für den Einsatz dieser Technologie:

— Für kleine Vermessungsaufgaben ist ein Vermessungsbüro teuer.

— Zugekaufte Planungsdaten sind häufig unvollständig oder es werden nicht die gewünschten Informationen im Gelände erfasst. Es fehlen zum Beispiel Pflanzflächen, Kronendurchmesser von Bäumen, Ausstattungselemente, oder die Informationen sind zu wenig detailliert.

Der Builder von Leica-
Geosystems, ein moderner
Tachymeter.

— Für die Gestaltung wichtiger Höhensprünge wie Mauern, Treppen etc. nehmen die
Planer Daten zielorientiert auf.
— Aufmaßpläne sind eine zeitintensive Arbeit. Der Aufwand lässt sich mit der Kombi-
nation Tachymeter / CAD effizient reduzieren.
— Die einfache Menüstruktur ermöglicht schnelle Erlernbarkeit.
— Aufstellung des Gerätes, Bestimmung des Instrumentenstandpunktes und das Arbei-
ten mit einer selbst definierten Bauachse sind unkompliziert. Bei der Aufnahme im
Landeskoordinatensystem müssen immer eine Absteckachse, bestehend aus zwei
Punkten und ein Höhenpunktim Koordinatensystem bekannt sein.
— Wenn die Messung abgeschlossen ist, findet die Übertragung des ASCII-Punktehau-
fens über USB-Stick statt.

Auch für Absteckarbeiten auf Baustellen eignet sich ein Bautachymeter. Bei der Aufstellung müssen nur zwei Koordinatenpunkte oder eine Bauachse und ein Höhenpunkt
auf dem Projektgebiet bekannt sein. Einfache Menüfunktionen ermöglichen die Lokalisierung von Bauteilen in der Horizontalen (Lage) und der Vertikalen (Höhe). Ein Plan
mit der Referenzachse, dem vorhandenen Höhenpunkt und den neu abzusteckenden
Punkten (Nummer und Höhe) ist für die Orientierung auf dem Gelände sehr hilfreich,
da die automatische Lokalisierung des Flachprismas derzeit nur mit den teureren Ver-
messungstachymetern (Einmannsystem) möglich ist.

«Wenn sich in einer Garten-Anlage eine scheinbare oder wirkliche Ebene darstellet,
so kann diese einförmige leblose Form dadurch dem Bildlichen näher gebracht, wenn
an den geeigneten Stellen, und ohne weder Hügel noch Thäler zu bilden, nur sanfte
Anschwellungen erhoben werden, die dieser toten Ebene Schwung und Leben geben.
Durch ähnliche Verbesserungen und Zusätze kann sie auch einen malerischen Werth
erhalten, und der Anlage als wirkliche Zierde dienen. Solche Anschwellungen, wenn sie
sich nur mit 1, 2 oder 3 Fuß erheben, sind oft hinreichend, eine monotone Fläche zu
unterbrechen, und ihr jene Abwechslungen mitzuteilen, die so viel Vergnügen und An-
muth gewähren.» (Sckell 1825, S. 88 – 89)

Der sogenannte Zeichenstab
mit eiserner Spitze diente als
Hilfsmittel zur Absteckung
(Sckell 1825, Tab i.).

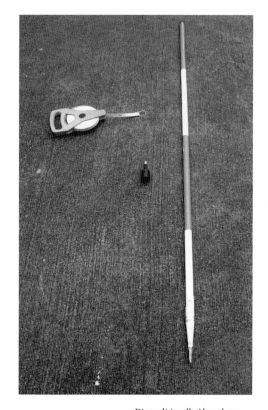

Die traditionelle Absteckung
mit Bandmaß, Fluchtstäben,
Winkelprisma wird nach und
nach auch im Garten- und
Landschaftsbau zur Vergangen-
heit zählen.

Holzpflöcke und Lattenprofile

Absteckarbeiten auf der Baustelle ergeben ein dichtes Feld an Absteckpflöcken. Holzpflöcke, die sich auf einen in der Nähe befindlichen amtlichen Höhenbolzen beziehen,
definieren die Bezugshöhe. Der eingeschlagene Nagel markiert die Höhe. Diese Pflöcke
befinden sich immer etwas außerhalb der eigentlichen Bauarbeiten. Ihre Köpfe sind rot
markiert und auf den Längsseiten der Pflöcke sind die Bezugshöhe und die Planumhöhe
angeschrieben.

Absteckpflock.

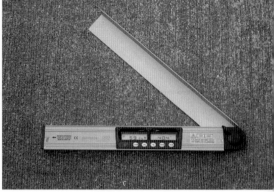

Laser-Winkelmessgeräte mit
Gefälle-Ablesung in Prozent
oder Grad.

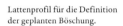

Lattenprofil für die Definition
der geplanten Böschung.

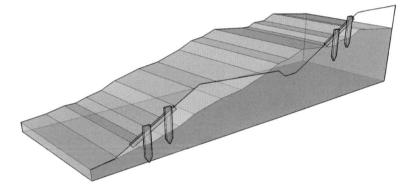

Um bei Erdarbeiten Gefälle, Auftrags- oder Einschnittböschungen abzustecken, verwendet man Lattenprofile. Es handelt sich um Holzpflöcke mit aufgenagelten Querlatten, wobei die Oberkante der Latte (Profilbrett) die Neigung der Böschungsoberfläche definiert. An längeren Böschungen kommen Lattenprofile in einem Abstand von zwei bis fünf Metern vor. Die Begriffe «Böschungs-», «Profil-» oder «Schüttlehren» sind Synonyme für Lattenprofile. Böschungswasserwaagen dienen zur Winkeldefinition des Lattenprofils und zur Kontrolle von Böschungswinkeln. Digitale Laser-Winkelmessgeräte ersetzen auch hier immer mehr die analogen Instrumente.

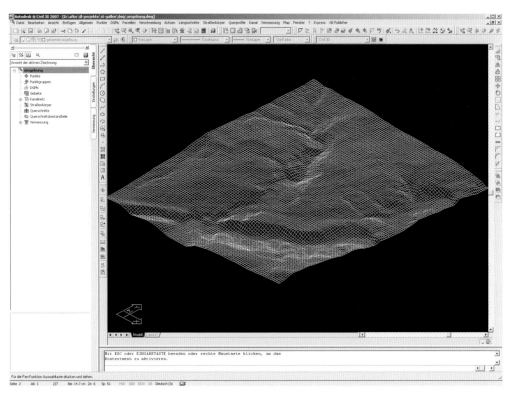

HSR Übungsprojekt, Civil
3D-Geländemodell.

Digitale Geländemodelle

Das Triangular Irregular Network (TIN) oder die «unregelmäßige Dreiecksvermaschung» oder auch das «digitale Höhenmodell (DHM)» bildet die Grundlage eines
digitalen Geländemodells (DGM). Ein digitales Geländemodell ist eine maßstäbliche
Beschreibung der Erdoberfläche. Im Gegensatz dazu beinhaltet ein digitales Oberflä-
chenmodell (DOM) Vegetation und Bebauung.

    Die TIN-Datenstruktur basiert auf zwei Elementen: Punkten und Kanten. Die Trian-
gulation (Dreiecksvermaschung) vernetzt die Daten über Dreiecke zu einer Oberfläche.
Diese Fläche ist immer einseitig geneigt. Je mehr Punkte und Kanten in einem Modell
existieren, desto mehr unterschiedliche Möglichkeiten der Dreiecksbildung gibt es. Ungenauigkeiten können lange, schmale Dreiecke verursachen. Die Delaunay-Triangulation
verhindert diese ungünstigen Geometrien. Wenn zum Beispiel das Tiefbauprogramm Civil 3D von Autodesk anhand eines Punktehaufens und mittels der Delaunay-Triangulation
das TIN berechnet, dann vernetzt es die Punkte so geschickt zu Dreiecken, dass sich innerhalb des Kreises, auf dem die drei Dreieckspunkte liegen, kein weiterer Punkt befindet.

    TIN werden aber nicht nur aus Punkten, sondern auch aus Kanten erzeugt. Stütz-
mauern beispielsweise, die in steilem Gelände das Abrutschen von Hängen verhindern,
sind klassische Bruchkanten. Aber auch Böschungsober- und -unterkanten von Dämmen
zählen dazu. Diese Bruchkanten können die Triangulation des Modells stark beeinflussen.

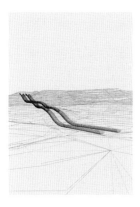

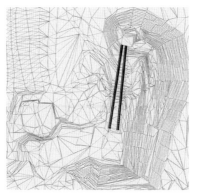

TIN vom Projekt Ravensburger Spielland III BA.

Rutsche in das Gelände-modell integriert. Projekt Ravensburger Spielland III BA. Entwurf: Rotzler Krebs Partner Landschaftsarchitekten BSLA. DHM: Peter Petschek.

Rendering vom Projekt Ravensburger Spielland III BA. DHM: Peter Petschek.

Bei Bruchkanten von Stützmauern ohne Anzug, die in der Draufsicht betrachtet werden, liegt die Maueroberkante direkt über der Unterkante. Der TIN-Algorithmus erlaubt aber keine Vermaschung unmittelbar übereinander liegender Punkte und Kanten. Geübte DHM-Modellierer umgehen das Problem durch die Konstruktion von zwei Linien, die parallel, aber sehr nahe zueinander liegen. Die erste Linie ist die Unterkante, die zweite definiert die Oberkante. Beide Linien vermascht das Programm problemlos. Daher baut man eigentlich bei einem digitalen Höhenmodell immer Mauern mit Anzug. Eine große Herausforderung für den Geländemodellierer stellen Tunnels oder Überhänge dar. Sie sind nur über Umwege zu konstruieren.

Auf der Grundlage von TIN-Oberflächen sind die Höhe jedes beliebigen Punktes auf dem TIN sowie die Neigungen oder Höhenschichten des Geländes leicht bestimmbar. Weiterhin lassen sich mittels TIN automatisch Höhenlinien erstellen.

Ein Problem beim Aufbau eines TIN auf der Basis von importierten oder gezeichneten Höhenlinien ist die Bildung von Horizontaldreiecken. Eigentlich sollte sich das Dreieck immer zwischen niedrigeren und höheren Punkten bilden. Da aber manchmal kein passender Höhenpunkt auf einer höheren Linie in der Nähe ist, vermascht das Programm auf den nächsten Punkt derselben Höhenlinie. Es entsteht eine Ebene an einer Stelle, an der in der realen Situation ein Gefälle existiert. Dieser Fehler verursacht in der Auswertung falsche Aussagen und Mengenangaben. Bei professionellen DHM-Programmen können die Dreiecke gedreht werden.

Die Generierung eines digitalen Geländemodells erfolgt weitgehend automatisch. Der Ursprung der Ausgangsdaten kann aber stark variieren. Sie reichen von Daten, die mit dem Tachymeter selbst erhoben worden sind, über mit der Maus digitalisierte Höhenlinien bis hin zu kommerziell erworbenen Vermessungsdaten. Mit aller Deutlichkeit soll festgehalten werden, dass die Genauigkeit der Modelle und Berechnungen immer von der Qualität der Ausgangsdaten abhängt. Eine visuelle Überprüfung mit Geländekenntnissen des Ortes ist immer empfehlenswert.

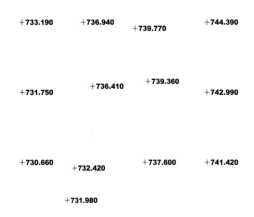

Höhenpunktehaufen einer
Geländeaufnahme.

TIN des Höhenpunktehaufens.

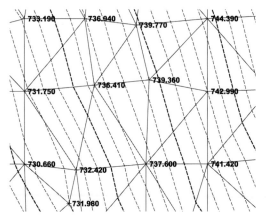

Darstellung des TIN als Höhenlinienplan mit 1-Meter-
Intervall.

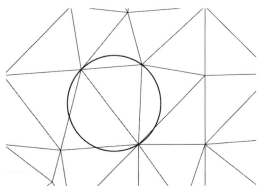

Bei der Delaunay-Triangulation
befindet sich kein anderer
Punkt innerhalb des Kreises, der
von den Dreieckspunkten eines
beliebigen Dreiecks definiert
wird. Ungenauigkeiten werden
damit verhindert.

Ein ASCII Grid-Modell (DEM, Digital Elevation Model) ist übrigens effizienter als
ein TIN-Modell. Dieses Datenformat benötigt nur 1/6 des Speichers einer Triangulation (16 Bytes/Punkt vs. 96 Bytes/Punkt). Besonders bei großen Modellen ist zu prüfen,
ob man nicht eher damit arbeiten sollte. Auch bei der Umwandlung in Rasterhöhen
können kostengünstige Programme wie Global Mapper (globalmapper.com) hilfreich
sein. Mit professionellen DGM-Programmen wie Autodesk Civil 3D lassen sich TIN-
Modelle ebenfalls in ASCII Grid-Modelle überführen.

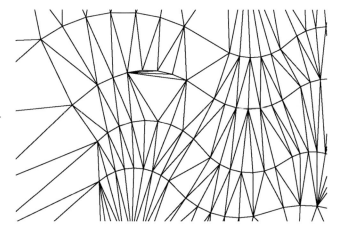

Fehlerhaftes TIN – mehrere Dreiecke vermaschen auf derselben Höhenlinie.

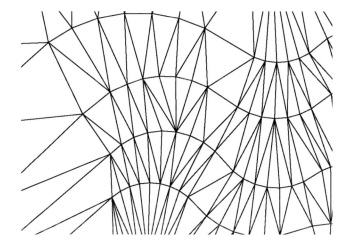

Korrektes TIN – die Dreiecke vermaschen von den niedrigeren zu den höheren Höhenlinien.

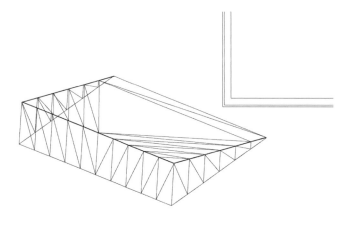

Eine Stützmauer als Isometrie und als Detail in der Draufsicht. Die äußere Linie in der Draufsicht ist die Mauerunterkante, die beiden inneren Linien sind die Maueroberkante.

Um die Genauigkeit des Workflows Autodesk 123D Catch – 3ds Max Design – Civil 3D zu prüfen, wurde ein Eimer mit Wasser gefüllt und im HSR-Geotechniklabor gewogen. Der Inhalt des Eimers ergab 16 Liter Wasser.

Der gleiche Eimer wurde mit Kies gefüllt und auf Plotpapier als homogenem Untergrund umgekippt. 25 Fotos, 360 Grad um den Kieshügel wurden aufgenommen.

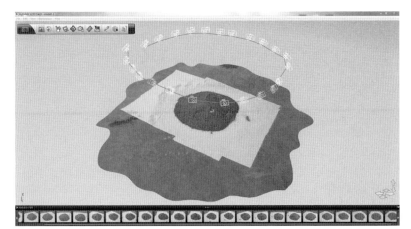

Die 3D-Scan-Software Autodesk 123D Catch transformierte anhand der Fotos das analoge in ein digitales Modell.

Cloud Services

Software aus den Forschungsbereichen Photogrammetrie, Image Processing und Computer Vision ist in der Lage, Modelle zu erfassen. Dazu fotografiert man das Objekt aus zahlreichen Perspektiven. Autodesk 123D Catch oder My3DScanner.com erzeugen dann mittels Cloud-Computing ein texturiertes 3D-Modell, indem die Programme die Bilder analysieren und nach charakteristischen Elementen wie Kanten von Objekten, hellen/dunklen Mustern und anderen markanten Punkten suchen. Diese müssen auf mehreren Fotos erkennbar sein. Damit können die Programme die Lage der Objekte im Raum in Form von Koordinaten sowie die Positionen der Kamera berechnen. Durch das Vernetzen der Koordinaten der Punktwolke entsteht das virtuelle Modell. Diese Cloud Services lassen sich sehr gut für den Transfer von analogen in digitale Geländemodelle einsetzen.

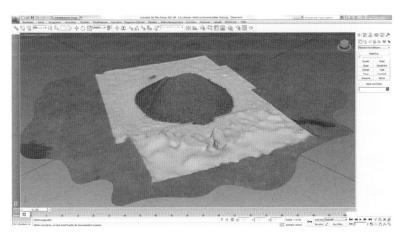

Das texturierte 3ds Max Design-Modell nach dem Import von Autodesk 123D Catch.

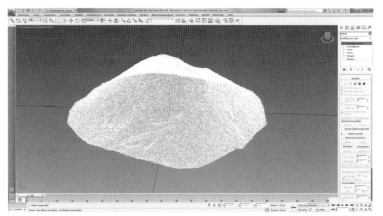

Der Fußboden mit dem Plotpapier wurde in 3ds Max Design gelöscht. Das Modell weist aber immer noch eine sehr hohe Dichte an Dreiecksflächen auf.

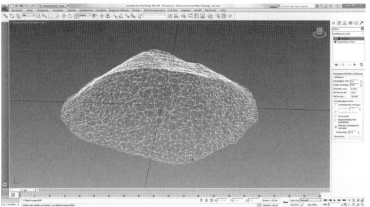

Mittels Modifikator wurde in 3ds Max Design die Dichte der Dreiecksflächen für den Export und die Weiterverarbeitung in Civil 3D reduziert.

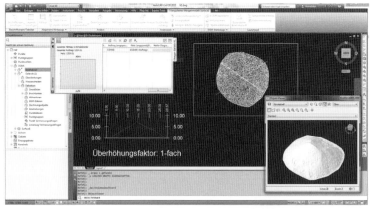

In Civil 3D wurde mit den Dreiecksflächen ein digitales Geländemodell erstellt. Die Volumenberechnung ergab 1/ Liter für den Kieshügel und beweist damit die Genauigkeit des Workflows Autodesk 123D Catch – 3ds Max Design – Civil 3D.

Basierend auf einem Civil 3D-Modell fräste eine CNC-Maschine ein analoges Modell. Darauf wurde eine neue Geländeform von Hand modelliert. Über den oben gezeigten Workflow entstand aus einem analogen Modell ein digitales.

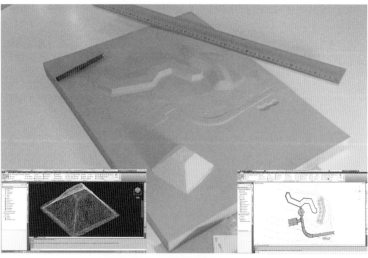

Das «Relief der Urschweiz»,
von Franz Ludwig Pfyffer 1786
fertiggestellt, befindet sich im
Gletschergarten Luzern.

Analoge Modelle

Geschichte

Franz Ludwig Pfyffer baute von 1762 bis 1786 ein Modell mit dem Namen «Relief der
Urschweiz». Es war das erste dreidimensionale Landschaftsmodell, das ein Gebiet topografisch so genau wiedergab. Die Alpenregion um Luzern mit dem Vierwaldstätter See
und den angrenzenden Kantonen ist im Maßstab 1:12 500 mit einer leichten Überhöhung in der Vertikalen detailliert nachgebaut. Bald nach Fertigstellung entwickelte sich
das 26 Quadratmeter große Modell zu einer Besucherattraktion Luzerns. Bildungsrei-
sende wie Johann Wolfgang von Goethe zeigten sich begeistert von der Möglichkeit,
einen Blick von oben auf die Berge zu werfen. Ballonflüge und Alpentourismus kannte
man zu jener Zeit noch nicht. Die große Faszination dieser Landschaft in Modellform
ist gut vorstellbar, zumal man sie bis dahin nur aus der Perspektive des Fußgängers oder
aus der Kutsche, zudem nur ausschnittsweise, kannte und sie auf Reisende oft eher be-
drohlich und beschwerlich wirkte. Holzlatten, Kohle- und Ziegelstücke, Gips und Sand,
überzogen mit einer bemalten Bienenwachsschicht, waren die Modellbaumaterialien
dieses ersten Landschaftsmodells.

Sandmodelle

Feuchter Sand ist das beste Baumaterial für Geländemodellierungen. Im analogen Modellbau eignet er sich gut als Alternative zu Kartonschichtmodellen, da man das Gelände geglättet darstellen kann. Auch wirken bei Schichtmodellen die Terrassen, bedingt
durch die Stärke des Kartons, manchmal etwas störend. Es sind Produkte erhältlich, die

CNC-Fräse an der HSR.

Als Material kommt leichter, UV-beständiger Kunststoff, der auch manuell nachbearbeitbar ist, zum Einsatz.

mithilfe von Wachs feuchten Sand simulieren. Deren Vorteil gegenüber echtem Sand besteht darin, dass das Material nie austrocknet. Falls gewünscht, kann man das Modell auch noch backen!

Mit Sand Gelände zu bauen ist ja auch kinderleicht. Die eigentlichen Probleme fangen bei dieser Geländepräsentationstechnik erst mit der Umsetzung an. Landschaftsarchitekten und Architekten wollen ihre Ideen bauen. Dazu sind Pläne, Erdmassenberechnungen und Kostenangaben notwendig. Wie bekommt man das Sandmodell aber in Planform? Eine altbewährte Methode besteht darin, ein Raster über das Modell zu legen und dann die Höhen an jedem Rasterpunkt bezogen auf den Modellboden zu messen. Dies erinnert sehr an die Erstellung der ersten Höhenlinienkarten vor rund 300 Jahren, oder auf den Punkt gebracht: zu aufwendig, zu ungenau und zu unprofessionell. Cloud Services, wie im vorherigen Abschnitt beschrieben, liefern genauere und schnellere Ergebnisse.

Von Hand erstelltes Geländemodell mit Deltasand (www.deltasand.com).

Tüfentobel Erddeponie,
St. Gallen – das Höhenmodell
in 2-mm-Graukarton.

Digitaler Modellbau

Der digitale Modellbau untersteht einem derart rasanten Wandel, dass Techniken nach zwei bis drei Jahren bereits wieder veraltet sind. Daher macht es auch keinen Sinn, darauf im Detail näher einzugehen. Zu den veralteten Verfahren zählen zum Beispiel die Schichtengeländemodelle: Werkzeugplotter schneiden aus Kork- oder Kartonplatten Höhenschichten, die dann zusammengeklebt werden. Grundsätzlich eignen sich für Geländemodelle die abtragende CNC-Frästechnik (Computerized Numerical Control) und das aufbauende Schichtungsverfahren (3D-Drucker). Fräsmaschinen fräsen das Relief aus einem Block. Im Gegensatz dazu trägt bei der aufbauenden Methode ein 3D-Drucker mit flüssigem Kunststoff das Gelände Schicht für Schicht auf.

Echtzeitmodelle

«Huch, wie sieht das denn aus! Auf den Plänen und im Modell wirkte das Projekt aber ganz anders.» Diese Aussage hört man im Zusammenhang mit Bauprojekten oft. Die Welt der Pläne und Modelle erschließt sich leider häufig nur Fachleuten. Pläne beinhalten Kürzel und Symbole, die der Laie nicht versteht. Sand-, Gips-, Karton- und Holzmodelle verlangen immer noch einen hohen Grad an Abstraktionsvermögen. Planung kann aber nur dann erfolgreich sein, wenn alle Beteiligten und die künftigen Nutzer sie verstehen und mittragen. Kurzum, wenn die Kinder zu Hause mit ihren Spielkonso-

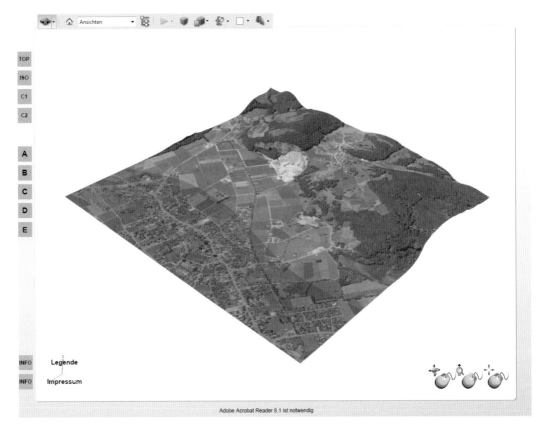

TOP
ISO
C1
C2
A
B
C
D
E
INFO Legende
INFO Impressum

Adobe Acrobat Reader 8.1 ist notwendig

3D PDF der geplanten Deponie
Unterkobel, Kanton St. Gallen.

len in bester 3D-Grafik navigieren, dann reicht auch den Eltern ein Plan und abstraktes
Modell des Architekten auf dem Tisch oder eine Schwarz-Weiß-Folie des Planers in der
Bürgerversammlung an der Wand nicht mehr, um ein geplantes Projekt zu verstehen. Ein
Forschungsprojekt ergab, dass sich die Sehgewohnheiten der Menschen, unter anderem
bedingt durch die allgegenwärtige Spiel-Industrie, immer stärker in interaktiven Mustern
bewegen. Bei der Befragung zu Computeranimationen für einen geplanten Park mach-
ten die Forscher folgende Beobachtungen: «Auffallend viele Befragte konnten Angaben
zu Verbesserungsmöglichkeiten machen. Hier ist vor allem die Interaktivität gefragt.
Gewünscht sind individuelle Routenwahl, Wählen der Perspektive, Standortbestim-
mung, Rückwärtsgehen.» (Petschek / Lange 2003, S. 14)

Echtzeitmodelle besitzen im Gegensatz zu Animationen den Vorteil, dass man sich
interaktiv in ihnen bewegen kann. In allen Standard-PC-Systemen sind mittlerweile
High-Tech-Grafikkarten eingebaut, die Real Time oder Echtzeit-3D-Visualisierung
ermöglichen. Berechnungen können in Echtzeit, also mit mehr als 25 Bildern pro Se-
kunde, ausgeführt werden. Alle 3D-Computerspiele basieren auf dieser Technologie.
Der Google Earth™-Kartenservice bietet eine Möglichkeit für die Präsentation von
3D-Geländemodellen. Eine andere sehr interessante Variante stellt das Adobe Portable

ASCII-Grid-Daten und ein ASCII-Punktehaufen waren die Grundlage des DGM. Das Orthofoto wurde in Autodesk 3ds Max Design auf das DGM gelegt. Mittels Acrobat Pro und 3D PDF-Converter von Tetra 4D entstand das 3D PDF.

Document Format (PDF) dar: Im Planungs- und Bauwesen hat sich PDF für den Datenaustausch bei Plänen schon lange fest etabliert. Mit dem kostenlosen Adobe Reader können Pläne angesehen und Berichte ausgedruckt werden. Heute kann das PDF-Format Objekte nicht nur zwei-, sondern auch dreidimensional abbilden. 3D PDF ermöglicht 3D-Modelle individuell zu steuern. Man kann sich frei durch das Modell bewegen und sich damit aus allen Blickwinkeln über das Bauvorhaben informieren, Etappen oder Varianten dazuschalten oder zusätzliche Informationen abrufen. Die 3D-Inhalte werden in der gleichen Qualität dargestellt wie in der Originalanwendung, unabhängig von der Anzeigeumgebung. Außerdem können sie Teil eines PDF-Berichtes oder einer Präsentation mit zahlreichen Seiten Text- und Bildinformation sein. Ganz wichtig im Planungs- und Bauwesen ist, dass auch die Behörden mit dem PDF-Format arbeiten. Die dortigen Informatikabteilungen sind nämlich bekanntlich sehr restriktiv bei der Installation und Nutzung von Programmen wie YouTube, Google Earth und sonstigen Viewern aus dem Echtzeit-Game-Bereich, wodurch einige interessante Techniken der Projektpräsentation ausscheiden.

Geländemodellierung und 3D-Maschinensteuerung

Ulrike Nohlen, Peter Petschek

GNSS und DGPS

Globale Navigation Satellite Systems (GNSS) sind Systeme, die gestützt auf Satelliten, die in rund 20 000 Metern Höhe die Erde umkreisen, dem Anwender äußerst genaue Positionsdaten liefern. GNSS ist ein Überbegriff. GLONASS beispielsweise ist das russische, Galileo das europäische und COMPASS das chinesische Satellitennavigationssystem. Alle sind Pendants zum amerikanischen Navstar-GPS. Bei einem GNSS empfangen die Antennen vom Satelliten den Satellitencode mit dem Absendezeitpunkt als Signal. Die Laufzeit des Signals ergibt den Abstand zwischen Satellit und Empfänger. Beim Empfang von mindestens drei Signalen lässt sich die Position über den 3D-Bogenschnitt berechnen.

Beim Differentiellen GPS (DGPS) wird zusätzlich ein zweiter stationärer Empfänger zur Korrektur der Messung des ersten verwendet. Man spricht von der stationären Referenzstation (Basisstation) und dem beweglichen Empfänger (Rover). Die Referenzstation ist im lokalen Koordinatensystem kalibriert. Die Kalibrierung ermöglicht die Transformation der globalen Koordinaten (WGS 84) in das lokale Koordinatensystem. Der Referenzempfänger errechnet die Fehlerkorrektur und sendet die Korrekturdaten an den beweglichen Empfänger, so beispielsweise an die Baumaschine. Die Station ist mit einer Funkverbindung versehen und versendet die Daten, die sie von den Satelliten empfängt. Der Rover ist ebenfalls mit einer Funkverbindung ausgestattet und empfängt das von der Referenzstation ausgestrahlte Signal. Des Weiteren empfängt der Rover Satellitendaten direkt über seine eigene Antenne. Diese beiden Datensätze werden im Rover-Empfänger in Echtzeit, das heißt sofort weiterverarbeitet, um so eine hochpräzise Position in Bezug zum Referenzempfänger zu berechnen (Genauigkeiten: Lagemessung im Millimeterbereich, Höhenmessung im Bereich von ein bis fünf Zentimetern). Die neueren Maschinensteuerungssysteme sind in der Lage, die Signale aller Satelliten zu empfangen. Die bessere GNSS-Abdeckung bedeutet einen zuverlässigeren Datenempfang und verhindert damit den Stillstand auf der Baustelle. Die gute Erreichbarkeit der Satelliten ist besonders bei der Arbeit in Straßenschluchten, im Gebirge, in tiefen Gruben und bei Ausgrabungen wichtig.

Differenzielle Messung in
Echtzeit:
1 Satellit.
2 «Falsche» Strecke.
3 Richtige, berechnete Strecke.
4 Referenzstation (Basisstation).
5 Korrekturdaten.
6 Beweglicher Empfänger (Rover).

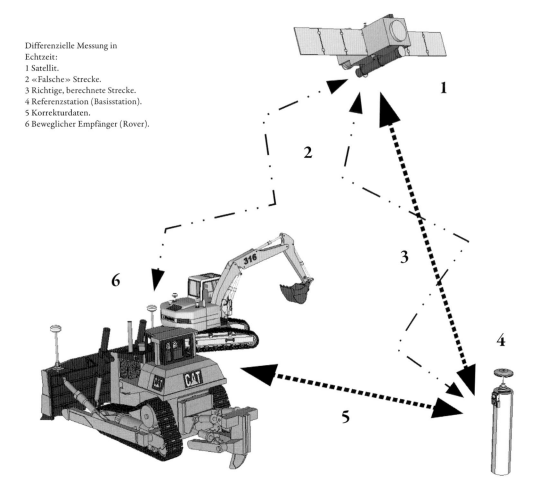

Geländemodellierung des
Golfplatzes Bad Ragaz mit einer
3D-Maschinensteuerung von
Leica Geosystems.

Bulldozerfahrer bevorzugen im
Golfplatzbau noch die manuelle
Bearbeitung. Dank GNSS sehen
sie dabei immer die Position
ihrer Maschine in Bezug zu den
geplanten Höhenlinien.

Display in der Dozerkabine.

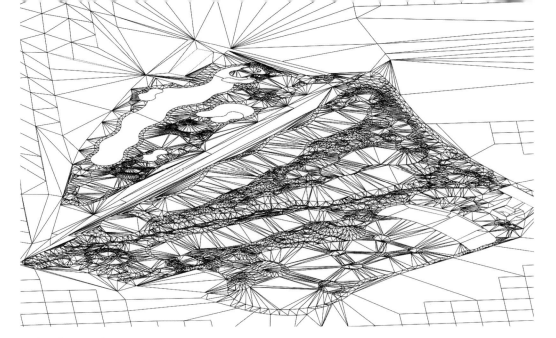

Für die vollautomatische Modellierung ist die geplante Aufnahme des Terrains mit einer korrekten Dreiecksvermaschung notwendig.

Funktionsweise der 3D-Maschinensteuerung

Straßen- und Tiefbauunternehmen sowie immer mehr auch Garten- und Landschaftsbauer nutzen die 3D-Maschinensteuerung zur Geländemodellierung. Neben der Steuerungstechnik im Bagger oder Bulldozer sind noch eine Referenzstation (Basisstation) und ein Empfänger, der auf der Maschine montiert ist (Rover), notwendig. Die erforderliche Genauigkeit erreicht man erst durch eine stationäre Referenzstation. Diese Basisstation sollte immer an ungestörter, setzungsfreier Position, außerhalb des Baubetriebes stehen (zum Beispiel auf dem Dach des Baubüros). Um möglichst viele Satelliten zu empfangen, muss der Blick auf den Himmel frei sein. Mindestens drei Lagefestpunkte und eine Höhe aus dem Bezugssystem der Baustellenvermessung sind für die Kalibrierung der Basisstation notwendig.

Auch freie Geländemodellierungen, die im Garten- und Landschaftsbau häufig vorkommen, lassen sich mit der 3D-Maschinensteuerung ohne aufwendige Absteckungen zentimetergenau umsetzen. Die Modellierung erfolgt entweder vollautomatisch oder manuell. Bulldozerfahrer bevorzugen im Golfplatzbau noch die manuelle Bearbeitung. Dank GNSS sehen sie dabei immer die Position ihrer Maschine in Bezug zu den geplanten Höhenlinien.

Dozer, die bei größeren Projekten zum Einsatz kommen, waren die ersten Baumaschinen, die mit dieser Steuerung ausgerüstet wurden. Bei kleinen Zufahrtstraßen, Parkplätzen oder Rasenflächen kommen eher Bagger zum Einsatz. Bagger sind im Tiefbau und erst recht im Garten- und Landschaftsbau weiter verbreitet als Dozer. Erdarbeiten, die fast ohne Vermessungen auskommen, direkte Umsetzungen von 3D-Planungen auf den Baustellen sind auch bei Firmen mit Baggern von großem Interesse. Denn das Zusammenspiel von Vermessung und Erdbau funktioniert nicht immer reibungslos.

Die Baustelle Letzigrund in Zürich (Frühjahr 2007). Das Stadion war einer der Austragungsorte der UEFA-Fußball-Europameisterschaft 2008.

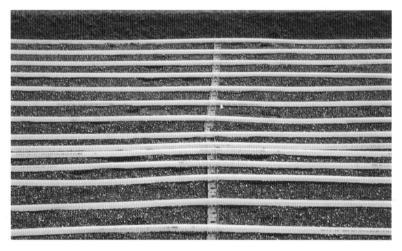

Der Naturrollrasen liegt auf einer Rasentragschicht (12 cm) und einer Ausgleichsschicht aus Sand (0/4, 12 cm stark). Darunter befindet sich die Rasenheizung (Wasserschläuche im Abstand von 12 cm) und das Bewässerungssystem (Sprinkler).

Ein Bulldozer mit 3D-Maschinensteuerung übernahm den Einbau der Sand- und Rasentragschicht.

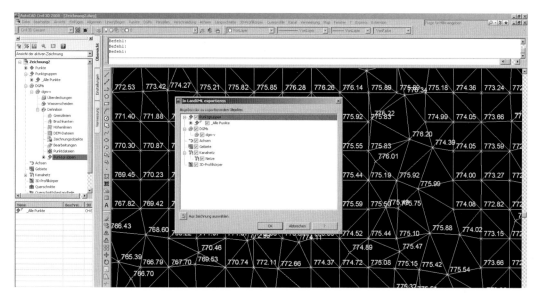

Export der Land-XML-Daten
aus Autodesk Civil 3D für die
3D-Maschinensteuerung auf der
Baustelle.

Nach der Einmessung passiert es häufig, dass Markierungen umgefahren werden. Weswegen der Vermesser nochmals kommen muss, was mit Wartezeiten verbunden sein kann, und die Maschine steht bis dahin still. Das sind wichtige Argumente, warum mittlerweile auch bei Baggern die intelligente Positionierung zum Einsatz kommt. Früher oder später wird es die Systeme auch für Klein- und Kompaktbagger geben.

Grundsätzlich geht es bei der 3D-Baggersteuerung um den Abgleich der Lagedaten des Baggerlöffels mit einem im Baggerrechner befindlichen DGM. Der Geräteführer sieht in Echtzeit auf seinem Bildschirm, wo Material ab- oder aufgetragen oder gegraben werden soll. Im Gegensatz zum Dozer müssen auf dem Bagger die ermittelten Lagedaten der Antennen noch aufwendiger weiterverrechnet werden, da nicht die Lage der Antennen, sondern die Lage der Löffelschneide benötigt wird. An allen beweglichen Teilen der Maschine werden Neigungssensoren angebracht und alle Längenmaße von Drehpunkt zu Drehpunkt bestimmt. So kann die Lage des Baggerlöffels bestimmt werden.

Auch in Bereichen, wo Satellitendaten fehlen, kann der Dozer oder Bagger arbeiten. Alle notwendigen Daten, wie Böschungswinkel, die mit Böschungslehren hätten definiert werden müssen, sind in der Kontrollbox gespeichert.

Diese einfache Bedienbarkeit ist ein Punkt, der auf der Baustelle nicht zu unterschätzen ist. Da die Absteckung wegfällt, ist es für die Bauleitung ungewohnt, sich ohne Anhaltspunkte wie Böschungslehren oder Pflöcke ein Bild von der Baustelle zu machen. Gute Dienste leistet dafür ein zusätzlicher Satelliten-Rover-Stab. Der Bauleiter kann außerhalb des Baggers die Höhen überprüfen, der Baggerfahrer wird dadurch von der alleinigen Verantwortung für exaktes Bauen entlastet und der Bagger nicht als Vermessungsgerät zweckentfremdet.

Trakdozer® Claas Xerion 3800 «Nöldi» mit Zulassung für Straßenverkehr und GPS-gesteuerter Grabenfräse. Der Trakdozer® beim Einbau von stabilisierter Fundationsschicht und Planierarbeiten auf einem Sportplatz mittels GNSS-Steuerung 3DMC2 von Topcon.

Trakdozer® Same Krypton3 80 «Lejan» mit Zulassung für Straßenverkehr. Der Trakdozer®, geeignet für schmale Flächen wie zum Beispiel Fußwege, bei Planierarbeiten mittels Laser- und Ultraschallsteuerung.

Kettendozer Cat D6N LGP «Obelix». Der Kettendozer beim Einbringen und Planieren einer Filterschicht für die Rekultivierung einer Aushubdeponie mittels 3D LPS-Steuerung mit Totalstation.

Kettendozer Cat D6K LGP «Rodian». Der Kettendozer beim Erstellen der Reinplanie für die Asphaltschicht von einem Kunstrasensportplatz mittels GNSS-Steuerung.

Die 3D-Baggersteuerung
MTS-Navi (Maschinentechnik
Schrode AG) zeichnet sich
durch eine einfache, praxisori-
entierte Handhabung aus und
ist für den Tiefbau und Garten-
und Landschaftsbau optimiert.

DGM-Aufbereitung für die 3D-Maschinensteuerung

«Slow down, know your site, know your data» – Empfehlung eines Bauleiters auf einer Baustelle mit 3D-Maschinensteuerung in den USA.

Die 3D-Maschinensteuerung sorgt für eine genaue Umsetzung der Planungsdaten. Bedingung ist allerdings, dass der Planer sein Projekt, das auf einem präzisen Höhenmodell des vorhandenen Geländes beruht, als Dreiecksvermaschung dem Bauunternehmer übergibt. Die Daten spielt der Vermessungstechniker der Baufirma über einen USB-Stick auf der Baustelle in die Kontrollbox des Baggers oder Dozers. Jegliches Abstecken mit Pflöcken und Böschungslehren erübrigt sich. Wofür vorher drei Arbeiter mindestens einen halben Tag benötigten, braucht der Techniker nur noch eine halbe Stunde. Allerdings kommt es sehr auf die Korrektheit der Ausgangsdaten an. Die Maschine erreicht auf Anhieb die richtige Planiehöhe, sofern die Geländedaten stimmen. Jeder Rechnungsfehler im Datensatz wird unmittelbar umgesetzt. Damit verschieben sich die Verantwortlichkeiten vom Unternehmer zum Planer. Den Planungsdaten und damit vor allem der digitalen Geländemodellierung muss noch sehr viel mehr Aufmerksamkeit geschenkt werden, denn die Maschine setzt die Daten vor Ort eins zu eins um.

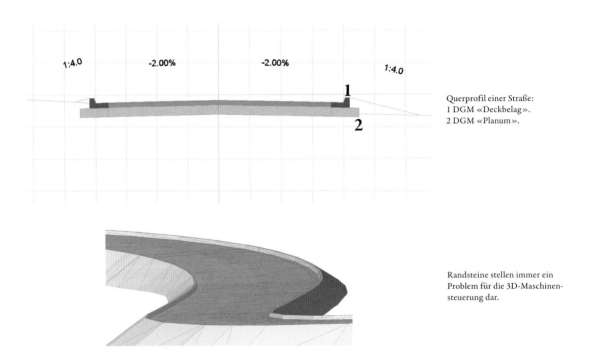

Querprofil einer Straße:
1 DGM «Deckbelag».
2 DGM «Planum».

Randsteine stellen immer ein Problem für die 3D-Maschinensteuerung dar.

Welche Anforderungen muss ein DGM erfüllen, damit es von der Baufirma eingesetzt werden kann?

Geländeaufnahmen / Grundlagendaten

Die Grundlagendaten dürfen nicht von gescannten oder nachgezeichneten Höhenlinien stammen. Die Vermessung der Lage und Höhen sollte eine Genauigkeit von mehr oder weniger zwei Zentimetern haben. Die Aufnahmen bestehen vorwiegend aus Bruchkanten und Vermessungspunkten. Das DGM muss sich im Landeskoordinatensystem befinden. Weitere Grundlagendaten aus der amtlichen Vermessung wie Gebäude oder Grundstücksgrenzen, Vegetation und bestehende Leitungen helfen ebenfalls bei der Orientierung in der Maschine.

Austauschformat

Als Austauschformat zwischen dem CAD-System und der Maschine dient das nicht proprietäre Programm LandXML (landxml.org). Die meisten Softwareanbieter unterstützen das 3D-Datenformat.

Orientierung

Wenn die Bruchkanten auch als Linien sichtbar sind, dienen sie zur besseren Orientierung in der Draufsicht auf dem Bildschirm im Bagger oder Dozer, daher müssen die Dreiecksvermaschung und die Bruchkanten jeweils in einen eigenen Layer gelegt werden.

DGM «Deckbelag»

Nur ein absolut korrektes DGM ergibt die notwendige Datenschärfe. Besonders beim Trassieren eines Straßenbauprojektes ist auf ein feines Raster, vor allem in den Kurven und Kuppen oder Wannen, zu achten. Bei Quergefällswechseln sowie an anderen Orten mit größeren Gefällswechseln, wie zum Beispiel bei Rampen, muss die Vermaschung sehr eng sein.

DGM «Planum»

Das Planum stellt die Grenzfläche zwischen Untergrund und Oberbau dar. Da die Quergefälle des Planums bei Straßenbauprojekten oft nicht parallel zum Deckbelag liegen, muss ein Geländemodell DGM «Planum» erstellt werden. Es wird aus dem DGM «Deckbelag» abgeleitet. Wenn auch hier die Bruchkanten als Linien dargestellt sind, unterstützen sie den Dozer- und Baggerfahrer, die Gefällswechsel besser zu lesen, die über die Dreiecksvermaschung nur schwer erkennbar sind.

3D-Maschinensteuerung bei
einem Straßenbauprojekt.

Randsteine

Bordsteine (Randsteine) müssen ganz geringfügig abgeschrägt dargestellt werden, sonst ist für die 3D-Maschinensteuerung unklar, ob die Höhe der Unter- oder Oberkante gilt. Unter Umständen ist es sogar besser, auf die Darstellung der Randsteine im DGM ganz zu verzichten. Ein weiteres Problem ist der geradlinige Verlauf der Dreiecksvermaschung, denn der Randsteinverlauf ist oft bogenförmig. Dadurch ergeben sich, bei nur ganz geringen Lagedifferenzen, für die 3D-Maschinensteuerung problematische Höhensprünge. Eine Absprache mit dem Bauunternehmer vor der Erstellung des DGM ist empfehlenswert.

Straßenbauprojekte

Bei Neubauten oder umfassenden Sanierungen im Straßenbau ist das DGM «Planum» eigentlich das wichtigste, da es in der Regel von maschinengesteuerten Baggern erstellt wird. Die weiteren Schichten bauen dann darauf auf. Die Randabschlüsse werden normalerweise mit Vermessungsgeräten abgesteckt und eingebaut. Von diesem Zeitpunkt an leiten sich alle Arbeiten in Lage und Höhe von diesen Randabschlüssen ab.

Bei Neubauten von Straßen, bei denen die Randsteine zuerst eingebaut werden, ist es absolut zwingend, dass sie in der Höhe exakt eingebaut werden, da die Höhen des Planums und weitere Schichten anhand des DGM und nicht der Randsteine eingebaut werden. Sinnvollerweise werden die Randabschlüsse auch über die Höhe des DGM und in der Lage über die Randsteinlinie abgesteckt. Wird dann das DGM «Deckbelag» verwendet, entfallen auf diese Weise zusätzliche Vermessungsarbeiten.

Kunstbauten

Bei Kunstbauten werden Oberflächen von der Unterseite der Streifen- oder Einzelfundamente als Geländemodell aufbereitet. Der Anschluss an den Bestand beziehungsweise an das Planum kann weggelassen werden, wenn die Böschungsneigung im Ermessen des Maschinisten liegen soll.

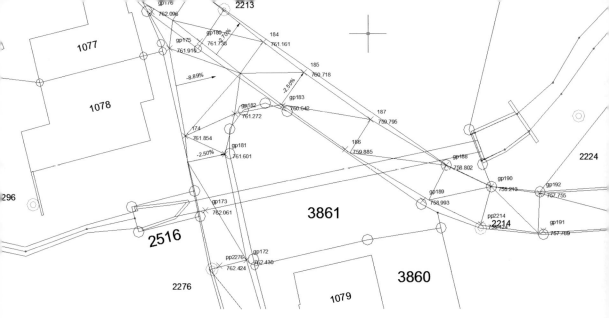

DGM «Planum» für das Bau-
projekt links.

Aushubarbeiten

Es ist im Voraus abzusprechen, welche Höhe (zum Beispiel Aushubsohle oder Magerbe-
tonsohle) zu berechnen ist.

Leitungen

Der Aufwand für die Berechnung eines 3D-Modells der Grabensohle inklusive Graben-
böschungen ist in der Regel überflüssig, da die Böschungsverhältnisse meistens wegen
unterschiedlicher Bodenbeschaffenheiten vor Ort angepasst werden müssen.

Für den Leitungsbau reichen also 3D-Polylinien völlig aus. Der Baggerfahrer wird
anhand der Polylinien in Lage und Höhe geleitet.

Für die bessere Übersicht wird pro Medium (beispielsweise Kanalisation, Wasser,
Gas, usw.) ein Layer in der DXF- oder DWG-Datei angelegt.

[Die Angaben zu den Anforderungen an das DGM stammen zum großen Teil von Thomas Fischer, Ge-
oterra AG, Richterswil, Schweiz. Sie wurden von den beiden Autoren noch ergänzt.]

Unter der Voraussetzung einer reibungslosen Baustellenlogistik belaufen sich die Kosteneinsparungen beim Einsatz der 3D-Maschinensteuerung auf 15 bis 20 Prozent. Die hohen
Anschaffungskosten amortisieren sich, bedingt durch die höhere Effizienz, aber in kurzer
Zeit. Von diesen Kosteneinsparungen profitiert die Baufirma. Die Erstellung des DGM
ist wegen der Einarbeitung zu Beginn aufwendiger als ein 2D CAD-Plan. Aber auch hier
lassen sich mit der Zeit Kosten sparen, da Änderungen einfacher durchführbar sind, eine
größere Genauigkeit erreicht wird und Fehler schneller erkennbar sind. Von diesen
Kosteneinsparungen profitiert wiederum das Planungsbüro. Daher ist das Argument, nur
die Baufirma zieht einen Nutzen aus der 3D-Maschinensteuerung, nicht zutreffend. Es
handelt sich beim Einsatz von DMG- und 3D-Maschinensteuerung um eine Win-win-
Situation für die Baufirma und das Planungsbüro.

Geländemodellierung und Baumaschinen

Paul Albanese, Golfplatzarchitekt und Direktor für Golf Architecture am Edinburgh College of Art, restaurierte die Bunker des Christiana Creek Country Club in Elkhart, USA, mit den Baumaschinen des 19. Jahrhunderts: zwei schwere belgische Zugpferde, die vor einen Karren gespannt sind.

Mitte des 19. Jahrhunderts bauten die ersten Bagger, die auf Schienen fuhren und mit Dampf angetrieben waren, Braunkohle im Tagebau ab. Um 1912 erprobte die Firma Caterpillar eine Raupenkette für bis zu sechzig Tonnen schwere Bagger. Schnell verbreitete sich diese wesentlich schnellere Fortbewegungsart. Kurze Zeit später kam der erste Schreitbagger auf den Markt. Er besitzt auch heute noch den Vorteil, auf weichem Untergrund und in schwierigem Gelände arbeiten zu können. Um 1970 fand die eigentliche Revolution in der Baggertechnik statt: Bis dahin wurde der Baggerarm durch Seile, die über Rollen zum Antrieb liefen, gesteuert – ein bewährter, aber auch aufwendiger Bewegungsmechanismus. Im Gegensatz dazu treibt bei den Hydraulikbaggern der Motor eine Pumpe an. Sie presst über Steuerventile Öl in die Leitungen. An deren Ende befindet sich ein Zylinder mit einer ein- und ausfahrenden Kolbenstange. Diese Technik der Schaufelsteuerung hat sich mit der Zeit durchgesetzt. Wie in der Automobiltechnik übernimmt bei der neuesten Generation von Baggern die Elektronik immer mehr Aufgaben.

Die folgenden Seiten geben Planern erste Angaben zum Einsatz von Baumaschinen für das Lösen, Laden, Planieren, Transportieren und Verdichten von Boden. Sie basieren auf Angaben von Marco Riva, Geschäftsführer des Garten-, Straßen- und Tiefbauunternehmens Toller AG in Eschenbach, Schweiz.

Menk Dampfbagger, Baujahr 1927, 50 – 55 Tonnen. Für den Betrieb des Baggers waren drei Arbeiter notwendig (Fahrer, Heizer, Schmierer). Er war der erste Universalbagger, aufrüst-bar mit Tief- und Hochlöffel, Greifer oder Schleppschau-fel. Der Bagger ist komplett geschraubt und genietet (www.monsterbagger.de).

In den 70er-Jahren des letzten Jahrhunderts revolutionierte die Hydraulik die Baggertechnik.

Der 27,5 Tonnen Menk MA (Baujahr 1938) ist der älteste, noch voll funktionsfähige, über Seile gesteuerte Bagger Deutschlands. Er steht im Monsterbagger-Park bei Bamberg.

Baumaschinen zum Lösen und Laden

Maschinentyp	Kapazität
Kompaktbagger	10 m^3
0,8 – 2,5 t	100 m^2

— Kleine Erdverschiebungen
— Leichte bis mittelschwere Böden
— Bei engen Platzverhältnissen einsetzbar
— Als Ersatz für Handarbeit
— Bei Hinterfüllungsarbeiten (Mauern, Bauten)
— Geländemodellierung im Hausgarten

Maschinentyp	Kapazität
Kleinbagger	100 m^3
3 – 9 t	500 m^2

— Tiefbauarbeiten
— Mittlere Erdverschiebungen im Bereich Haus- und
   Siedlungsbau
— Leichte und mittelschwere Böden
— Geringer Bodendruck, hohe Steigfähigkeit, gute
   Geländegängigkeit
— Feinmodellierung im Gelände

Maschinentyp	Kapazität
Raupenhydraulikbagger	200 – 30 000 m^3
10 – 40 t	500 – 100 000 m^2

— Leichte bis schwere Böden
— Felsabbau
— Größerer Erdabtrag
— Aushub mit direktem Verlad
— Maschinensteuerung für Niveaukontrolle
— Effiziente Planierleistung mit der Planierschaufel

Maschinentyp	Kapazität
Mobilbagger	1000 m^3
7 – 24 t	50 – 2000 m^2

— Im Erdbau bedingt einsetzbar (Bodenpressung wegen
  Radantrieb)
— Straßenfahrtauglich
— Hohe Beweglichkeit
— Leichte bis mittelschwere Böden

Maschinentyp	Kapazität
Schreitbagger	10 – 500 m^3
5 – 9 t	50 – 2000 m^2

— Steiles Gelände, enge Situationen, Hang- und Terras-
  senbauten
— Leichte bis mittelschwere Böden
— Sehr beweglich, bei Böschungen bis 45° Neigung
  einsetzbar
— Teilweise straßentauglich
— Im Gebirgsraum verbreiteter Einsatz

Maschinentyp	Kapazität
Kettenlader Laderaupe	1000 – 20 000 m^3
5 – 30 t	

— Leichte bis schwere Böden
— Kiesabbau, Aushub
— Transport und Verlademaschine
— Nur für kurze Fahrstrecken
— Optional: Aufreißer
— Optional: Moorraupe (breitere Raupenblätter)

Maschinentyp	Kapazität
Kompakt-Delta Lader	$0,4 - 0,75 \ m^3$
3 – 5 t	

— Single Arm
— Seitlicher Kabineneinstieg
— Gute Übersicht/Aussicht aus der Kabine
— Optional: Niveaukontrolle ab Laser
— Einsatz als Grader möglich

Maschinentyp	Kapazität
Bull-Kettendozer	$1000 - 100\,000 \ m^3$
5 – 50 t	$1000 \ bis > 100\,000 \ m^2$

— Leichte bis schwere Böden
— Materialschub, Dammbau, Planieren
— Pistenbau, Feinplanie durch GPS-Steuerung
— Felsabbau mit Aufreißer
— Optional: Moorraupe
— Optional: GPS/GLONAS-Maschinensteuerung
— Optional: Niveaukontrolle ab Laser

Maschinentyp	Kapazität
Schürfraupe	$5000 - 1\,000\,000 \ m^3$

— Allround-Maschine zum Lösen, Laden, Transportieren
— Niedriger Bodendruck und gute Lastverteilung
— Bei Transportdistanzen zwischen 50 und 500 m sehr
   wirtschaftlich
— Selbstladend

Maschinentyp	Kapazität
Scraper	5000 bis >100 000 m^3

— Für das Planieren ungeeignet
— Braucht tragfähige Böden (Radantrieb)
— Selbstladefähigkeit
— Hohe Transportkapazität über weite Distanz

Maschinentyp	Kapazität
Planier Hobel	8 m^3
9 t	bis 80 000 m^2

— Jede Bodenart
— Planieren auch im Straßen- und Wegebau
— Komplette Bedienung vom Schlepper
— Optional: diverse Lasersteuerungen
   Optional: 3D Maschinensteuerung ab Geländemo-
   dell möglich
— Hohe Genauigkeit und Produktivität
— Große Bedienerfreundlichkeit

Maschinentyp	Kapazität
Grader	500 bis >10 000 m^2
7 – 28 t	

— Reines Planiergerät
— Im Erdbau bedingt einsetzbar
— Einsatzbereich im Straßenbau, Sportplatzbau (befes-
   tigte Flächen)
— Optional: Schild mit Lasersteuerung für Profilgenau-
   igkeiten +/– 1 cm
— Optional: GPS/GLONAS-Maschinensteuerung ab
   Geländemodell möglich
— Optional: Höhenabnahme mit Ultraschall für Ni-
   veaukontrolle
— Optional: Querneigungssensor für Quergefälle bei
   Straßen

Baumaschinen zum Transportieren

Maschinentyp	Kapazität
Radlader	5 – 1000 m³
Kompaktlader	
3 – 15 t	

— Laden, Verschieben von Schüttgut
— Leichte bis mittelschwere Böden
— Untergrund mit hoher Tragfähigkeit
— Schnell und beweglich für kleinere Mengen
— Zusatzgeräte: Betonmischerschaufel

Maschinentyp	Kapazität
Raupendumper	1 – 10 000 m³
0,3 – 22 t	

— Eignet sich zum Verschieben von Erdmaterial auf
   wenig tragfähigen Böden
— Transportdistanz 5 – 500 m
— Lademenge 0,3 – 12 m³
— Gute Steigleistung (bis 25 % Steigung)

Maschinentyp	Kapazität
Kleindumper	1 – 100 m³
Raddumper	
1,2 – 3,6 t	

— Einsatz auf tragfähigem Untergrund
— Straßentauglich
— Hohe Fahrgeschwindigkeit und große Wendigkeit
— Lademenge 1 – 2,5 m³
— Mulde kann hydraulisch gedreht und gekippt werden

Maschinentyp	Kapazität
Muldenkipper	$200 - 100\,000\ \text{m}^3$

— Verschieben von Erdmaterial, Schüttgut, Kies
— Benötigt tragfähigen Untergrund
— Transportdistanzen 100 bis über 3000 m
— Hohe Fahrgeschwindigkeit 10 bis 30 km/h
— Hoher Schwerpunkt und Kipphöhe
— Lademenge 9 bis 18 m³
— Nur Werkverkehr (keine Straßenzulassung)

Maschinentyp	Kapazität
Grabenwalze	$5 - 300\ \text{m}^3$
1,5 – 2,5 t	$10 - 300\ \text{m}^2$

— Hinterfüllung von Bauwerken und Gräben
— Schlanke Bauweise
— Hoher Verdichtungskoeffizient
— Gute Steigleistungseigenschaften
— Verdichtungswirkung max. 50 – 70 cm

Maschinentyp	Kapazität
Tandem-Vibrationswalze	$10 \text{ bis} > 1000\ \text{m}^3$
2,5 – 15 t	$10 \text{ bis} > 1000\ \text{m}^2$

— Eignet sich für kiesigen Untergrund
— Verdichtungstiefenwirkung 20 – 60 cm
— Im Erdbau bedingt einsetzbar (nur auf ebenen
  Flächen)
— Schlechte Steigleistungen

Baumaschinen zum Verdichten von Boden

Maschinentyp	Kapazität
Walzenzug	100 bis > 10 000 m^3
7 – 15 t	100 bis > 1000 m^2

— Eignet sich für Damm- und Deponiebau
— Größere Erdverdichtungen
— Gute Steigleistung, Geländegängigkeit
— Tiefenwirkung von 40 – 80 cm
— Optional: eingebaute Verdichtungsmessung
— Optional: Schaffußbandage für Tiefenverdichtung

Maschinentyp	Kapazität
Anbauverdichter	10 bis > 1000 m^3
7 – 15 t	10 bis > 1000 m^2

— Klein, transportabel, flexibel
— Ideal für Böschungen und Hinterfüllungen
— Gute Tiefenwirkung auch bei schwierigen Böden
— Wechseladapter und Sortiment verschiedener Verdichtungsplatten

«Rainbowing» einer Insel an
der Küste von Dubai.

Baumaschinen für das «Rainbowing»

Ab und zu tauchen Medienberichte über neu geschaffene Inselformationen auf, wie die
in den Arabischen Emiraten, die sogar über Internet-Kartenservices auffindbar sind.
Auch das ist Geländemodellierung! In der Fachsprache nennt man die Technik «Rainbowing». Ob die Projekte sinnvoll und nachhaltig sind, soll hier nicht weiter erörtert
werden. Beim «Rainbowing» geht man folgendermaßen vor:
— Baggerschiffe liefern Fels und Sand an und kippen das Material an der dafür vorgese-
hehen Stelle ins Wasser, bis ein stabiler Unterwasserkörper entsteht.
— Spezialschiffe blasen Boden, der einige Kilometer entfernt vom Meeresgrund
abgesaugt worden ist, auf den Körper. Allmählich wächst ein Sandhaufen über den
Meeresspiegel hinaus.
— Baumaschinen modellieren mit Sweet Sand und nach Geländegestaltungsplänen
des Landschaftsarchitekten die sichtbare Landform. Der verbesserte Sand wird
durchschnittlich eineinhalb Meter hoch aufgebracht. Der ungewöhnliche Name
bezeichnet Sand, der aus dem Landesinneren stammt und deswegen einen nied-
rigen Salzgehalt besitzt. Nur mit diesem Nährstoffträger und mit viel Süßwasser
überleben die Pflanzen die extremen klimatischen Bedingungen.
— Sprießungen aus Stahl schützen die Inseln an den zur offenen See liegenden Ab-
schnitten vor Wellengang und Erosion.

Geländemodellierung in der Praxis

Die folgenden Projekte (inklusive der Texte und des Abbildungsmaterials, wo nicht anders vermerkt) stammen von Landschaftsarchitekturbüros, die in den unterschiedlichsten Ländern und Kulturen beheimatet sind. Einige der Büros haben einen kleinen Mitarbeiterstab, andere sind große Firmen mit mehreren Standorten. Bei manchen Projekten kamen digitale Geländemodelle und die 3D-Maschinensteuerung zum Einsatz, bei anderen wurden die Höhenlinien von Hand gezeichnet und die Ausführung von Hand gemacht. Themen und Projektgrößen variieren ebenfalls: von Plätzen bis hin zu Wohngebieten, Parks und Landschaftsgestaltungen. Trotz dieser Unterschiede haben alle Projekte eine Gemeinsamkeit: Die Geländemodellierung ist, neben dem Einsatz von Pflanzen, das wichtigste Gestaltungsmittel der Landschaftsarchitekten.

Sohlgleite Ertingen-Binzwangen

Ertingen-Binzwangen, Deutschland
Land Baden-Württemberg, vertreten durch das Regierungspräsidium Tübingen
Geitz und Partner GbR Landschaftsarchitekten
Schrode Tief- und Straßenbau GmbH

Das Projekt nach Fertigstellung.

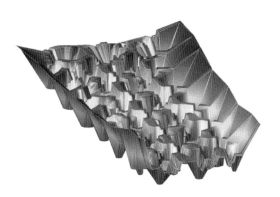

Das digitale Geländemodell
(überhöhte Darstellung) der
Riegelrampe.

Im Rahmen des «Integrierten Donau-Programms» des Landes Baden-Württemberg wurde in Binzwangen bei Riedlingen eine Sohlgleite gebaut. Aufgrund von Begradigungsmaßnahmen seit Beginn des 19. Jahrhunderts ist die Lauflänge der Donau stark eingekürzt worden, was in der Folge zu einer bedeutenden Tiefenerosion, besonders in den letzten Jahrzehnten, geführt hat. Um den Donauspiegel und damit auch den Grundwasserspiegel wieder anzuheben, wurde in einer umfangreichen Voruntersuchung des Instituts für Wasserbau der Universität Stuttgart die naturnahe Reaktivierung einer Flussschlinge sowie die Reduzierung des Fließgefälles auf einer Länge von 2,6 Kilometern geplant. Die sich daraus ergebende Anhebung des Wasserspiegels am unterstromigen Projektende um ca. 2,1 Meter musste auf kurzer Distanz durch die Sohlgleite abgebaut werden, damit der Ortsbereich Binzwangen durch die Maßnahme nicht beeinträchtigt wurde. Ziel der detaillierten Planung war neben der Sicherstellung der Standsicherheit des Bauwerks und der schadlosen Abführung des Hochwassers die Gewährleistung der vollständigen gewässerökologischen Durchgängigkeit bei den donautypisch stark schwankenden Wasserständen. Das Ergebnis der Berechnung war eine aufgelöste Riegelrampe mit durchgängigem Niedrigwasserlauf und mit von der Strömung verschonten Ruhewasserbereichen. Für die ausführende Firma bedeutete das, 2700 Tonnen Granitsteine mit einem Einzelgewicht von ca. 1,6 Tonnen und einer maximalen Kantenlänge von 1,5 Metern mit einer Höhengenauigkeit von etwa zwei Zentimetern zu versetzen. Diese Arbeiten konnten durch eine Spundwand geschützt im Trockenen durchgeführt werden. Konsequenterweise enthielten bereits die Ausschreibungsunterlagen den Hinweis auf die erschwerten Vermessungsarbeiten, die im Wasser oder vom Boot aus erfolgen müssten.

Die mit der Ausführung beauftragte Schrode Tief- und Straßenbau GmbH hat sich dafür entschieden, den bereits mit 3D-Steuerung ausgestatteten Raupenbagger durch einen eingemessenen, kalibrierten Sortiergreifer zu ergänzen. Hierzu musste die Firma als Arbeitsvorbereitung ein DGM der Planung erstellen, in dem jeder einzelne Stein nach Lage und Höhe definiert ist. Der Stein konnte nach diesen Vorbereitungen mit dem Sortiergreifer aufgenommen und an die richtige Stelle versetzt werden. Die Höhe wurde entsprechend der unregelmäßigen Größe der Steine zunächst geschätzt, nach dem Versetzen mit der Kante des Sortiergreifers geprüft und auf die genau vorgeschriebene Höhe justiert.

Eine klassische Vermessung wäre im Steinsatz unwirtschaftlich und unter Wasser gar nicht möglich gewesen. Die anfangs zur Orientierung für Bauleiter und Auftraggeber geschlagenen Böschungslehren wurden bereits beim ersten Hochwasser mitgerissen. Die 3D-Steuerung hat den wirtschaftlichen und technischen Erfolg dieses Projektes erst ermöglicht.

Gemeinsam mit dem Auftraggeber wurde die Abnahme-Vermessung durchgeführt, welche die hohe Genauigkeit bestätigt hat. Ein Geräteführer und ein Polier haben die gesamte Baumaßnahme (bis auf die Spundwandarbeiten) weitestgehend alleine durchgeführt – eine bemerkenswerte Leistung!

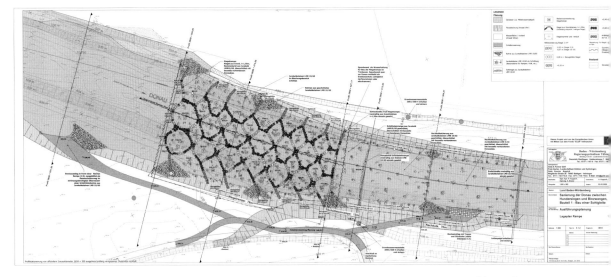

Ausführungsplanung.

Der Bagger mit 3D-Maschinen-
steuerung auf der Baustelle.

Die Arbeit mit dem einge-
messenen und kalibrierten
Sortiergreifer. Links oben: Stein
aufnehmen. Rechts oben: Stein
lagegerecht versetzen. Links:
Höhe prüfen und korrigieren.

Profile mit Angaben zur Stein-
setzung.

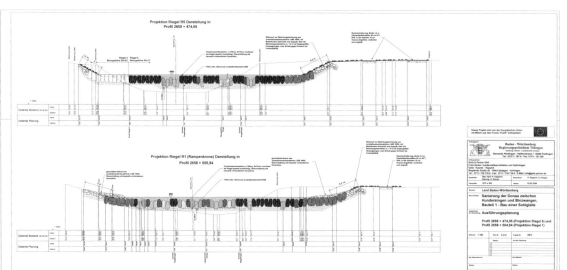

Erlentor Stadthof

Basel, Schweiz
Westpol Landschaftsarchitektur

Der urbane Stadthof mit dem großzügigen Betonsteinbelag ist zentraler Treffpunkt innerhalb der Wohnanlage Erlentor. Durch ein außergewöhnliches Muster im Belag konnten die Landschaftsarchitekten den vielschichtigen technischen wie gestalterischen Anforderungen gerecht werden. Das interessante Fugenbild des Belags ergibt sich durch zwei unterschiedliche Fugenausbildungen. Sie bilden jeweils ein Wabenmuster, das sich mit dem anderen um 90 Grad abgedreht überlagert. Weil sich dabei vier Steine zu einer übergeordneten Einheit zusammenfügen, wirken sie größer, als sie tatsächlich sind.

Die Betonsteine wurden eigens für das Projekt Erlentor entwickelt und von der Firma A. Tschümperlin AG hergestellt. Zwei hexagonalen Steine vom Typ 1/2 fügen sich zu einem Modul zusammen, was sich maschinell schnell von der Palette ab verlegen lässt. Die Nocken an den Steinen sorgen für die gleichmäßigen Fugenbreiten. Die Tragschicht und die Fugenfüllung bestehen aus Splitt. Der Belag wurde in einem Gefälle von 1,5 Prozent eingebaut.

Der Erlentor Stadthof beleuchtet.

Situation, unmaßstäblich.

Das Belagsmuster vor der
Einsandung.

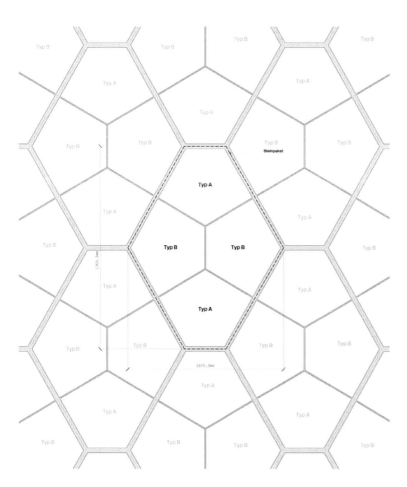

Fugenbild und Betonpflaster,
unmaßstäblich.

Swiss Cottage Open Space

London, England
Gustafson Porter

«Die mit Gras bewachsene Landform mit einem begehbaren Brunnen wird zum natürlichen Amphitheater für Kulturanlässe wie Dichterlesungen, organisiert durch die Swiss Cottage-Bibliothek, und Theateraufführungen des sich ebenfalls in der Nähe befindlichen Hampstead Theaters. Im Sommer ist die Erdskulptur ein urbaner Strand für Picknicks mit der Familie und unter Freunden, für Parkbesucher, die sich in den Wasserstrahlen des Brunnens abkühlen.

Alles fing mit einer einfachen Konzeptskizze auf einem Analyseplan für den Wettbewerb 1999 an. Wir übersetzten die Konzeptskizze in ein Tonmodell, in dem wir die Höhen der vorgeschlagenen Erdskulptur mit Stecknadeln abmaßen. Die Form entwickelte sich Schritt für Schritt weiter. Aus dem Tonmodell entstand schließlich ein Gipsmodell, das ein Laser-Scanning-Büro digitalisierte. Mittels des gescannten, digitalen Form-Z 3D-Modells wurden im Abstand von fünf Metern Profile entwickelt. Im CAD verbesserten wir danach noch die Profile. Die Bauingenieure empfahlen uns, das Gefälle auf maximal 55 Prozent zu beschränken. Die Höhen wurden in den Ausführungsplan übertragen.

Baubeginn war 2005. Zuunterst ist ein einfaches Drainage-System ausgelegt. Die grobe Erdskulptur wurde mit Baustellenabbruchmaterial (alten Ziegeln und Straßenschotter) in Schichten aufgebaut. Diese rohe Form deckte man mit einer Schicht Unterboden ab. Ein Oberbodensubstrat mit einer minimalen Stärke von 200 Millimetern wurde darüber aufgebracht. Das Substrat ist sandhaltig, um eine ausreichende Drainage zu erreichen. Im nördlichen Teil des Geländes mit Gefällen unter 30 Prozent ist der Boden unbewehrt. In den steileren Stücken im Süden besteht die Wurzelzone aus sandigem Oberboden in Kombination mit dem Polypropylen-Produkt von Netlon Ltd.

Die Baufirma steckte das Projekt mit Pflöcken mit markierter Fertighöhe im Abstand von zehn Metern ab. Die Pflöcke waren durch Schnüre miteinander verbunden. Dadurch konnten wir die Profile überprüfen. Wir verlangen immer, dass der Boden während 48 Stunden nach Einbau bewässert wird, um die Bodensetzung zu beschleunigen. Zu diesem Zeitpunkt jedoch war die Bewässerungsanlage noch nicht installiert, weshalb die Baufirma den Boden manuell verdichtete. Unser Geotechniker machte Versickerungsversuche, um sicherzustellen, dass der Oberboden nicht zu stark verdichtet worden ist. Nach Ausbesserungsarbeiten und Freigabe wurde der Rollrasen verlegt. Um ein besseres Anwachsen des Rasens zu erzielen, wurde die Erdskulptur während zwei Monaten eingezäunt. 2006 fand die Eröffnung des Parks statt.»

Der Swiss Cottage Park nach der Fertigstellung.

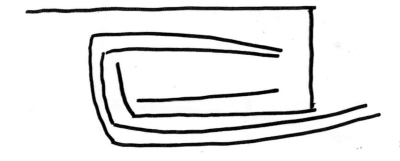

Konzeptskizze.

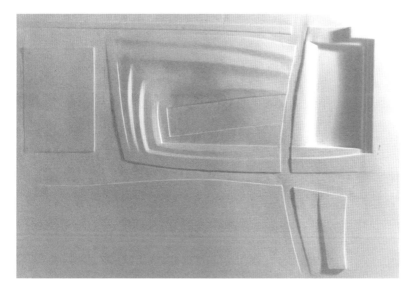

Tonmodell.

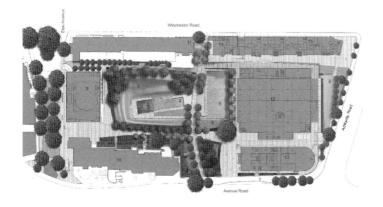

Präsentationsplan.

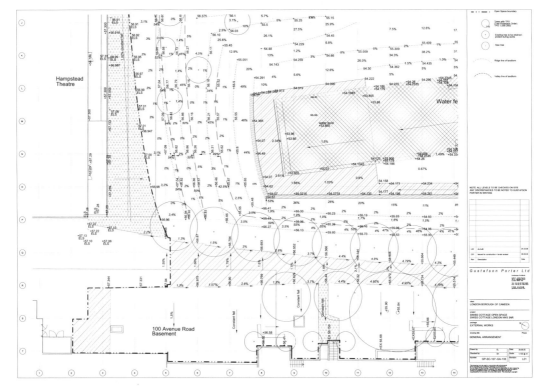

Höhenplan.

Grobe Erdskulptur.

Manuelle Verdichtung des
Oberbodens vor der Verlegung
des Rollrasens.

Verlegung des Rollrasens.

Erosionsschutz und Pflöcke mit
Schnurprofilen.

Ergonomische Geländemodellierung.

Northumberlandia

Cramlington, England
Charles Jencks and the Banks Group

Northumberlandia ist ein Wahrzeichen für die natürlichen Kräfte der Erde und die menschliche Kreativität, die es vermag, der Landschaft eine dramatische Form zu verleihen, entworfen vom weltbekannten Architekten Charles Jencks. Die eindrückliche Landform liegt am südöstlichen Eingang von Northumberland, in der Nähe der Stadt Cramlington. Die bis zu 34 Meter hohe und 400 Meter lange Erdskulptur ist das zentrale Element eines öffentlichen Parks.

Northumberlandia wurde aus Felsschüttmaterial der benachbarten Shotton Tagebaumine gebaut. Ein Meter dicke Schichten wurden aufgetragen und verdichtet. Die oberste besteht aus Unterboden und zehn Zentimeter Oberboden. Die steilsten ungesicherten Böschungen besitzen ein Gefälle von 1:1,5. An den steileren Stellen kamen Geo-Grid und Gabionen zum Einsatz.

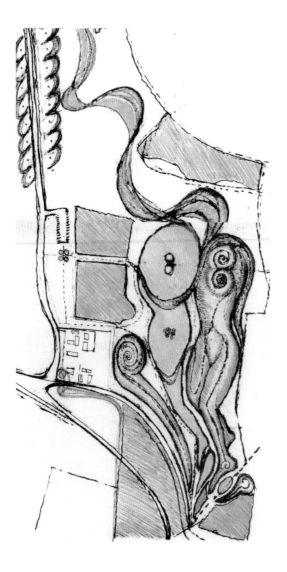

Skizze von Charles Jencks.

Rechte Seite: Höhenlinienplan (unmaßstäblich) von Northumberlandia.

236

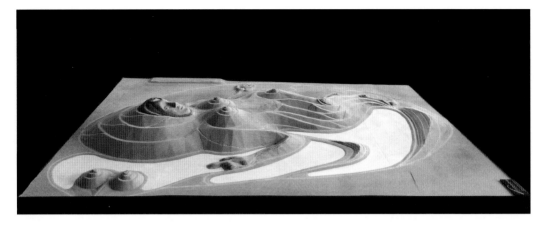

Modell.

Luftbild nach der Fertigstellung.

Northumberlandia nach der
Fertigstellung.

SGI/Google Corporate Headquarters

Mountain View, California, USA
SWA

«Wir standen vor einer großen gestalterischen Herausforderung», sagt Dan Tuttle vom SWA Büro San Francisco. «Die Stadt forderte einen Park, SGI benötigte 50 000 m² Bürofläche für Forschung und Entwicklung und das Gelände besitzt ein Gefälle von vier Metern. Erschwerend kam das komplexe Netz von öffentlichem und privatem Verkehr hinzu.» Diese unterschiedlichen Bewegungsformen wurden zum Hauptentwurfsthema.

Die kreative Zusammenarbeit des Planungsteams führte zu zwei Entscheidungen. Erstens: der Campus und der Park sollten eine zusammenhängende Landschaft darstellen, und zweitens: wegen der benötigten großen Fläche für das Gebäude wurde der Komplex auf ein Podest gehoben und ein Großteil der Parkplätze fand darunter Platz. Dadurch entstand eine Terrassenlandschaft, die die Parkgarage für rund 1100 Autos, das sind zwei Drittel der benötigten Parkplätze, versteckt. Außerdem konnte damit die Höhe des Gebäudekomplexes auf zwei bis drei Geschosse beschränkt werden (ein Verhältnis von 50 Prozent von bebauter zu unbebauter Fläche).

«Es ist ein sehr gutes Fallbeispiel für Geländemodellierung und Parkplatzgestaltung, da beides miteinander verwoben ist», sagt René Bihan, SWA San Francisco.

Am besten versteht man das Projekt, indem man es sich in Google Earth anschaut (Anmerkung des Autors).

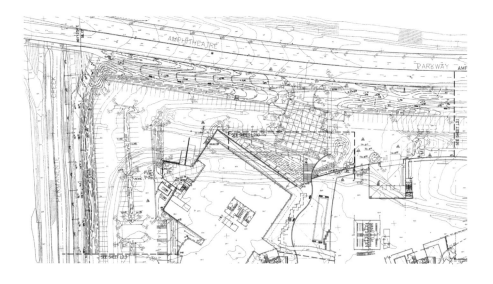

Geländemodellierungsplan des
Google Headquarters.

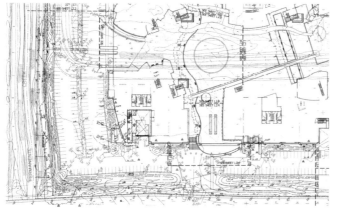
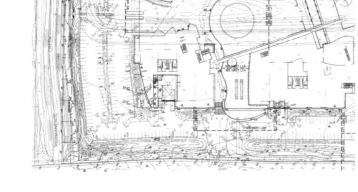

Oben und Mitte: Die Terrassenlandschaft entsteht durch das
Anheben des Gebäudekomplexes auf ein Podium.

Geländemodellierungspläne des
Google Headquarters.

Desert Ridge Marriot

Phoenix, Arizona, USA
SWA

Bei dem Projekt handelt es sich um das größte Hotel in Arizona, mit einem Raumprogramm von 1000 Zimmern, Spa, Restaurants etc. Da die Höhe auf vier Stockwerke begrenzt war, entstand ein sehr langer, horizontaler Gebäudekomplex: wie große Tafeln, die beeindruckende Ausblicke auf die McDowell-Berge bieten.

Die Geländemodellierung mit einem System von Erhöhungen und Bachläufen (Arroyos) spielte eine sehr wichtige Rolle, um die Ausblicke zu fokussieren. Die Senken dienen der Fußgängerzirkulation, sind mit einheimischen Pflanzen bewachsen, große Bäume werfen Schatten. Diese Bachsenken haben im heißen Wüstenklima eine ästhetische, aber durch den Kühlungseffekt auch eine funktionale Aufgabe. Sie führen bis zu den Parkplätzen und dienen dort sowohl als Schattenspender als auch für die Aufnahme des Regenwassers. Die Höhenkanten sind so positioniert, dass die Gebäudekörper sich in funktionale Räume unterteilen lassen.

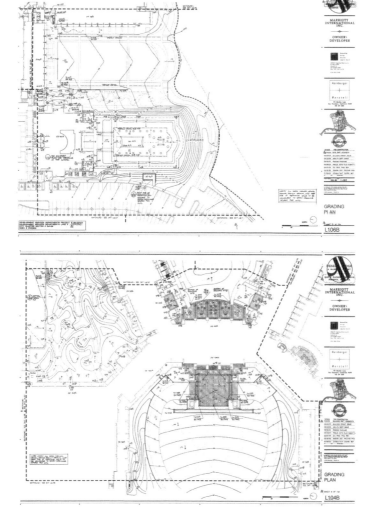

Beispiele für die zahlreichen Geländemodellierungspläne für das komplexe Projekt.

242

Arroyos mit den Funktionen: Fußgängerzirkulation, Schattenspende und Regenwasserversickerung.

2500 Hollywood Way

Burbank, California, USA
SWA

Bei dem sechs Hektar großen, gemischt genutzten Grundstück mit Büros, Hotel, Restaurant, Konferenzzentrum und Parkplatz handelt es sich um ein Umbauprojekt. Der Kunde wünschte eine einheitlichere Identität und die Lösung des Problems der Verkehrszirkulation durch ein Bepflanzungskonzept. Mittels Geländemodellierung entsprachen die Landschaftsarchitekten der Auflage des Sun Valley nach Regenwasserversickerung und schufen einen angenehmen Freiraum.

Der Landform Garden am Eingang des Hotels soll die in der Nähe gelegene Verdugo-Bergkette symbolisieren. Die Geländemodellierung ist steiler als 1 : 2, was durch die Nutzung einer neuartigen, unsichtbaren Erosionstechnologie mit dem Namen Slopetame2 möglich war. Das Produkt stabilisiert den Boden und unterstützt den Pflanzenbewuchs. Eingefasst ist die Landform von Stampfbetonmauern, integrierte Metallbänke bieten Sitzgelegenheiten.

Die Parkplätze sind mit bewachsenen Gräben (bioswales) eingefasst. Als Sichtschutz dienen ein Meter hohe bepflanzte Berme. Der gesamte Parkplatz ist nach Süden geneigt, um das Regenwasser dorthin abzuleiten. Öffnungen der Randsteine, die den Parkplatz einfassen, ermöglichen dem Wasser, in die Gräben zu gelangen. Der Oberboden der Gräben filtert es, bevor es versickert. Die Geländemodellierung war das Hauptgestaltungsmittel des gesamten Projektes.

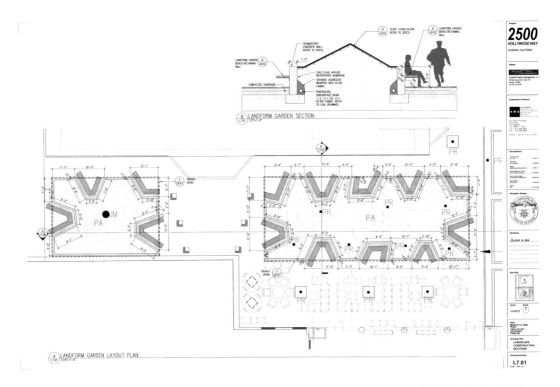

Detailplan, Landform Garden.

Landform Garden, Gelände-
form nach der Bepflanzung.

Landform Garden, Sicht von
Innen.

Slopetame2 Erosionsmatten
nach dem Einbau.

Qiaoyuan Wetland Park

Tianjin, China
Turenscape Landscape Architects

In der im Nordosten von China gelegenen Küstenstadt Tianjin wurde ein ehemaliger Schießplatz in einen Stadtpark mit geringen Unterhaltskosten umgewandelt. Neben pädagogischen Aspekten in Sachen Umwelt und der Naherholung dient der Park zur Rückhaltung und Reinigung von Regenwasser.

Vogelperspektive des Parks von Südwesten.

Geländemodellierungsplan
Qiaoyuan Wetland Park im
Maßstab 1 : 5000.

Victorian Desalination Project

Victoria, Australien
ASPECT Studios

Das Entsalzungsprojekt Victoria ist ein großes Infrastrukturprojekt im Südosten Australiens. Wegen der sensiblen Lage an der Küste in Bezug auf das Landschaftsbild und die Umwelt beinhaltet das Projekt auch größere ökologische Ausgleichsmaßnahmen. Der Einsatz von landschaftsbildenden Erdarbeiten war eine der Hauptentwurfsstrategien, um die Industriegebäude in die Landschaft zu integrieren.

Die Geomorphologie der Küste führte zum Bau von Sanddünen: einerseits visuelle und akustische Barrieren, andererseits ökologische Bausteine. Die gebauten Bodenprofile boten optimale Bedingung für das Pflanzenwachstum. Die Dünen waren so flexibel ausgelegt, dass sie problemlos größere Mengen von Erdmaterial, das bei den Bauarbeiten anfiel, aufnehmen konnten.

Die Landschaftsarchitekten von ASPECT Studios arbeiteten eng mit den Architekten und Ingenieuren zusammen, um sicherzustellen, dass alle Projektanforderungen bezüglich des Ablaufprozesses und der Umweltauflagen erfüllt wurden. Die Hauptaufgabe bestand darin, durch die gebauten Dünen den Einfluss der Industriebauten auf das Landschaftsbild möglichst gering zu halten. Die Höhe und Lage der Dünen wurde genau mit dem begrünten Dach des Hauptgebäudes abgestimmt. Das begrünte Dach und die gebauten Dünen sollten die dominanten landschaftlichen Elemente von markanten Aussichtspunkten aus darstellen.

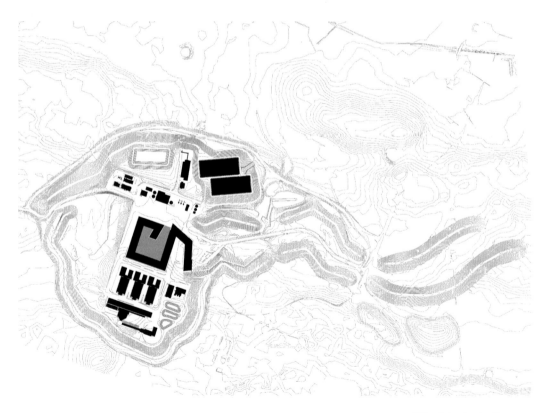

Höhenlinienplan des Gesamtprojekts.

Ausschnitt aus dem Höhen-
linienplan.

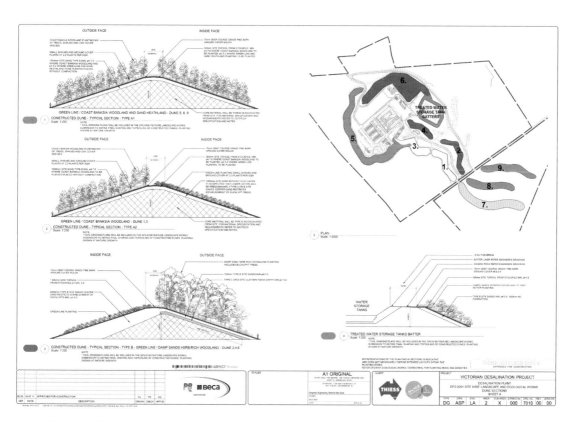

Details einer Sanddüne.

Millenium Parklands

Sydney, Australien
PWP Landscape Architecture

1997 lud die Firma HASSEL PWP Landschaftsarchitekten zum Entwurf eines Parks von mehr als 1000 Hektar ein. Das Gebiet mit dem Namen Homebush Bay umschließt das Olympiagelände der Spiele in Sydney von 2000. Es ist etwas größer als der Central Park in New York. Im Gegensatz zum Central Park oder dem Golden Gate Park in San Francisco liegt das Gelände nicht in einem urbanen Raster, weshalb es auch keine formalen Grenzen hat. Die Parkverwaltung und die Olympic Coordinating Authority (OCA) wünschten einen Park für das 21. Jahrhundert, der einen starken Gegensatz zum Centennial Park in Sydney, einer Gestaltung des 19. Jahrhunderts, bilden sollte.

Die erste Aufgabe bestand darin, den verseuchten Boden auszutauschen. Danach wurde eine Reihe von signifikanten Geländeformen positioniert. Wege winden sich nach oben und erschließen die 20 bis 60 Meter hohen Geländeformen. Die Modellierungen dienen als Orientierungshilfen innerhalb des Parks und ermöglichen über die Baumspitzen hinweg den Ausblick zum Olympiazentrum und in der Ferne bis hin zur Stadtmitte von Sydney. Da die Stärke der Oberbodenschicht auf den Kuppen der Geländeformen sehr gering ausgebildet ist, wurden dort nur flachwurzelnde einheimische Wiesenansaaten aufgebracht. In den Senken mit mehr Oberboden pflanzte man Bäume.

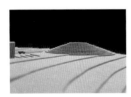

Modell einer Geländeform. PWP arbeitet immer mit Modellen, auch bei der Geländemodellierung für die Millenium Parklands.

Luftaufnahme der Millenium Parklands, Sydney.

250

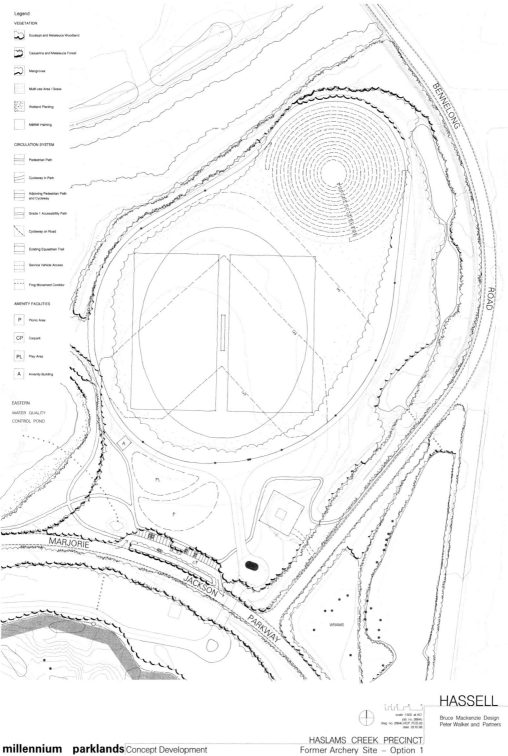

Legend

VEGETATION

Eucalypt and Melaleuca Woodland

Casuarina and Melaleuca Forest

Mangroves

Multi-use Area / Grass

Wetland Planting

Marker Planting

CIRCULATION SYSTEM

Pedestrian Path

Cycleway in Park

Adjoining Pedestrian Path and Cycleway

Grade 1 Accessibility Path

Cycleway on Road

Existing Equestrian Trail

Service Vehicle Access

Frog Movement Corridor

AMENITY FACILITIES

P   Picnic Area

CP Carpark

PL Play Area

A   Amenity Building

EASTERN
WATER QUALITY
CONTROL POND

BENNELONG

ROAD

MARJORIE

JACKSON

PARKWAY

WRAMS

scale 1:500 at A0
job no. 2664c
dwg. no. 2664c HCP FCD.03
date 28.10.98

HASSELL

Bruce Mackenzie Design
Peter Walker and Partners

millennium parklands Concept Development

HASLAMS CREEK PRECINCT
Former Archery Site – Option 1

Höhenlinienplan einer Geländeform.

Anhang

Übungen zur Geländemodellierung

Die meisten der Übungen auf den folgenden Doppelseiten basieren auf Material aus Kursen zur Geländemodellierung an US-amerikanischen Universitäten. In diesem Zusammenhang möchte sich der Autor bei Prof. Sadik C. Artunc, FASLA, bedanken. Mithilfe von Autodesk Civil 3D wurden die Lösungen modelliert. Die Aufgaben können analog mit Taschenrechner, Lineal (besser noch: Dreikant), Bleistift und Radiergummi oder digital bearbeitet werden. Am Studiengang Landschaftsarchitektur der HSR Hochschule für Technik Rapperswil müssen die Studierenden in der Lage sein, die Aufgaben im 1. Semester analog und im 2. Semester digital zu lösen.

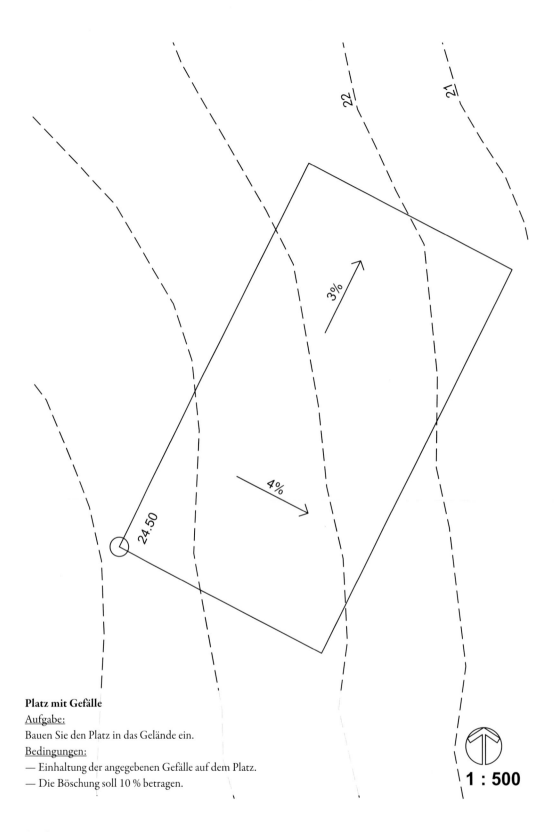

22

21

3%

4%

24.50

Platz mit Gefälle

<u>Aufgabe:</u>

Bauen Sie den Platz in das Gelände ein.

<u>Bedingungen:</u>

— Einhaltung der angegebenen Gefälle auf dem Platz.

— Die Böschung soll 10 % betragen.

1 : 500

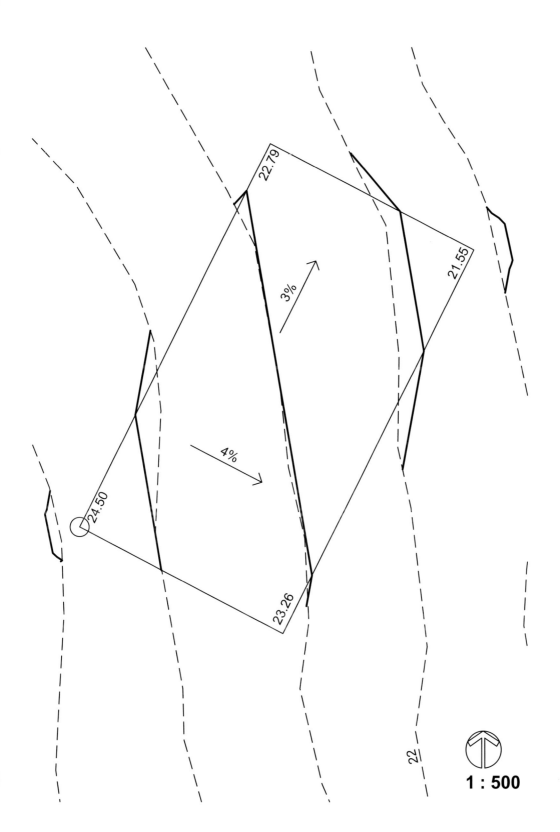

22.79

21.55

3%

4%

24.50

23.26

22

1 : 500

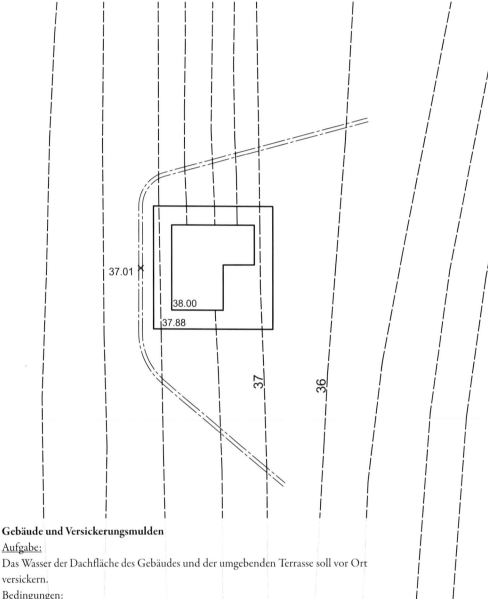

Gebäude und Versickerungsmulden

<u>Aufgabe:</u>

Das Wasser der Dachfläche des Gebäudes und der umgebenden Terrasse soll vor Ort versickern.

<u>Bedingungen:</u>

— Bestimmt durch die Hangsituation leiten zwei Gräben das Wasser ab.

— Die Längs- und Seitengefälle der Gräben sind frei wählbar.

— Beide Gräben enden in Versickerungsmulden.

— Ein Sattelpunkt liegt auf der Hangseite, außerhalb der zu entwässernden Fläche und ist tiefer als der Platz, aber etwas höher als eine Höhenlinienhöhe (37.01). Mit diesem Trick erreicht man, dass die Höhenlinien vor dem Höhenpunkt wieder zurücklaufen und der Höhenlinienplan an Übersichtlichkeit gewinnt.

1 : 1000

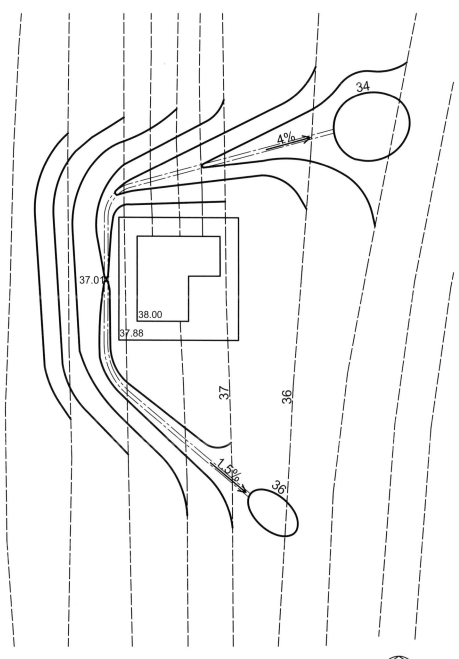

34

4%

37.01

38.00

37.88

37

36

1,5%

36

1 : 1000

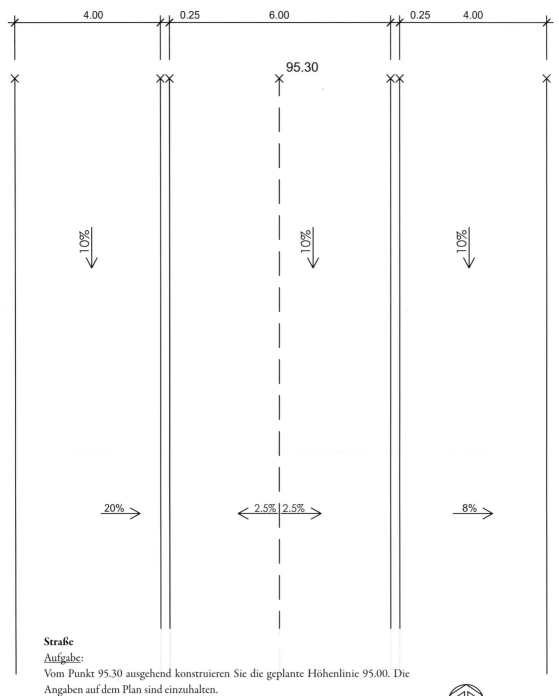

Straße

Aufgabe:

Vom Punkt 95.30 ausgehend konstruieren Sie die geplante Höhenlinie 95.00. Die Angaben auf dem Plan sind einzuhalten.

Bedingungen:

— Die 6 Meter breite Straße besitzt auf beiden Seiten einen 25 Zentimeter breiten Randstein mit einer Höhe von 10 Zentimetern.

1 : 100

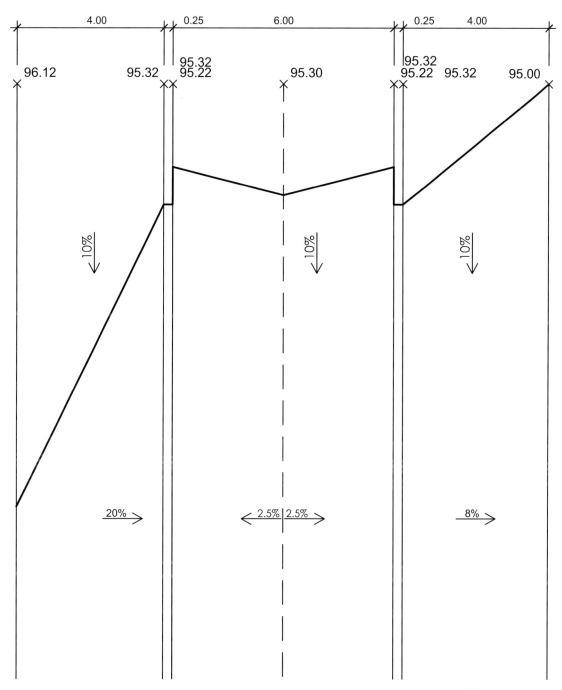

4.00   0.25   6.00   0.25   4.00

96.12   95.32   95.32   95.22   95.30   95.32   95.22   95.32   95.00

10%   10%   10%

20%   2.5% | 2.5%   8%

1 : 100

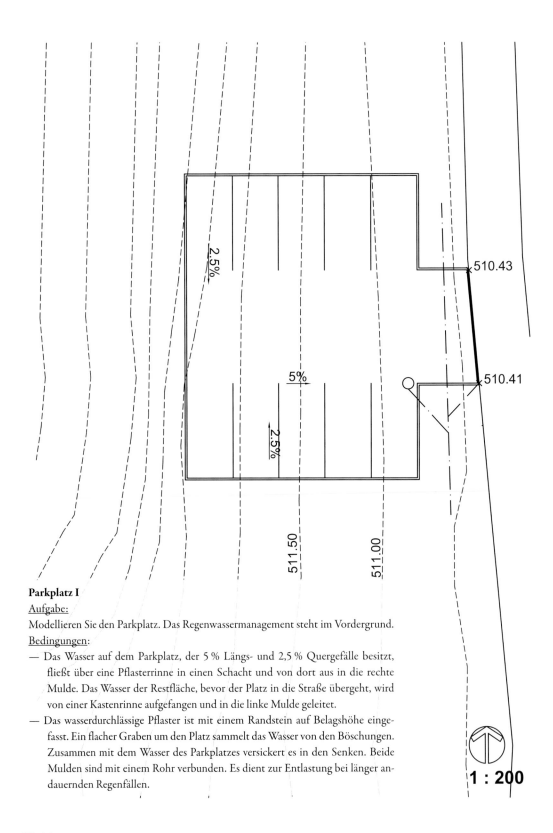

Parkplatz I

<u>Aufgabe:</u>

Modellieren Sie den Parkplatz. Das Regenwassermanagement steht im Vordergrund.

<u>Bedingungen:</u>

— Das Wasser auf dem Parkplatz, der 5 % Längs- und 2,5 % Quergefälle besitzt, fließt über eine Pflasterrinne in einen Schacht und von dort aus in die rechte Mulde. Das Wasser der Restfläche, bevor der Platz in die Straße übergeht, wird von einer Kastenrinne aufgefangen und in die linke Mulde geleitet.

— Das wasserdurchlässige Pflaster ist mit einem Randstein auf Belagshöhe eingefasst. Ein flacher Graben um den Platz sammelt das Wasser von den Böschungen. Zusammen mit dem Wasser des Parkplatzes versickert es in den Senken. Beide Mulden sind mit einem Rohr verbunden. Es dient zur Entlastung bei länger andauernden Regenfällen.

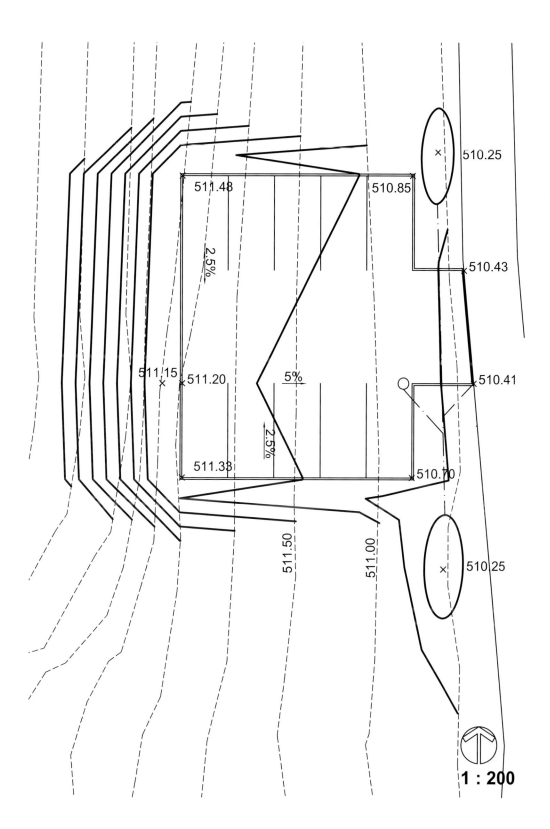

510.25

510.85

511.48

2.5%

510.43

511.15 511.20

5%

510.41

2.5%

511.38

510.70

511.50

511.00

510.25

1 : 200

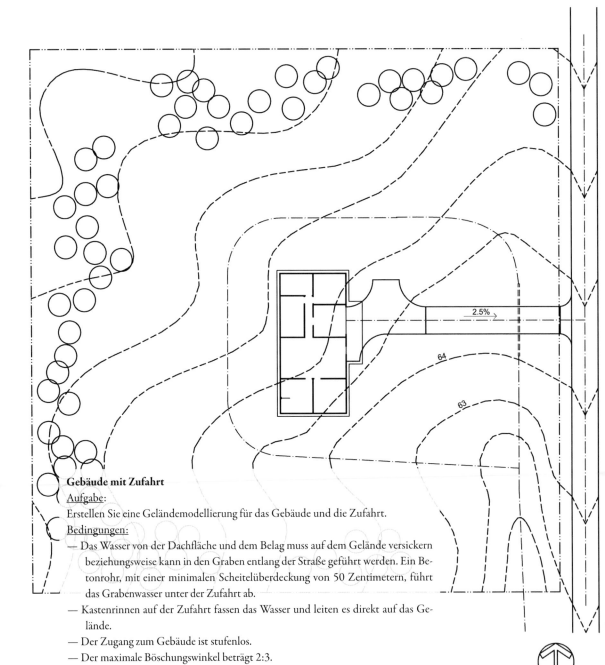

Gebäude mit Zufahrt

Aufgabe:

Erstellen Sie eine Geländemodellierung für das Gebäude und die Zufahrt.

Bedingungen:

— Das Wasser von der Dachfläche und dem Belag muss auf dem Gelände versickern beziehungsweise kann in den Graben entlang der Straße geführt werden. Ein Betonrohr, mit einer minimalen Scheitelüberdeckung von 50 Zentimetern, führt das Grabenwasser unter der Zufahrt ab.

— Kastenrinnen auf der Zufahrt fassen das Wasser und leiten es direkt auf das Gelände.

— Der Zugang zum Gebäude ist stufenlos.

— Der maximale Böschungswinkel beträgt 2:3.

— Vorgaben für den Graben: Sohlenbreite 1,5 Meter, minimales Gefälle entlang der Mittelachse 1 %.

— Die bestehenden Bäume müssen geschützt werden. Es gilt der Schutzbereich = Kronentraufe + 1,50 Meter.

— Angabe von Höhenpunkten und Gefällen an allen wichtigen Stellen.

— Wegen des kleinen Maßstabs handelt es sich um eine konzeptionelle Modellierung. Annahmen zum Grabenscheitel sind selbstständig zu treffen.

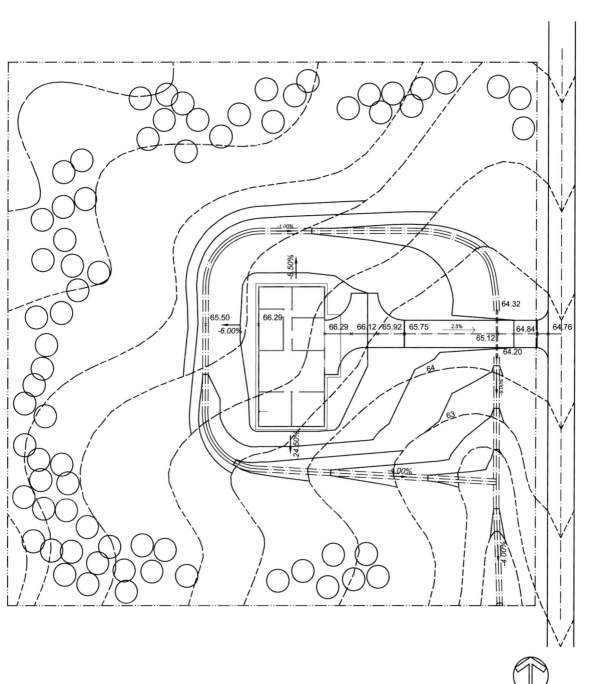

65.50
-6.00%

66.29

66.29   66.12 65.92   65.75   2.5%
                                65.12

-1.00%

-8.50%

-24.50%

-4.00%

64.32

64.84   64.76

64.20

64

63

1 : 1000

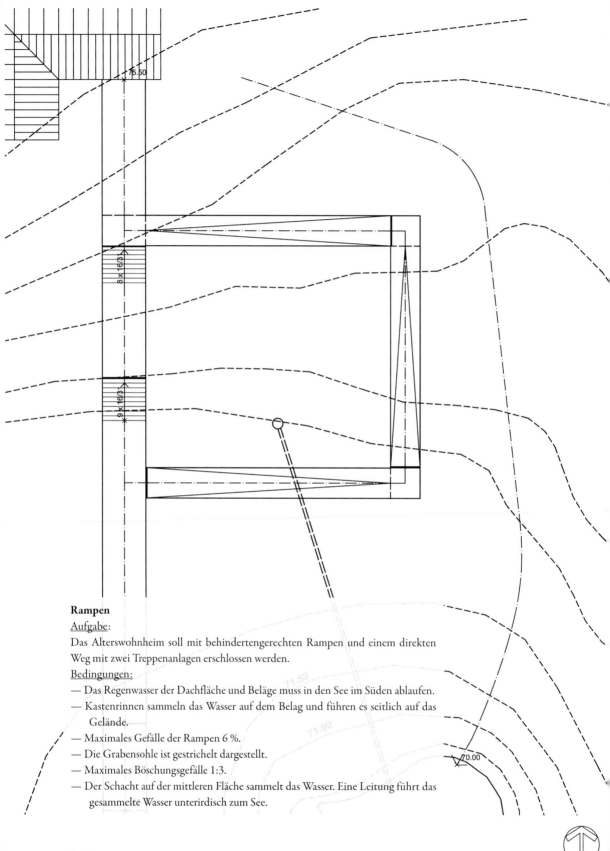

Rampen

<u>Aufgabe</u>:

Das Alterswohnheim soll mit behindertengerechten Rampen und einem direkten Weg mit zwei Treppenanlagen erschlossen werden.

<u>Bedingungen</u>:

— Das Regenwasser der Dachfläche und Beläge muss in den See im Süden ablaufen.

— Kastenrinnen sammeln das Wasser auf dem Belag und führen es seitlich auf das Gelände.

— Maximales Gefälle der Rampen 6 %.

— Die Grabensohle ist gestrichelt dargestellt.

— Maximales Böschungsgefälle 1:3.

— Der Schacht auf der mittleren Fläche sammelt das Wasser. Eine Leitung führt das gesammelte Wasser unterirdisch zum See.

1 : 25

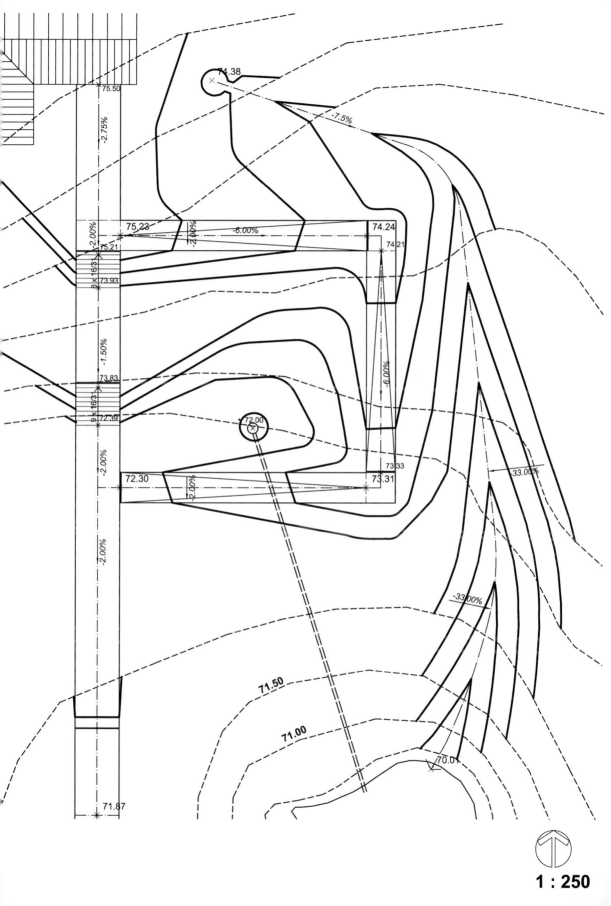

1 : 250

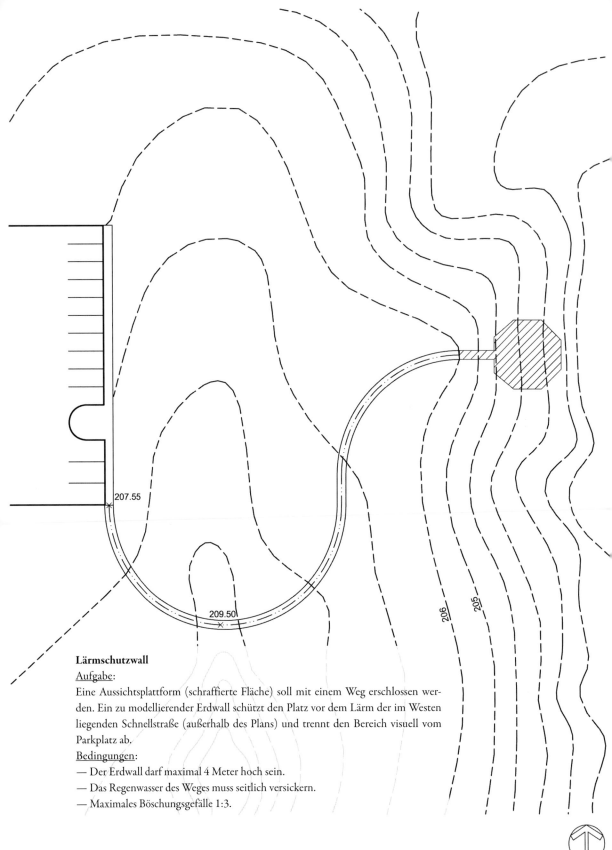

207.55

209.50

206

205

Lärmschutzwall

Aufgabe:

Eine Aussichtsplattform (schraffierte Fläche) soll mit einem Weg erschlossen werden. Ein zu modellierender Erdwall schützt den Platz vor dem Lärm der im Westen liegenden Schnellstraße (außerhalb des Plans) und trennt den Bereich visuell vom Parkplatz ab.

Bedingungen:

— Der Erdwall darf maximal 4 Meter hoch sein.

— Das Regenwasser des Weges muss seitlich versickern.

— Maximales Böschungsgefälle 1:3.

1 : 50

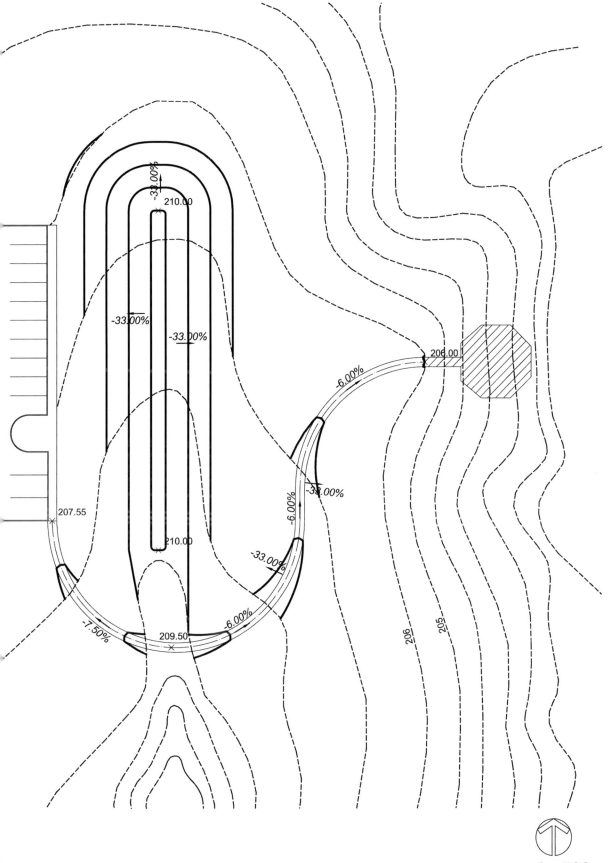

-33.00%

210.00

-33.00%

-33.00%

207.55

206.00

-6.00%

-33.00%

-6.00%

210.00

-33.00%

206

205

-7.50%

209.50

-6.00%

1 : 500

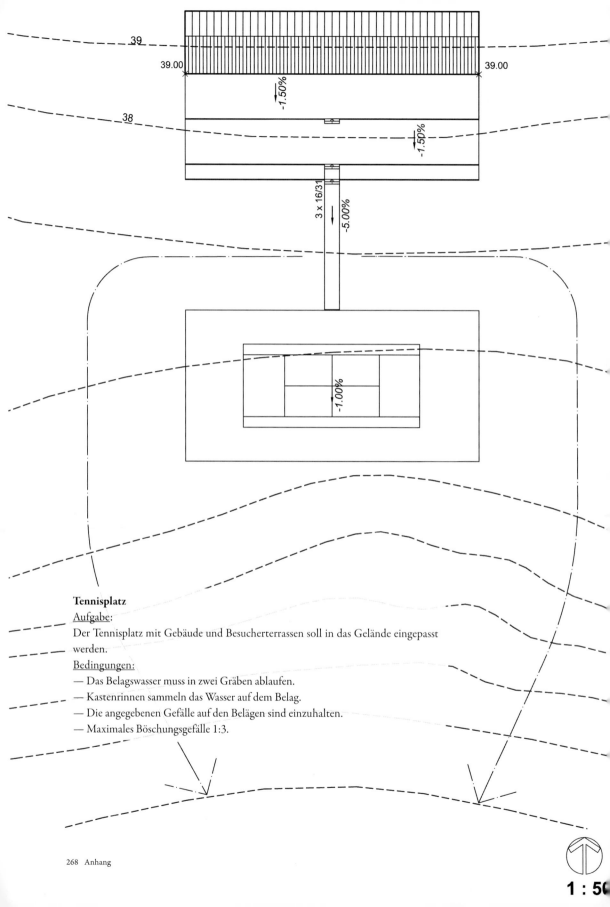

Tennisplatz

<u>Aufgabe:</u>

Der Tennisplatz mit Gebäude und Besucherterrassen soll in das Gelände eingepasst werden.

<u>Bedingungen:</u>

— Das Belagswasser muss in zwei Gräben ablaufen.

— Kastenrinnen sammeln das Wasser auf dem Belag.

— Die angegebenen Gefälle auf den Belägen sind einzuhalten.

— Maximales Böschungsgefälle 1:3.

1 : 50

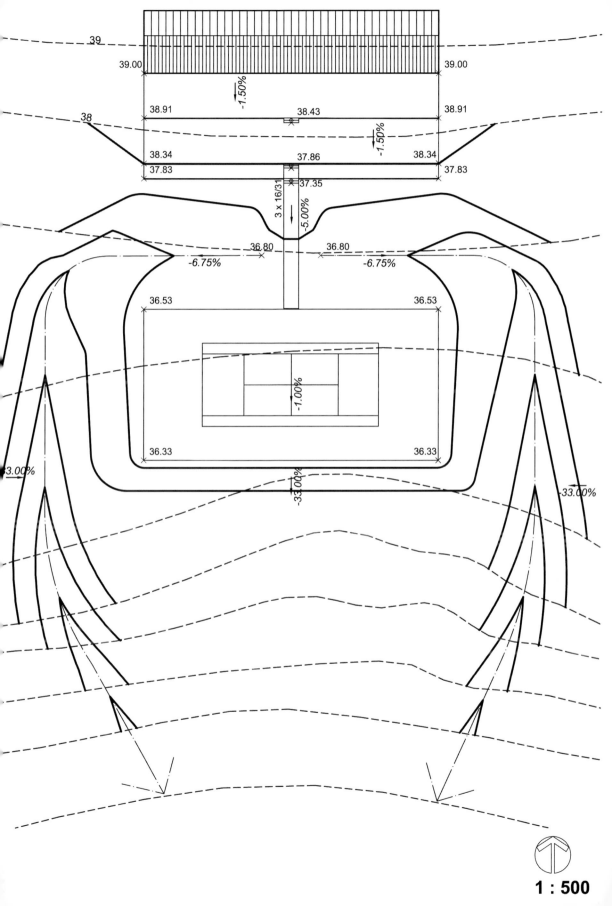

39

39.00

39.00

−1.50%

38.91

38.43

38.91

38

38.34

37.86

38.34

37.83

37.83

37.35

−1.50%

3 x 16/31

−5.00%

36.80

36.80

−6.75%

−6.75%

36.53

36.53

−1.00%

36.33

36.33

3.00%

−33.00%

−33.00%

1 : 500

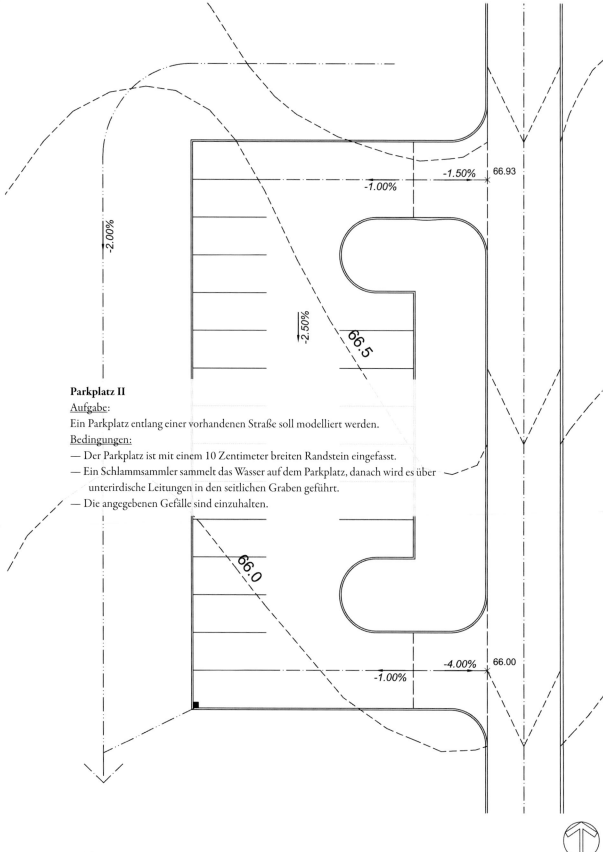

Parkplatz II

<u>Aufgabe:</u>

Ein Parkplatz entlang einer vorhandenen Straße soll modelliert werden.

<u>Bedingungen:</u>

— Der Parkplatz ist mit einem 10 Zentimeter breiten Randstein eingefasst.

— Ein Schlammsammler sammelt das Wasser auf dem Parkplatz, danach wird es über
  unterirdische Leitungen in den seitlichen Graben geführt.

— Die angegebenen Gefälle sind einzuhalten.

1 : 25

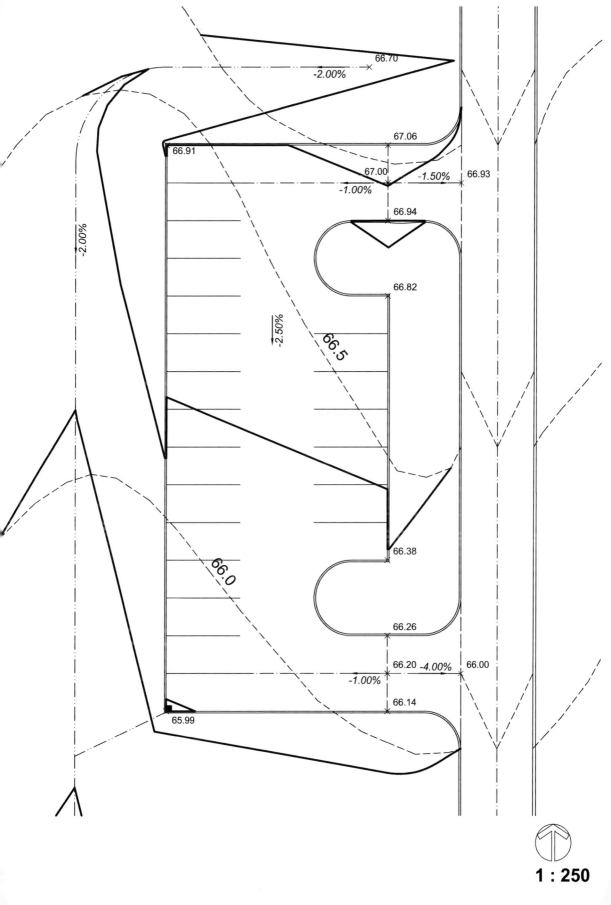

66.70
-2.00%

67.06

66.91

67.00
-1.00%
-1.50%
66.93

66.94

66.82

-2.50%

66.5

-2.00%

66.0

66.38

66.26

66.20 -4.00% 66.00
-1.00%

66.14

65.99

1 : 250

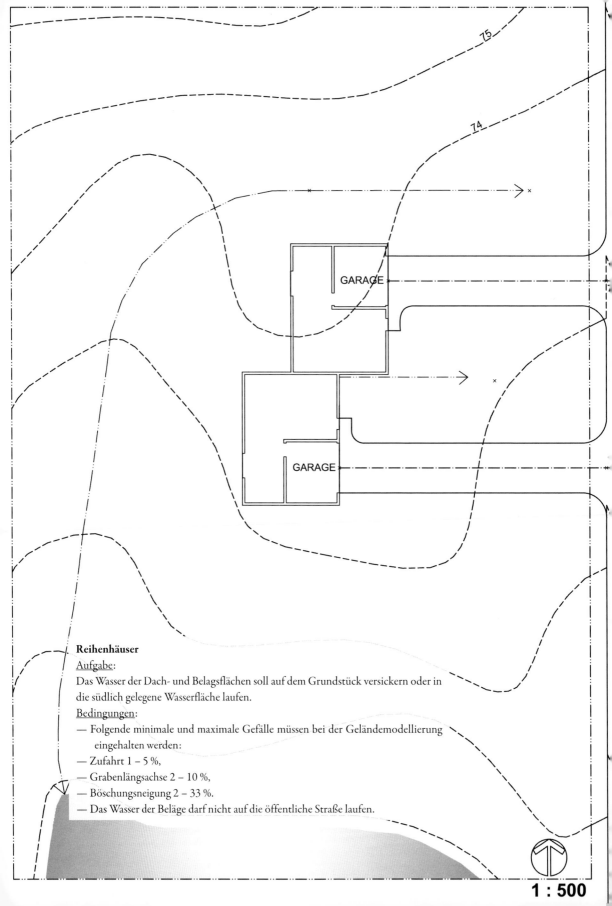

Reihenhäuser

<u>Aufgabe:</u>

Das Wasser der Dach- und Belagsflächen soll auf dem Grundstück versickern oder in die südlich gelegene Wasserfläche laufen.

<u>Bedingungen:</u>

— Folgende minimale und maximale Gefälle müssen bei der Geländemodellierung eingehalten werden:

— Zufahrt 1 – 5 %,

— Grabenlängsachse 2 – 10 %,

— Böschungsneigung 2 – 33 %.

— Das Wasser der Beläge darf nicht auf die öffentliche Straße laufen.

GARAGE

GARAGE

75

74

1 : 500

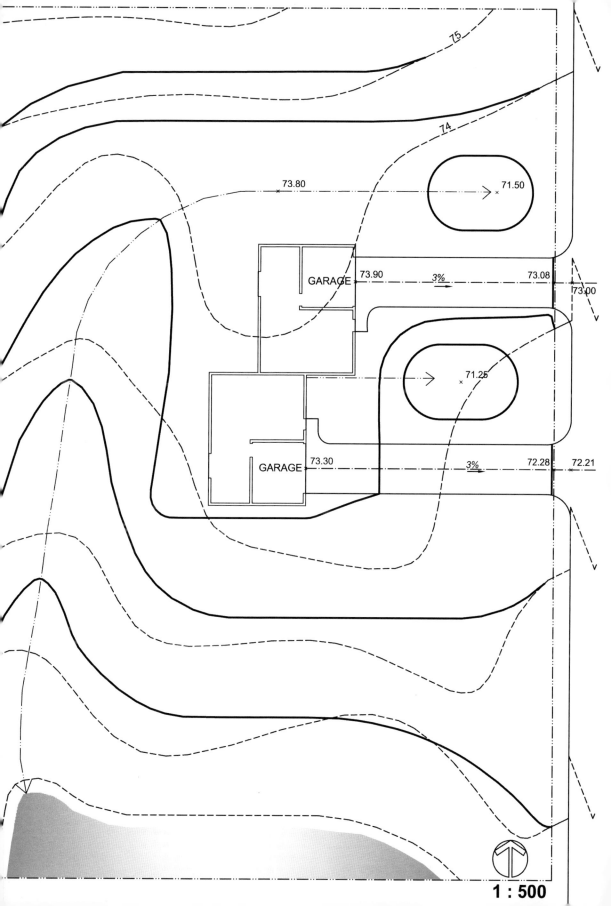

73.80   71.50

GARAGE   73.90   3%   73.08
                              73.00

                    71.25

GARAGE   73.30   3%   72.28   72.21

1 : 500

Glossar

ABFLUSSBEIWERT Wert, der die Beschaffenheit der beregneten Fläche und die daraus resultierende Abflussverzögerung berücksichtigt.

ABSTECKUNG Lokalisierung von Bauwerken auf der Baustelle in der Horizontalen.

ABTRAG Neigung, die entsteht, wenn der Grundriss unter die bestehende Geländelinie fällt. Die entstehende Neigung (verglichen mit der bestehenden Geländelinie) wird «Abtrag» genannt, weil das Gelände beim Bau abgetragen (entfernt) werden muss.

ACHSE Eine Reihe von 2D-Koordinaten (Hochwerte und Rechtswerte), die durch Linien, Bogen oder Überbogen miteinander verbunden sind und Elemente wie z. B. Mittellinien, Ränder von Fahrbahnbelägen, Gehwege oder Grunderwerbslinien darstellen können.

ACHSENABSTECKUNG Prozess, bei dem an Festpunkten in einem zu erschließenden Gebiet Absteckungen im Boden platziert werden.

ASCII American Standard Code for Information Interchange.

ASCII GRID-FORMAT Ein Rasterformat, bei dem jedes Pixel ein Höhenattribut besitzt.

AUFLOCKERUNG Volumenveränderung des Bodens beim Lösen aus dem gewachsenen Zustand.

AUFTRAG Neigung, die entsteht, wenn der Grundriss über die bestehende Geländelinie fällt. Verglichen mit der bestehenden Geländelinie wird sie Auftrag genannt, weil Material aufgetragen werden muss, um das Gelände beim Bau aufzufüllen.

AZIMUT Ein Winkel, der im Uhrzeigersinn von einem Referenzmeridian ausgemessen wird. Wird auch als «Nordazimut» bezeichnet. Er kann zwischen 0 und 360 Grad liegen. Ein negativer Azimut wird in einen Wert im Uhrzeigersinn umgewandelt.

BERME Eine Berme ist eine stufenartige Unterteilung der Böschung.

BIM Building Information Modelling.

BODENFEUCHTE Wasser im Boden, das in den mittleren und feinen Poren kapillar gebunden ist.

BODENGEFÜGE Räumliche Anordnung der mineralischen und organischen Bodenbestandteile mit unterschiedlich großen und geformten Hohlräumen (welche Wasser oder Bodenluft enthalten).

BODENSKELETT Anteil mineralischer Bodenbestandteile mit Korngrößen über zwei Millimeter im Durchmesser (Steine, Kies).

BODENVERDICHTUNGEN Irreversible Veränderungen der Bodenstruktur durch Druckbelastungen mit Verlust von groben Poren, Zerstörung oder Unterbrechungen des Hohlraumsystems.

BÖSCHUNG Gelände mit einer durch Abtrag oder Anschüttung geschaffenen geneigten Geländeoberfläche.

BÖSCHUNGSFUSS Linie, auf der Abtrag und Auftrag im betreffenden Arbeitsbereich gleich null sind. Bei Verschneidungsobjekten stellt dies die Ziellinie dar, die durch Verschneidung eines bestimmten DGM, eines Abstands oder einer Höhe erzeugt wurde.

BRUCHKANTE Linie, die Daten verbindet, welche ein bestimmtes DGM-Element darstellen, wie beispielsweise eine Bergrückenlinie, die Kanten eines Fahrbahnbelags, der Fuß einer Neigung, die Mittellinie einer Straße oder die Flusslinie eines Grabens oder Bachlaufs.

buildingSMART BIM Initiative (www.buildingsmart. org).

BUSCHLAGE Ingenieurbiologische Hangsicherungstechnik.

CAD Computer Aided Design.

CAM Computer Aided Manufacturing.

COGO Kurzform für «Koordinatengeometrie» (engl. Coordinate Geometry).

DAMM Bei einem Damm handelt es sich um eine Aufschüttung. Der Damm besteht aus der Dammkrone und einer beidseitigen Böschung mit einer bestimmten Neigung.

DATENBAND Grafischer Rahmen in der Straßenplanung, der einem Längs- oder Querprofilplan zugeordnet ist. Das Datenband enthält Beschriftungen für den Höhenplan bzw. den Querprofilplan sowie für die übergeordnete Achse. Einige häufig verwendete Beschriftungen sind Höhendaten, Stationspunkte und Abtrags-/Auftragstiefen.

DELAUNY-TRIANGULATION Bei der Delaunay-Dreiecksvermaschung befindet sich kein anderer Punkt innerhalb des Kreises, der von den Scheitelpunkten eines beliebigen Dreiecks definiert wird.

DEM Digital Elevation Model.

DGM – DTM – DEM Digitales Geländemodell – Digital Terrain Model – Digital Elevation Model. Digitale Speicherung der Höhendaten eines Geländes in Form eines unregelmäßigen Dreiecksnetzes (TIN).

DGPS Differentielles GPS.

DIGITALISIEREN Übersetzung eines analogen Signals in digitale Daten, zum Beispiel durch das Scannen eines Bildes.

DOM Digitales Oberflächen-Modell. Das DOM bildet die Erdoberfläche mit Bewuchs und Bebauung ab.

DRAINAGE Entwässerungseinrichtung im Bodenaufbau.

DRAUFSICHT Die Ansicht auf ein Gebiet in gerader Linie von einer erhöhten Position aus.

DXF-DATEIEN Data Exchange Format. Entspricht dem Auto-CAD-Original-Format DWG als ASCII-Datensatz. Das DXF-Format ist *kein* Standard und ändert sich mit jeder neuen Version von AutoCAD.

EBENHEIT Messung der Abweichung unter einer Vier-Meter-Latte.

EINFACHER ÜBERGANGSBOGEN Ein Übergangsbogen, bei dem das eine Ende mit dem großen Radius einen unendlichen Radius und das Ende mit dem kleinen Radius einen endlichen Radius aufweist. Man erzielt so einen nahtlosen Übergang von einer Tangente (Ende mit unendlichem Radius) zu einem Bogen (Ende mit endlichem Radius).

EINSCHNITT Abtragsböschung.

EROSION Abtragung von Feinerde durch Wasser oder Wind, häufig infolge menschlichen Wirkens.

FEINERDE Mineralische Bodenbestandteile mit Korngrößendurchmesser kleiner als zwei Millimeter.

FELDBUCH Dauerhafte, detaillierte Aufzeichnung, die ein Landvermesser für alle im Gelände erfassten Beobachtungen erstellt.

FILTERSCHICHT Schicht, die den Transport von Bodenbestandteilen in darüber- oder darunterliegende Schichten verhindert, beispielsweise Geokunststoff, Kies.

FUNDATIONSSCHICHT Schicht für die Lastverteilung auf den Unterbau.

GABIONEN Mit Steinen gefüllte Drahtkäfige.

GELÄNDEFORM Reliefgestalt mit bestimmten Neigungen, zum Beispiel gleichmäßig geneigt 30 bis 35 Prozent.

GELÄNDEMODELLIERUNG Künstliche Umgestaltung des Geländes durch Ab- und/oder Auftrag von Boden und Untergrundmaterial. Die Begriffe Geländemodellierung, Geländeänderung, Geländeveränderung, Terrainveränderung werden gleichbedeutend gebraucht.

GEOTECHNIK Die Geotechnik fasst die Einzeldisziplinen des Bauingenieurwesens zusammen, die sich mit der Gründung von Bauwerken im Untergrund befassen (Erd- und Grundbau, Bodenmechanik, Fels- und Tunnelbau etc.).

GEOTEXTILIEN Polymere Werkstoffe bilden die Basis für Geokunststoffe. Sie werden zu verschiedenen Produkten wie Geotextilien verarbeitet.

GIS Geografisches Informations-System.

GNSS Global Navigation Satellite Systems.

GPS Global Positioning System.

HOCHWERT Eine lineare Entfernung nördlich von der Ost/West-Linie, deren Position auf einer Achse liegt, die durch den Ursprung eines Rasters verläuft. Sie entspricht der y-Koordinate in einem kartesischen Koordinatensystem.

HOFABLAUF Dieser Ablauf nimmt das Wasser punktartig auf, er wird für kleinere, gepflasterte Flächen eingesetzt.

HÖHE Die vertikale Entfernung zwischen einer Bezugshöhe und einem Punkt oder Objekt auf der Erdoberfläche. Es wird im Allgemeinen davon ausgegangen, dass sich die Bezugshöhe auf Höhe des Meeresspiegels befindet. Die Höhe entspricht der z-Koordinate in einem kartesischen Koordinatensystem.

HÖHENLINIE Linie, die Punkte mit dem gleichen Höhenwert oder mit einem Wert im Verhältnis zu einer bestimmten Referenzbezugshöhe verbindet.

HÖHENPLAN (STRASSENBAU) Objekt, das zur grafischen Darstellung der Längsschnitt-Datenobjekte in einer Zeichnung dient. Ein Höhenplan ist im Wesentlichen ein Diagramm mit zwei Hauptachsen: Die x-Achse gibt die horizontale Entfernung entlang der referenzierten Achse (oder eines anderen linearen Elements) an, die y-Achse gibt die Höhe an. Höhenplan-Objekte können auch Rasteranzeigekomponenten und Datenbänder enthalten.

HÖHENPUNKT Punkt, der eine Höhenänderung kennzeichnet, die horizontale Geometrie jedoch nicht unterbricht.

HUMUS Gesamtheit der abgestorbenen organischen Bodensubstanz, mehr oder weniger umgewandelt.

INTERPOLATION Der Prozess zur Bestimmung der Lage eines Höhenpunktes, basierend auf zwei lagemäßig bekannten Höhenpunkten.

KIES Mineralischer Bodenbestandteil mit einem Korndurchmesser von zwei bis 63 Millimeter.

KLOTHOIDE, ÜBERGANGSBOGEN Ein Übergangsbogen, dessen Krümmung eine lineare Funktion seiner Länge ist. Dies bewirkt, dass der Krümmungsgrad am Berührungspunkt mit der Tangente gleich null ist und dann so ansteigt, dass er dem des angrenzenden Bogens entspricht.

KOHÄSION «Unter Kohäsion, auch Haftfestigkeit versteht die Bodenmechanik die zusammenhaltenden Kräfte in bindigen Böden. Sie ist nur bei Böden merklich, die sehr kleine Körner enthalten [...], wie z. B. Ton. Die Kohäsion sorgt im Boden oder im feinkörnigen Lockergestein für den inneren Zusammenhalt der einzelnen Teilchen untereinander.» (de.wikipedia.org/wiki/Kohäsion_(Bodenmechanik), de.wikipedia.org, 2013)

KOORDINATEN Zur Orientierung im Raum wird ein Koordinatensystem verwendet. Es beschreibt durch Angabe von x-, y-, und z-Wert die Lage eines Punktes im Raum.

KÖRNUNG Zusammensetzung der mineralischen Bodensubstanz aus unterschiedlichen Korngrößen (Steine, Sand, Schluff oder Silt und Ton).

KRONENTRAUFE Vertikale Verlängerung der Baumkronenaußenseite.

landscapingSMART Effiziente Erstellung und Nutzung eines digitalen Datenmodells in der Landschaftsarchitektur.

LANDSCHAFTSMODELLE Landschaftsmodelle geben die Objekte der Landschaft im flexiblen Vektorformat wieder. Sie bestehen aus thematischen Ebenen (z. B. ein Verkehrsnetz). Jede Ebene umfasst georeferenzierte punkt-, linien- oder flächenförmige Objekte. Jedes Objekt enthält Attribute und Beziehungen (Topologie).

LandXML Dieses Format bildet die Topologie eines TIN in einer Knoten- und Elementliste ab. Das Format ist als Schnittstelle für TIN optimal, da auch alle Bruchkanteninformationen erhalten bleiben. LandXML ist ein offenes OpenSource-Format und wird inzwischen von vielen GIS-Produkten und -Herstellern unterstützt.

Längsschnitt Ein Objekt, das Höhendaten entlang einer Achse oder einer anderen Linie aufweist.

Lidar Light Detection and Ranging.

ME-Wert Messeinheit für Plattendruckversuch.

Neigung (Prozent) Eine Methode zur Angabe der Geländeneigung, bei der der Höhenunterschied prozentual zur zurückgelegten horizontalen Entfernung angegeben wird. Steigt die Geländehöhe beispielsweise über einen horizontalen Abstand von fünf Einheiten um eine lineare Einheit, beträgt die Neigung 20 Prozent.

Neigung (Verhältnis) Ein Verfahren zur Angabe der Oberflächenneigung als Verhältnis. Dabei wird der horizontale Abstand angegeben, bei dem sich die Höhe um eine lineare Einheit ändert. Wenn sich das Gelände beispielsweise über einen horizontalen Abstand von 15 linearen Einheiten um drei Einheiten hebt, beträgt die Neigung 5:1.

Oberbau Gesamtheit der Schichten über dem Untergrund, welche die Lasten des Verkehrs tragen und verteilen. Der Oberbau kann aus mehreren Schichten bestehen, z. B. Filterschicht, Fundationsschicht, Tragschicht und Deckschicht.

Oberboden Belebter, humusreicher, dunkel gefärbter und meist intensiv durchwurzelter Boden.

pH-Wert Maßzahl für die Säurekonzentration in Lösungen (zum Beispiel Bodenwasser).

Planum Planierte und verdichtete Oberfläche des Unterbaus.

Rasentragschicht Spezielle Vegetationstragschicht für Rasenflächen hinsichtlich Wasser-, Nährstoffhaushalt und Tragfähigkeit.

Rechtswert Eine lineare Entfernung östlich von der Nord/Süd-Linie, deren Position auf einer Achse liegt, die durch den Ursprung eines Rasters verläuft. Der Rechtswert entspricht der x-Koordinate in einem kartesischen Koordinatensystem.

Rohplanie Gestaltung des Geländeverlaufs mit Untergrundmaterial.

Sand Mineralischer Bodenbestandteil mit Korndurchmesser 0,06 – 2,0 Millimeter.

Saugspannung Kraft, mit der Bodenwasser in Poren festgehalten wird (vor allem Kapillarkraft).

Schlammsammler Abscheideanlage mit Geruchverschluss, welche in der Grundstücksentwässerung dem Rückhalt und der Entnahme unerwünschter Stoffe, zum Beispiel Sand, Kies, Schwimmstoffe, dient.

Schotter Gebrochene Gesteinskörner mit einer Körnung von 3 – 22 Millimeter.

Sickerleitung Erdverlegte Leitung zur Sammlung und Ableitung von Hang- und Sickerwasser.

Sickerschicht Schicht zur Abführung von Wasser.

Stationierung Die Beschriftung, die angibt, welcher Punkt entlang der Referenzbasislinie gemeint ist.

Staunässe Vernässung durch Niederschlagswasser infolge schlecht durchlässiger Bodenschichten.

Tangente Ein gerades Liniensegment, das einen Teil einer Achse und eines Längsschnitts bildet. Entfernungen zwischen Tangenten werden als horizontale Entfernung zwischen den beiden Endpunkten gemessen.

TENSIOMETER Mit einem Manometer ausgerüstetes Messgerät zur Bestimmung der Saugspannung im Boden. Meistens fest an einem Ort installiert.

TERRAINVERÄNDERUNG Siehe Geländemodellierung.

TIN Trianguliertes irreguläres Netzwerk. Es werden jeweils die am nächsten zueinander liegenden Punkte zu unregelmäßigen Dreiecken vereint; die dadurch entstehenden Flächen bilden ein Geländemodell.

TRAGSCHICHT Gesamtheit des Oberbaus bei Belägen mit Ausnahme der Deckschicht.

UNTERGRUND Schicht aus Untergrundmaterial.

VEGETATIONSTRAGSCHICHT Durchwurzelbarer Boden aus einer oder mehreren Schichten, zum Beispiel Unterboden, Oberboden.

VEKTORGRAFIK Abspeicherung grafischer Daten auf der Basis der Koordinaten einzelner Punkte beziehungsweise von Strecken oder geometrischer Kurven.

WANNE In einem Längsschnitt eine Ausrundung auf dem Grund eines Tals oder einer ähnlichen Örtlichkeit, wo die Neigung vor dem Bogen kleiner ist als die danach. In einem Wannenbogen liegt der vertikale Schnittpunkt (TS) für die Tangenten unterhalb des Bogens.

WASSERSCHEIDEN Meist stellt sich eine Wasserscheide als Höhenzug dar (sogenannte Kammwasserscheide), bei dem das Wasser in zwei unterschiedliche Richtungen abfließt. Liegt der Grenzverlauf der Wasserscheide auf der Talsohle, spricht man von einer Talwasserscheide.

ZUSAMMENGESETZTER ÜBERGANGSBOGEN Ein Übergangsbogen, der einen nahtlosen Übergang zwischen zwei benachbarten Bögen mit unterschiedlichem Radius und gleicher Krümmungsrichtung ermöglicht. Der Übergangsbogen weist an jedem Ende/jeder Seite einen endlichen Radius auf.

Literatur / Quellen

Andrews, John / Bostwick, Todd (2000): *Desert Farmers at the River's Edge. The Hohokam and Pueblo Grande,* Pueblo Grande Museum and Archaeological Park, Phoenix, Arizona.

Baukader Schweiz, Hrsg. (2006): *Taschenbuch für Bauführer und Poliere,* Baukader Schweiz, Olten.

Beier, Harm-Eckart / Niesel, Alfred / Pätzold, Heiner (2003): *Lehr–Taschenbuch für den Garten-, Landschafts- und Sportplatzbau,* Ulmer Verlag, Stuttgart.

Bell, Simon (2008): *Design for Outdoor Recreation,* Taylor & Francis, Abingdon.

Bishop, Ian / Lange, Eckart (2005): *Visualization in Landscape and Environmental Planning,* Taylor & Francis, London.

Buhmann, Erich / Paar, Philip / Bishop, Ian / Lange, Eckart (2005): *Trends in Real-Time Landscape Visualization and Participation. Proceedings at Anhalt University of Applied Sciences,* Wichmann Verlag, Heidelberg.

Buhmann, Erich / Ervin, Stephen (2003): *Trends in Landscape Modeling. Proceedings at Anhalt University of Applied Sciences,* Wichmann Verlag, Heidelberg.

Bürgi, Andreas (2007): *Relief der Urschweiz,* Verlag Neue Zürcher Zeitung, Zürich.

Carter, George / Goode Patrick / Laurie Kedrun (1982): *Humphry Repton Landscape Gardener 1752–1818,* Sainsbury Centre for Visual Arts Publication, Sainsbury.

Coors, Volker / Zipf, Alexander (2005): *3D-Geoinformationssysteme,* Wichmann Verlag, Heidelberg. .

Eidenbenz, Mathias (2001): «Technologie aus der Froschperspektive» in: *Tec21,* 15/2001, Zürich, S. 7–12.

Ervin, Stephen / Hasbrouck Hope (2001): *Landscape Modeling. Digital Techniques for Landscape Visualization,* McGraw-Hill, New York.

FaBo, Fachstelle Bodenschutz, Kanton Zürich, Hrsg. (2003): *Rekultivierung von Böden. Erläuterungen zu den Richtlinien für Bodenrekultivierungen.* www.fabo.zh.ch.

FGSV Forschungsgesellschaft für Straßen- und Verkehrswesen (2003): *Merkblatt über Stützkonstruktionen aus Betonelementen, Blockschichtungen und Gabionen.*

FLL Forschungsgesellschaft Landschaftsentwicklung und Landschaftsbau E. V. (1998): *Empfehlungen zur Begrünung von Problemflächen,* Bonn.

Florineth, Florin (2004): *Pflanzen statt Beton. Handbuch zur Ingenieurbiologie und Vegetationstechnik,* Patzer Verlag, Berlin.

Forschungsgesellschaft für Straßen- und Verkehrswesen (1995): *Empfehlungen für die Anlage von Erschließungsstraßen,* Köln.

Gargulla, Nadja / Geskes, Christoph (2007): *Treppen und Rampen in der Landschaftsarchitektur,* Ulmer Verlag, Stuttgart.

Grzimek, Günther (1993): «Olympische Park-Ideen», in: *Garten + Landschaft. Zeitschrift für Landschaftsarchitektur,* Heft 9/1993, Callwey, München, S. 31–35.

Grzimek, Günther (1984): «Parks und Gärten. Mit Grün gegen die Versteinerung», in: *Naturraum Menschenlandschaft.* Hrsg. v. Peter K. Köhler, Meyster, München, S. 59–73.

Grzimek, Günther (1973): *Gedanken zur Stadt- und Landschaftsarchitektur seit Friedrich Ludwig v. Sckell.* Reihe der Bayerischen Akademie der Schönen Künste 11, Callwey, München.

Grzimek, Günther (1972): «Spiel und Sport im Olympiapark München», in: *Spiel und Sport in der Stadtland-*

schaft. Band 9 der Schriftenreihe der Deutschen Gesellschaft für Gartenkunst und Landschaftspflege, Callwey, München, S. 10–49.

Gugerli, David, Hrsg. (1999): *Vermessene Landschaften. Kulturgeschichte und technische Praxis im 19. und 20. Jahrhundert,* Chronos Verlag, Zürich.

Harley, John Brian / Woodward, David, Hrsg. (1987): *History of Cartography, Volume I, Cartography in the Prehistoric, Ancient and Medieval Europe and the Mediterranean,* University of Chicago Press, Chicago.

Henz, Ludwig (1856): *Praktische Anleitungen zum Erdbau,* Verlag von Ernst & Korn, Berlin.

Henz, Thomas (1984): *Gestaltung Städtischer Freiräume,* Patzer Verlag, Berlin.

Imhof, Eduard (1968): *Gelände und Karten,* Eugen Rentsch Verlag, Zürich.

Imhof, Eduard (1965): *Kartographische Geländedarstellung,* Walter De Gruyter & Co., Berlin.

Jencks, Charles (2005): *Im Kosmos des Charles Jencks.* ZDF, DVD Serie, Neue Gartenkunst, Mainz.

Kassler, Elizabeth (1964): *Modern gardens and the landscape,* The Museum of Modern Art, New York.

Knaupe, Werner (1975): *Erdbau,* Bertelsmann Verlag, Düsseldorf.

Kohlschmidt, Siegfried (1999): «Der Fürst und sein Geheimsekretär. Spurensuche im Briefwechsel Fürst Pückler und Wilhelm Heinrich Masser», in: *Pückler Pyramiden Panorama. Neue Beiträge zur Pücklerforschung.* Hrsg. von der Stiftung Fürst-Pückler-Museum Park und Schloss Branitz, Edition Branitz Nr. 4, Cottbus, S. 169–195.

Landphair, Harlow / Klatt, Fred (1979): *Landscape Architecture Construction,* Elsevier, New York.

Lauer, Udo (1996): *Fürst Pücklers Traumpark. Schloss Branitz,* Ullstein, Berlin.

Loidl, Hans (1990): Objektplanung. Materialien zu einer Morphologie des Freiraumentwurfs. Skriptum zur Lehrveranstaltung «Objektplanung», TU Berlin, S. 34.

Lynch, Kevin (1962): *Site Planning,* The M.I.T. Press, Cambridge, Massachussetts.

Mach, Rüdiger / Petschek, Peter (2006): *Visualisierung digitaler Gelände- und Landschaftsdaten,* Springer Verlag, Berlin, Heidelberg.

Mader, Günther (1999): *Gartenkunst des 20. Jahrhunderts. Garten und Landschaftsarchitektur in Deutschland,* Deutsche Verlags-Anstalt DVA, Stuttgart, S. 158–163.

Margolis, Liat / Robinson, Alexander (2007): *Living Systems,* Birkhäuser Verlag, Basel, Boston, Berlin.

Miller, Charles Leslie / Laflamme, Robert Arthur (1958): «The Digital Terrain Model – Theory & Application», in: *Photogrammetric Engineering,* Vol. XXIV, No. 3, June 1958. The American Society of Photogrammetry.

Neumann, Siegfried (1999): «Die Begräbnisstätten im Branitzer Park», in: *Pückler Pyramiden Panorama. Neue Beiträge zur Pücklerforschung.* Hrsg. von der Stiftung Fürst-Pückler-Museum Park und Schloss Branitz, Edition Branitz Nr. 4, Cottbus, S. 7–18.

Petschek, Peter / Lange, Eckart (2003): *Planung des öffentlichen Raumes – der Einsatz von neuen Medien und 3D Visualisierungen am Beispiel des Entwicklungsgebietes Zürich-Leutschenbach* (KTI Forschungsprojekt). Erhältlich unter: ilf.hsr.ch/fileadmin/user_upload/ilf.hsr.ch/4_Projekte/Projektbericht.pdf.

Pückler-Muskau, Hermann Fürst von (1988): *Andeutungen über Landschaftsgärtnerei verbunden mit der Beschreibung ihrer praktischen Anwendung in Muskau.* Hrsg. von Günther J. Vaupel, Insel Verlag, Frankfurt a. M.

Richter, Dietrich / Heindel, Manfred (2004): *Straßen- und Tiefbau,* Teubner Verlag, Wiesbaden.

Rüegger, Rudolf / Hufenus, Rudolf (2003): *Bauen mit Geokunststoffen,* SVG Schweizerischer Verband für Geokunststoffe, St. Gallen.

Schäfer, Anne (1999): «Bleyers Arbeiten im Branitzer Park», in: *Pückler Pyramiden Panorama. Neue Beiträge zur Pücklerforschung.* Hrsg. von der Stiftung Fürst-Pückler-Museum Park und Schloss Branitz, Edition Branitz Nr. 4, Cottbus, S. 129–142.

Schatz, Rudolf / Lehr, Richard (1970): *Feldmessen im Garten- und Landschaftsbau,* Paul Parey Verlag, Berlin.

Schilling, Alexander (2007): *Modellbau,* Birkhäuser Verlag, Basel, Boston, Berlin.

Schlüter, Uwe (1996): *Pflanze als Baustoff,* Patzer Verlag, Berlin, Hannover.

Schulz, Georg (1995): *Lexikon zur Bestimmung der Geländeformen in Karten,* Berliner geographische Studien, Bd. 28, Berlin.

Sckell, Friedrich Ludwig von (1825): *Beiträge zur bildenden Gartenkunst für angehende Gartenkünstler und Gartenliebhaber,* Werner'sche Verlagsgesellschaft, Worms. Neuauflage 1982.

Sckell, Friedrich Ludwig von (1818): *Beiträge zur bildenden Gartenkunst für angehende Gartenkünstler und Gartenliebhaber,* Joseph Lindauer Verlag, München.

Strom, Steven / Nathan, Kurt (2013[6]): *Site Engineering for Landscape Architects,* Wiley, New York.

Tietze, Christian (1999): «Pyramiden in Brandenburg», in: *Pückler Pyramiden Panorama. Neue Beiträge zur Pücklerforschung.* Hrsg. v. der Stiftung Fürst-Pückler-Museum Park und Schloss Branitz, Edition Branitz Nr. 4, Cottbus, S. 19–40.

Treib, Marc / Herman, Ron (1980): *A Guide to the Gardens of Kyoto,* Shufunotomo Company, Tokio.

Untermann, Richard (1973): *Grade Easy,* Landscape Architecture Foundation, Washington D. C.

Weilacher, Udo (2001): *Visionäre Gärten. Die modernen Landschaften von Ernst Cramer,* Birkhäuser Verlag, Basel, Boston, Berlin.

Westort, Caroline (2001): *Digital Earth Moving. First International Symposium, DEM 2001, Manno, Switzerland, September 2001, Proceedings,* Springer Verlag, Heidelberg.

Wilhelmy, Herbert (1972): *Kartographie in Stichworten. II Karteninhalt und Kartenwerke,* Verlag Ferdinand Hirt, Kiel.

Zeh, Helgard (2007): *Ingenieurbiologie. Handbuch Bautypen,* VDF Hochschulverlag ETHZ, Zürich.

Zeile, Peter (2010): *Echtzeitplanung. Die Fortentwicklung der Simulations- und Visualisierungsmethoden für die städtebauliche Gestaltungsplanung.* Dissertation, Technische Universität Kaiserslautern.

Zimmermann, Astrid, Hrsg. (2011[2]): *Landschaft konstruieren: Materialien, Techniken, Bauelemente,* Birkhäuser, Basel, Boston, Berlin.

Abbildungen

o: oben, m: Mitte, u: unten, re: rechts, li: links

Umschlag: André Lehner, Zürich

Alle anderen Abbildungen stammen vom Verfasser.

Tabellen

Wenn nichts anderes vermerkt ist, stammen die Tabellen vom Verfasser oder wurden von ihm nachgezeichnet.

Biografien

Michael Fluß

1957 in Zeven, Deutschland, geboren. 1987 Diplom als Landschaftsplaner an der TU Berlin. 1987 – 2006 freier Mitarbeiter in Ingenieurbüros (Garten- und Landschaftsplanung). Schwerpunkte CAD-Objektplanung, Flurbereinigung und Grünordnungsplanung, Planung von Amphibienleitsystemen an Straßen. 2006 – 2008 wissenschaftlicher Mitarbeiter an der HSR Hochschule für Technik Rapperswil, Schweiz. Projekt zum Thema «Regenwassermanagement-System für den Schweizer Garten- und Landschaftsbau». Bis heute ein eigenes Planungsbüro in Freiburg, Breisgau.

Véronique Hilfiker Durand

1969 in Basel, Schweiz, geboren. 1988 – 1997 Studium der Iberoromanistik, der französischen Literatur- und Sprachwissenschaften an der Universität Basel (lic. phil. I). 1998 – 2008 Lektorin beim Birkhäuser Verlag. Seit 2009 freie Lektorin. Seit 2009 Hochschuladministration an der Universität Basel. 2010 Projektmitarbeiterin und 2013 – 2014 wissenschaftliche Mitarbeiterin am Studiengang Landschaftsarchitektur, HSR Hochschule für Technik Rapperswil.

André Lehner

1964 in Zürich, Schweiz, geboren. 1983 – 1989 Studium an der ETH Zürich (Dipl. Physiker ETH). Seit 1989 in verschiedenen Positionen als Software-Ingenieur tätig, zuletzt bei der Zürcher Kantonalbank als technischer Projektleiter. Nebenberuflich immer wieder längere Reisen in Lateinamerika – mit dabei jedes Mal auch eine Fotokamera. 2003 und 2007 je eine Einzelausstellung in der Galerie der Migros Klubschule in Zürich mit Fotografien aus Brasilien, Chile und Argentinien.

Ulrike Nohlen

1972 in Reutlingen, Deutschland, geboren. 1998 Diplom in Geologie an der Universität Tübingen. 1996 – 2001 Mitarbeit in einem Ingenieurbüro (Ingenieurgeologie). 2001 – 2008 verantwortlich für das GIS/CAD-Leitungskataster sowie die Bauaufsicht (Rohrleitungstiefbau) eines kommunalen Versorgers. Seit 2008 parallel bei Schrode Tief- und Straßenbau im Bereich Kalkulation, Bauleitung, Abrechnung und Bauvermessung sowie bei Maschinentechnik Schrode AG in Hayingen im Bereich Forschung (Geotechnik) und Entwicklung (3D-Baggersteuerungen) tätig.

Peter Petschek

1959 in Bamberg, Deutschland, geboren. 1979 – 1985 Studium an der TU Berlin (Dipl.-Ing. Landschaftsplanung). 1985 – 1987 Studium an der Louisiana State University, USA (MLA Master of Landscape Architecture). 1987 – 1996 Mitarbeit in verschiedenen Landschaftsarchitekturbüros in den USA, Deutschland und der Schweiz. Seit 1991 Professor am Studiengang Landschaftsarchitektur, HSR Hochschule für Technik Rapperswil, Schwerpunkt Ausführungsplanung/Geländemodellierung und IT.